协商参与的逻辑

THE LOGIC OF
CONSULTATIVE PARTICIPATION

董石桃 等 著

社会科学文献出版社
SOCIAL SCIENCES ACADEMIC PRESS (CHINA)

国家社科基金项目"中国特色协商民主过程中的公民有序参与研究"（15BKS043）结项成果

序

民主是全人类的共同价值，是自由个体有尊严地参与政治生活的重要形式。人类历史的发展表明，民主发展的每一步既反映了公民参与和管理自己生活愿望的增强，也对我们努力探索公民积极有序参与的内在价值及其实现路径提出了新的要求。尽管大规模的、直接的政治参与并不必然与理想政治状态存在对应关系，但民众的普遍参与以及通过参与实现政治控制的水平，在一定程度上反映了一个国家民主政治的发展状况。公民参与是衡量一个国家民主政治发展的主要指标，正如本书所言"参与是民主发展的核心要素和动力之源"。

民主有多种实现形式，例如选举民主、协商民主、基层民主等。在当代中国，社会主义协商民主既具有体系完备的制度设计，又有环节完整的参与实践，真实体现了全过程人民民主的基本价值。全过程人民民主既意味着人民享有充分的选举和投票的权利，也意味着人民能够广泛参与各种协商活动。协商民主是党的群众路线在政治领域的体现，"有事好商量，众人的事情众人商量"是人民民主的真谛。实现广泛的"协商参与"是社会主义协商民主的内在要求和实践形态。

董石桃教授等所著《协商参与的逻辑》一书，抓住中国特色协商民主发展的关键要素，聚焦协商参与，在科学界定其内涵的基础上，深入分析中国特色协商参与的内在逻辑和独特优势，有助于我们充分肯定协商民主的时代价值，客观认识协商民主的实践成效，积极拓展协商民主的发展空间。

政治参与的形式是多种多样的，选举投票是参与，决策听证是参与，表

协商参与的逻辑

达意愿也是参与。在当代中国，选举民主和协商民主是我国社会主义民主的两种形式。其中，选举民主是人民通过选举、投票行使权利；协商民主是人民内部各方面在重大决策之前进行充分协商并取得一致意见。中国特色社会主义民主政治强调的扩大公民有序参与，既包括选举参与，也包括协商参与，二者相辅相成、缺一不可。在民主选举解决权力授受之后，协商民主就成为实现民主生活日常化的重要形式。在政治社会中，通过对话寻求最大公约数并形成共识，必然要通过"在场"的协商参与才能够实现。协商民主蕴含着协商参与的内在要求。协商民主的核心是公民有序的政治参与，其关键就是促使公民的政治参与规范化、常态化、实践化，其目的是推进理性的、实质性的公民政治参与，促使公民学会参与协商民主并对公共协商建立信心。

协商参与问题是协商民主发展中的重大问题，驾驭重大问题研究需要有规范的研究框架。本书构建了"主体—过程—模式"三维分析框架，为中国特色"协商参与逻辑"研究提供了比较清晰的研究路径，具有较好的参考价值。

民主的实践是有主体参与的政治实践。主体分析是实践问题分析的核心。该书从主体维度选取国家层面的"政协委员""领导干部"、社会层面的"专家"等作为协商参与分析对象，以"权利""代表性"为基础分析要素，对协商参与拓展公民政治参与权利、提升参与代表性的作用进行了深入讨论。这种主体分析有效地将协商参与的主体前提和典型群体的分析结合了起来。

民主的实践是建立政治结构的过程。参与民主的结构具有基础性地位，但过程能够向我们展现真实的民主图景。结构提供了前提，而公众真正参与协商的过程体现着一个社会的民主程度。协商民主的过程就是协商参与的行为。该书对协商参与过程的分析，既涉及国家重大决策中中央和地方协商参与，也涉及社区利益冲突中的协商参与，基本涵盖了协商决策过程分析的核心内容。该书还提出了网络背景下公众议程、媒体议程和政策议程互动的分析框架，社会组织参与政策协商的分析框架，公众参与社区利益协商的分析框架，以及国家重大决策过程中中央和地方政府协商参与的分析框架。这些分析具有一定的创新性。

民主的实践是形成模式的探索。模式是秩序的内在本质，模式分析可以勾勒出事物发展的总体性特征。该书提出"模式"不是完成时,而是进行时。从行政思想史角度,该书对公民参与的认知模式发展进行了研究;从协商实践角度,该书对基层协商参与模式进行了研究;从比较视角出发,该书对中国协商民主的"嵌入式"发展模式进行总体分析。这些研究从宏观和微观相结合的视角为分析中国协商参与模式提供了新的参考。协商参与的民主实践体现了我国发展民主必须坚持党的领导、人民当家作主和依法治国有机统一的基本原则。

该书认为:"在中国的场域中,'协商'的原则和机制是以中国共产党为主导,结合中国自身民主政治发展的独特实践和自主创新,不断地将协商嵌入多重社会关系和社会结构中去。""嵌入性"视角将社会关系网络分析和社会情境变量引入中国协商民主发展的分析中,凸显制度变迁的主体间性和关系互动性。"嵌入性"视角既强调社会结构对协商民主发展的影响,也尊重国家的自主性和历史社会发展本身的客观性。在特定历史阶段的社会关系网络中具体分析中国协商民主发展的特点和发展规律,深入考察国家自主性对民主制度演化的影响,具有较强的创新性。

认真研读此书,我们可以进一步发现"参与"对于协商民主的意义。对这种意义的深入研究,本质是一种行动主义的复归。科恩曾经写道:"民主是一种做事方式,这种方式会比较不充分或不怎么充分地在做的当中体现出来。关于民主有这样一句话,我们不能只是占有它、树立它,而是要继续不断地在行动中实现它、体验它。"协商参与的广度拓展、程度深化、质量提升,当然有赖于广大人民群众在维护切身利益和公共利益的高质量行动和做事方式中所表现出来的智慧。

是为序。

陈家刚

中国人民大学马克思主义学院教授

2023 年 10 月于北京

目　录 ⤴

第二部分　过程

第三部分　模式

前　言

民主的命运主要掌握在其成员自己的手中，这既是民主的弱点，也是民主的优点。当政权取决于被治者的参与时，确定民主成败的是他们集体形成并表现出来的智慧。

——卡尔·科恩《论民主》①

一　问题意识和研究回顾

民主的合理性从根本上来说就是它提供了现代政府最强有力的合法性原则——"人民的同意"——作为政治秩序的基础。② 公民参与是人民同意的根本表达方式，因而，对民主政治发展至关重要。特别是就现代政治而言，政府合法性和正当性的前提都必然要承认"公民在政治过程中能够起到有意义以及有效的作用"。③ 尽管迄今为止关于民主的种种讨论充满混乱和歧义，④ 但民主理论都无法回避现代政治一个最根本的问题：为何以及怎样不

---

① 〔美〕科恩：《论民主》，聂崇信、朱秀贤译，商务印书馆，2007，第4~5页。
② 〔英〕戴维·赫尔德：《民主的模式》，燕继荣等译，中央编译出版社，1998，第3页。
③ Matt Qvortrup, *The Politics of Participation*: *From Athens to E-democracy*, Manchester: Manchester University Press, 2013, p. 15.
④ 美国著名民主理论家达尔曾经抱怨说："民主已被人们探讨了大约2500年，照理，应该有足够的时间提供每个人或几乎每个人都赞同的一套有关民主的理念才对。然而，无论是好是坏，这都不是事实。""各种民主思想，犹如一片巨大的、无法穿越的灌木丛。"〔美〕罗伯特·达尔：《论民主》，李柏光、林猛译，商务印书馆，1999，第3页、（转下页注）

断地扩大公民积极有序的政治参与，以推动民主的不断深化和人的全面自由发展。

马克思更是从人的政治存在和人的社会解放高度将"政治参与"视为人们确定自己政治存在的基本途径，视为人民群众获得社会解放的政治形式："一切人都希望单独参与立法权无非就是一切人都希望成为真正的（积极的）国家成员，希望获得政治存在，或者说，希望表明和积极确定自己的存在是政治的存在。"①通过扩大选举权和被选举权，实现普遍参与、管理包括立法在内的各项社会活动，一直是马克思民主思想的核心。在巴黎公社中，民众不仅参与选举，同时直接参与公共事务的管理和对权力的监督，马克思盛赞这是"人民群众把国家政权重新收回，他们组成自己的力量去代替压迫他们的有组织的力量；这是人民群众获得社会解放的政治形式"。②

由此可见，尽管大规模的政治参与并不必然带来理想的政治状态，但是一个国家的民主政治程度取决于民众的参与程度以及通过参与监督和控制政治的程度。"政治参与"的广度和深度是衡量一个国家民主政治的主要指标。任何民主模式要实现健康有效运行，都需要着力解决好公民有序参与的问题。习近平指出，"一个国家民主不民主，关键在于是不是真正做到了人民当家作主，要看人民有没有投票权，更要看人民有没有广泛参与权"。③扩大公民有序政治参与是推进社会主义民主政治建设的必然要求。

从西方民主发展史来看，协商民主兴起于对代议制中公民选举参与缺陷的弥补与超越，致力于拓展公民参与的广度和深度，提升公民参与的品质。

（接上页注④）43 页。在另一本著作中，达尔又提及民主理论的复杂性，"民主理论不仅仅是一个巨大的事业——规范的、经验的、哲学的、同情的、批判的、历史的、乌托邦主义的，不一而足——而且是相互联系的复合体。相互联系的复合体意味着，如果从无懈可击的基础出发，进而径直得出结论的话，我们就无法构建一个令人满意的民主理论"。〔美〕罗伯特·A.达尔：《民主及其批评者》，曹海军等译，吉林人民出版社，2006，第10页。

① 《马克思恩格斯全集》第1卷，人民出版社，1956，第393页。
② 《马克思恩格斯选集》第3卷，人民出版社，1995，第95页。
③ 《习近平谈治国理政》第4卷，外文出版社，2022，第258~259页。

从以投票为中心到以对话为中心，协商民主为我们勾勒了一幅美丽的蓝图，然而它同样无法回避现实政治生活中关涉公民参与的主要问题。有学者曾经指出："在西方国家影响日益增大的协商民主理论，其实主要是一种公民参与的理论。"① "协商民主理论在修正和完善参与式民主理论的基础上进一步发扬了参与式民主所彰显的公民理性、宽容、沟通、参与等价值观。"②

对社会主义国家而言，协商民主是一种能有效促进公民政治参与的合理合法的制度安排，目标是最大限度地实现人民民主。这种"参与"不仅是"选举参与"，更重要的是"协商参与"。习近平强调："保证和支持人民当家作主，通过依法选举、让人民的代表来参与国家生活和社会生活的管理是十分重要的，通过选举以外的制度和方式让人民参与国家生活和社会生活的管理也是十分重要的。"③ 而在中国共产党的领导下，通过多种形式的协商，一个重要优势是"可以广泛形成人民群众参与各层次管理和治理的机制，有效克服人民群众在国家政治生活和社会治理中无法表达、难以参与的弊端"。④

协商民主的核心是公民有序的政治参与，其关键就是促使公民政治参与的合法化、现实化，其目的是推进理性的、实质性的公民政治参与，促使公民学会协商并对公共协商建立信心。要推动协商民主发展，不仅要为个体提供平等的参与机会，而且要赋予个体参与的权利，在参与过程中发挥其作用，调动其参与的积极性，在协商、讨论、对话中达成共识。因此，协商民主和协商参与具有内在一致性，协商民主包含协商参与的内在要求。由此，我们可以将协商民主中的公民有序参与界定为"协商参与"，"协商参与"即指协商民主过程中公民的有序参与，其基本含义是在公共治理过程中通过

---

① 俞可平：《公民参与的几个理论问题》，中国网，http：//www. china. com. cn/xxsb/txt/2006-12/19/content_ 7531039. htm。

② 蔡定剑：《公众参与，一种新式民主的理论与实践》，中国选举与治理网，http：//www. chinaelections. org/NewsInfo. asp？NewsID＝149138。

③ 《习近平谈治国理政》第 2 卷，外文出版社，2017，第 293 页。

④ 习近平：《在庆祝中国人民政治协商会议成立 65 周年大会上的讲话》，人民出版社，2014，第 18 页。

对话、协商、介入等方式，推动公民平等有序参与民主协商，发挥公民在公共事务中的主体作用，优化协商民主的治理效能。

协商民主是我国社会主义民主政治的特有形式和独特优势，是党的群众路线在政治领域的重要体现。① 协商民主和群众路线的相互促进、相互融合，使广泛的协商参与成为社会主义协商民主的内在要求。党的十九大报告强调："加强协商民主制度建设，形成完整的制度程序和参与实践，保证人民在日常政治生活中有广泛持续深入参与的权利。"党的二十大报告提出，全面发展协商民主，推进协商民主广泛多层次的制度化发展，并强调："我们要健全人民当家作主制度体系，扩大人民有序政治参与，保证人民依法实行民主选举、民主协商、民主决策、民主管理、民主监督，发挥人民群众积极性、主动性、创造性，巩固和发展生动活泼、安定团结的政治局面"，"协商民主是实践全过程人民民主的重要形式"。② 全过程人民民主既意味着人民享有充分的选举和投票的权利，也意味着人民能够广泛参与各种协商活动。③ 社会主义协商民主发展的关键是以一种合理的制度安排扩大公民有序参与，即通过扩大协商参与最大限度地实现人民民主。

国内外学术界对于协商民主中公民参与问题的研究，大体上可归纳为如下三大方面。

其一，协商民主和公民参与的理论内涵及关系问题。国外学者较多通过协商民主理论规范性的分析，辨析协商民主的"参与"意义，探究自由主义协商民主理论、共和主义协商民主理论关于公民参与的不同主张（Jon Elster, Amy Gutman, Simone Chambers, Joshua Cohen, David Held, David Miller 等），研究利益多元社会下，期望协商的公民在寻求理性解决政治问题的方法上意见趋同是否合理（J. Bohman, W. Rehg, Russel Hardin, Mark E. Warren 等）。国内学者一般通过分析社会主义协商民主制度对推动公民有

---

① 《习近平谈治国理政》第 1 卷，外交出版社，2014，第 82 页。
② 习近平：《高举中国特色社会主义伟大旗帜　为全面建设社会主义现代化国家而团结奋斗——在中国共产党第二十次全国代表大会上的报告》，人民出版社，2022，第 37、38 页。
③ 陈家刚：《协商民主与全过程人民民主的实践路径》，《中州学刊》2022 年第 12 期。

序参与的优势（李捷、陶文昭、刘洁等），辨析代议制民主中选举参与和协商民主中公共参与的异同，总结了协商民主和公民参与在合法性、理性和规范的程序性方面的契合性（俞可平、陈家刚、陈剩勇、陈炳辉、朱德米、林奇富、张方华等）。国外有研究侧重从决策和治理过程研究协商民主参与的公民权利基础（Geofery Stokers、Matthew Festenstein 等），探讨公民参与决策协商的必要性和可能性，主张公民要通过各种形式参与公共政策和公共管理的过程（克莱顿·托马斯、盖伊·彼得斯等），国内也有学者侧重于从公民权利和公民社会建设角度，探究推动公民参与权发展、实现协商治理的可能途径（王浦劬、胡伟、陈振明、胡象明、孙柏瑛等），并分析协商民主推动公民参与的诸多限度和理论困境（杜英歌、娄成武、董前程、林奇富等）。总体而言，在协商民主和公民参与内在契合性的理论分析中还存在不同的角度和分歧。

其二，协商民主中公民参与的层次和领域问题。学界对于协商民主中公民参与的领域划分，还存在"'政治协商—社会协商'两分法""'政治协商—社会协商—基层协商'三分法""'政治协商—社会协商—公民协商'三分法"的分歧（哈贝马斯、Joan S. Dryzek、林尚立、陈家刚、黄国华等）。有学者在社会主义协商制度层面提出参与的"五平台说"（社会、政党、国家、基层和互联网）（李君如等）。在国家制度上，有学者认为可以通过人大、政协和政府三个方面构建一种有利于各阶层、有利于各群体公民表达与维护自身权益的合理的政治参与机制（郑万通、庄聪生、王维国等）。总体而言，国家层面重点涉及政协、立法和行政过程的协商参与；社会层面重点涉及城市社区治理、社会组织、网络公共领域中的公民参与；但已有研究大多局限于从单一领域探讨公民参与协商民主的实践、特征、成效和意义。

其三，协商民主中公民参与的程序、技术和方法问题。国外学者主要致力于地方治理协商民主中公民参与的形式研究，如参与式预算、市镇会议、协商民意测验、协商日、公民大会、公民陪审团等形式（James S. Fishkin、Ivan Zwart、Shawn Rosenberg、何包钢等）。国内有学者试图通过比较和实证研究，探讨国外公民参与协商的形式对于中国的借鉴意义，同时通过实证研究分析中国协商民主过程中确定参与者的方法、技术和程序（齐卫平、韩志明、王春光、韩福国、吴兴智等），研究中涉及"民主恳谈""社区议事会""听证会""市民论坛"等，总结这些新的公民参与形式发生的背景、运行的程序、成效等（陶富源、蒋红、郑慧、曹轶伦、陈惠丰、李仁彬、朱勤军等），但对协商民主过程中公民参与方法创新的可持续性和可推广性研究还不够深入。

上述内容和论点散见于协商民主、公民政治参与的研究文献中，为我们的研究提供了丰富的资料，但总体而言仍存不足。一是一般性研究协商民主理论与实践的论著多，专门聚焦中国特色协商民主与扩大公民有序参与有机衔接和良性互动的论著少。二是对协商民主和公民参与实践的个案性分析较多，而从协商民主过程中公民有序参与的主体、过程、模式"立体式维度"对之进行系统研究的少。三是对中国协商民主和公民参与关系进行一般性规范评价的多，而从主体、过程和模式多维度出发，在政党、国家和公民的互动中探究中国特色协商民主过程中公民有序参与内在逻辑的少。

协商参与是协商民主的内在要求，那么在中国特色协商民主发展过程中，协商参与的主体特征如何？协商参与的过程和机制如何？中国协商参与的实践探索形成了何种模式？如何有序地扩大全过程人民民主中的协商参与？本书力图在国内外协商民主和有序参与的主要理论和实践研究的基础上，克服对当前中国特色社会主义协商民主研究的不足，将规范研究和实证研究相结合，围绕中国特色协商民主发展的核心要素"协商参与"，从参与主体、参与过程、参与模式三个维度出发，构建协商参与的基本体系和理论分析框架，深入剖析中国式民主运行过程中协商参与的主体特征、过程逻辑和发展模式。

二　研究框架和主要内容

（一）协商参与的主体分析

本书第一部分主要阐释协商参与的主体性问题。公众主体性与协商民主

发展之间存在密切勾连，而参与是主体能动性对活动作用的过程。中国特色
协商民主过程中的有序参与首先要研究的是有序参与的主体问题。谁来参与
协商？协商参与者的特性、行动逻辑和基本框架如何？这是中国特色协商民
主实践运行的主体性问题，也是中国特色协商民主理论研究必须阐释的基本
命题。本部分主要对协商参与的主体权利资格、协商参与的主体代表性，以
及对协商参与的代表性主体——领导干部、专家——的具体实践进行了
研究。

　　第一章主要从参与式民主视角，反思公民政治参与权的理论基础，探究
协商参与权利的理论基础。这种思考基于对“政治”概念本身的重新反思，
将公民政治参与作为对新“政治条件”的一种回应，主张在范围和深度上
拓展公民的政治参与权，以推进民主的发展，这与当代中国国家治理现代化
和基层民主发展有着较强的契合性。从政治的行动性、公共性和商谈性理念
出发，可以发现，协商民主过程中公民有序参与的首要基础在于公民资格，
公民资格发展是协商民主发展的重要前提，公民政治参与权是公民资格的核
心要素。在协商参与中，我们必须首先充分尊重公众的利益表达权和参政议
政权，重新看待公民政治参与权利的内涵，从范围和深度上拓展公民的政治
参与权利。

　　第二章主要通过分析地方政协委员的结构、职责与利益，考察协商参
与的代表性问题。人民政协的核心要旨就是其具有广泛的代表性和巨大的
政治包容性，代表性是其发挥中国特色社会主义人民民主优势的核心要
素，也是人民政协存在的必要性的关键，其代表性具有多样性、层次性等
特点。本章在皮特金代表理论的基础上，从“组织构成”“职责履行”
“利益表达”维度对人民政协代表的复合性特征进行了分析。可以发现，
人民政协的复合代表性是中国特色社会主义民主的重要成果，也是发扬社
会主义人民民主的重要形式。基于Z省人民政协的分析，人民政协的复合
代表性可以分为两个层次：第一个层次是形式代表性，主要体现在人民政
协组织构成的代表性以及政协委员的广泛性和代表性方面；第二个层次是
实质代表性，主要体现在人民政协三大职能的复合关系以及利益表达功

能，即职责代表性和利益代表性方面。人民政协的复合代表性对于深化中国特色社会主义民主、保障社会的稳定和团结具有重要作用。

第三章主要对协商民主实施中领导干部的工作满意度进行定量研究。领导干部是国家层面推动协商民主发展的重要参与主体，而协商民主实施过程中领导干部的工作满意度，在一定程度上可以显示协商民主是否能有效促进领导干部工作的开展，也能直接反映中国协商民主实际运行的绩效。基于全国 12 个省级行政区领导干部的抽样调查数据，通过计量模型的定量分析，发现协商民主实施主体中的年龄、性别、文化程度因素对领导干部工作满意度影响显著；协商民主实施情境方面的职务级别、单位类型和地区差异对领导干部工作满意度影响显著；协商民主的多种实施方式对提高领导干部工作满意度有积极意义；但接待群众信访途径实施协商民主对工作满意度的影响为负或者不显著；协商民主实施结果因素对领导干部工作满意度呈现正向影响。领导干部工作满意度变量的引入，可以从行为主义的视角深入分析协商行为的内在动因，弥补功能主义研究的不足。

第四章主要从"知识和政治的关系"角度对专家参与决策的价值取向进行分析。我们重点对中美专家参与决策的价值取向进行了比较，可以发现，专家参与决策的本质是处理知识和政治之间的关系，背后包含着专业性和政治性双重价值取向，专业性和政治性价值之间存在内在的张力。中国专家参与决策的价值取向相继经历了专业性和政治性的相对独立、专业性对政治性的相对从属、专业性和政治性相对分离、在专业性和政治性之间摇摆、意识形态主导下的政治挂帅、专业性和政治性互动的历史演变。美国专家参与决策价值取向的历史发展，则大致经历了专业性价值取向的崇尚、政治性价值取向的主导、专业性价值取向的勃兴、政治性价值取向的回潮、政治性和专业性价值取向共同发展的历史变迁。比较中美专家参与决策的价值取向，二者的共同之处在于政治性价值对专业性价值的发挥具有重要的外在影响，专业性价值为政治性价值取向的发展提供了信誉支撑，本质在于寻求专业性和政治性的互动及平衡；二者的不同之处在于专家参与决策在中国体现为总体性政治下的专业理性，而美国体现为多元政治下的专业实践。总体而言，未来实现专业性和政治性互动及平衡，需要突出专家参与决策的诚实代理人角色，推动思想市场形成，并为信息沟通提供制度化支撑。

（二）协商参与的过程分析

本书第二部分的重点是对协商参与的过程进行分析。政治过程本质就是指公共决策的运作过程，对协商参与的过程分析主要是围绕决策进行的。本部分将过程分析作为协商民主分析的框架内容，选取网络媒体兴起下的决策参与过程、社会组织参与决策过程、社区协商参与过程、重大决策过程作为分析对象，对协商参与的过程进行了系统分析。

第五章主要基于"网约车"政策制定的过程进行研究，分析了公众议程、媒体议程和政策议程的"渐进性调适"互动逻辑，重点分析公民如何通过网络媒体实现公共政策的"协商式"输入。基于公众议程、媒体议程和政策议程设置的内外影响因素，我们构建了三者互动的基本分析框架。可以发现，公众议程设置的影响因素在于利益诉求和表达机会；媒体议程设置的影响因素在于媒体的选择性和交互性；政策议程设置的影响因素在于政府的自主性和政策问题的建构性。通过对"网约车"政策形成和演进过程的分析，可以发现三者间的互动是渐进调适形成的，从单方面启动、互动缺失，经由公众议程推动、媒体议程介入、公众和媒体议程的互动推进，最终形成三者成熟互动的形态。三者在互动中的主体角色体现在：公众议程设置是基于先导性和基础性的渐进调适；媒体议程设置是基于平台性和包容性的渐进调适；政策议程设置是基于自主性和被动性的渐进调适。媒体是三方议程互动重要的中介环节，但能否推动政策议程设置的转变最终仍取决于公众议程设置定向需求和政策议程设置自主性的契合程度。

第六章主要基于"嘉兴模式"的案例，分析了社会组织参与协商功能实现的内在逻辑和具体路径。社会组织是连接国家和社会的关键纽带，在现代社会中，许多公共问题需要经过社会组织协商参与才能得到很好解决。社会组织参与协商具有利益整合、诉求传导、行为协调三大功能。社会组织的协商功能包含着意向目标、行动过程和客观效用三大要素。从政策过程视角分析，社会组织协商功能的类型可分为意见表达、诉求沟通、关系协调、执行监督四项功能。在"嘉兴模式"中，环保社会组织通过"点单式督查""圆桌会议"等协商方式实现了意见表达功能；通过"评审团"协商、环保联合组织协商实现了诉求沟通功能；通过环保公益活动、环保公益诉讼实现了关系协调功能；通过"环保市民检查"实现了执行监督功能。总结分析"嘉兴模式"，可以发现社会组织协商功能实现的三大影响因素为公民参与意识、社会组织自身结构以及政府的资源禀赋支持。

第七章主要以社区维权过程为例，探讨社区协商治理中公众参与的利益表达实现过程以及其内在逻辑。社区协商治理是国家治理最基本的环节。政府治理和社会调节、居民良性互动实质上就是国家与社会的互动过程，社区在这个过程中发挥着不可替代的作用。社区协商治理的主体是多元的，社区居民的利益表达有三个基本要素：利益表达主体、利益表达客体和利益表达途径。可以发现社区协商治理中公民参与利益表达的过程分为三阶段：利益表达的发生、利益表达的传导、利益表达的政府回应。

第八章主要以"分税制改革"为案例，分析了中国重大公共决策中地方通过有序参与进行政策协商的逻辑和规律。尽管中央和地方属于不同的行政层级，但是在重大决策中中央并不是以简单的行政命令方式强制推进。通常而言，整体和局部是相互依存的，在一些政策领域中央和地方相互妥协以达成利益均衡很有必要，此时，协商民主或者"商量着办"就非常适用于中央和地方关系的协调。可以发现，中国央地协商机制具有独立性、灵活性、互惠性的特点，包括单独协商、集体协商、会议协商和书面协商等形式，中央协商的动因在于弥补等级命令方式的不足，打破中央与地方的零和博弈；地方政府协商则从其自主性出发，尽量争取更多的利益、资源。影响央地协商机制的因素主要有资源、信息和领导者。优化央地协商机制需要建立和完善央地间的信息协调机制，构建央地间的利益协调机制，建立和完善央地协商机制的相关法律法规。

（三）协商参与的模式分析

本书第三部分对协商参与的模式进行了分析。认知是参与的基础，本部分首先基于行政思想史角度，对公民参与协商的认知模式发展进行了研究；其次，选取中国代表性协商实践模式进行分析；最后，基于比较视角对中国协商民主的"嵌入式"发展模式进行总体分析。

第九章主要基于西方行政思想史的考察，梳理了公民参与的价值认知及其发展。价值认知是公民参与的重要基础。可以发现，传统公共行政学将效率作为基本价值，在组织上推崇理性主义的原则，在决策上较为封闭，这在一定程度上遮蔽了其对公民参与价值的认知。新公共行政学将公平价值放在突出位置，强调组织人本主义的意义，决策趋向开放，对公民参与的价值进行了深入挖掘，申明公民参与对增强行政管理的回应性、提高政府公共服务的绩效以及推动行政民主化的重要意义，对公民参与的价值认知获得不断发展。在中国语境中，则需要深入反思西方理论发展和中国已有理论资源的融合，深化对公民参与价值的认知，注意效率和公平两种价值的平衡、组织理性主义和人本主义的整合、决策有效性和回应性的协调。

第十章主要分析基础协商民主中公民参与的理论模型和实践样态。从公民参与权利和参与权力"两权耦合"的理论视角出发，基层协商民主强调"参与"与"协商"，公民是否主动参与决定了基层协商民主中主体参与的广泛性，公民参与是否达到协商效果决定了基层协商民主的深度；将基层协商民主中的公民参与模式分为高主动、高协商的合作型参与，低主动、高协商的决策型参与，高主动、低协商的介入型参与，低主动、低协商的建议型参与四种类型，并通过相应的实践案例予以验证。结合基层协商民主的经验来看，为适应社会治理的复杂性和多元性，保证政府的行动嵌于社会之中，在实践中应致力于深化公民参与权利和参与权力的"两权耦合"，增强公民参与的活力。具体来说，优化基层协商民主过程中的公民参与模式仍需要回归公民本身，既要回归公民本身内在的意愿和能力，也要回归公民本身外在的性质和规模。

第十一章主要从总体上反思了中国协商民主"嵌入式"发展的模式和逻辑。中国协商民主具有嵌入性的特征，其分析维度包括主体嵌入性、关系嵌入性和结构嵌入性，而认知模式是民主制度建设的认识论基础。理论界对民主制度建设的理解主要有"建构论""进化论""嵌入论"三种模式。"建构论"强调民主制度建设中人的主体性、能动性、创造性，但具有"完美化"色彩和"工程技术"倾向；"进化论"强调民主制度建设的客观性、自发性、持续性，但具有"宿命论"色彩和"机械唯物主义"倾向；"嵌入论"将社会关系网络分析和社会情境变量引入民主制度建设的分析，凸显民主制度建设的主体间性和关系互动性，具有一定的范式变革意义。"嵌入论"的应用分析表明：中国协商民主发展并不是简单"建构"和"进化"的，而是作为嵌入性的内容存在。民主协商的原则和机制是以中国共产党为主导，结合中国自身民主政治发展的自主创新和独特实践，不断嵌入多重社会关系和社会结构中的。

三　研究方法和可能创新

（一）研究方法

综观学术界协商民主的研究方法，可以发现，党的十八大以前，由于协商民主还处在理论准备阶段，国内学界对协商民主的研究主要侧重于规范研究方法，侧重于定性分析，重点在于厘清协商民主发展的核心理论命题。有学者较早发现国内协商民主研究在方法上存在不足，"从总体上看，当前中国有关协商民主的研究方法依然单一、刻板，盛行规范研究，往往以定性研究为主。在已有的规范研究方面也是规范研究不规范，如缺乏理论预设和问题意识，文献引用、评论不规范和陈旧单一"。① 党的十八大报告明确社会

---

① 齐卫平、陈朋：《协商民主研究在中国：现实景观与理论拓展》，《学术月刊》2008年第5期。

主义协商民主是我国人民民主的重要形式，并对其地位、性质、制度、主体、领域以及要求等进行了详细阐释，初步厘清了协商民主的一些重大理论命题。因此，党的十八大以后，对协商民主的研究开始从理论向实践发展，学者们不再满足于仅对协商民主进行理论上的阐释，更侧重于研究实践过程中协商民主的程序、规则等创新性做法以及遭遇的困境和挑战，由此，在研究方法上逐渐呈现由规范性分析向实证研究的转向。如有学者特别强调，我国各地区、部门、领域的情况复杂、差异甚大，协商民主实践的情况各异，完善与健全社会主义协商民主制度切忌"一刀切"。因此，只有通过协商民主的实证研究，注意探索不同地区、部门、领域、层次与形式的协商民主实施情况与改进思路，才能实事求是地开展协商民主，健全与完善社会主义协商民主的路径选择也才能具有针对性和建设性。①

但是，研究方法只有合适不合适之分，没有高下优劣之分。事实上，在协商民主研究中，规范研究和实证研究两种方法缺一不可，规范研究为实证研究提供理论前提，实证研究为规范研究提供经验支撑，二者并不存在孰优孰劣，需要结合具体的问题选用相适应的研究方法。有学者也发现："在研究方法方面，已有研究大多采用了定性研究方法，今后应当更加注重定性研究与定量研究的结合，并且要广泛地开展实证研究，增强理论与实践的联系性。"②

本书在研究过程中注重将规范研究方法和实证研究方法结合起来。本书在协商参与的权利理论分析、公民参与的价值认知、中国协商民主的嵌入式发展研究方面主要采月规范研究方法，这种规范研究方法侧重思想史的规范性分析，包括民主思想史和行政思想史分析。此外，本书还较多采用实证研究方法，包括个案分析法、比较分析法、定量分析法等。具体而言，在社会组织参与、社区协商参与、决策协商参与等问题的研究中，本书主要采用案

---

① 蒙慧、陈嘉丽：《十八大以来社会主义协商民主研究综述》，《天津行政学院学报》2015 年第 4 期。

② 佟德志、林锦涛：《当代西方民主治理研究的前沿与热点——基于 SSCI 文献的可视化分析》，《国外社会科学》2022 年第 3 期。

例研究方法；在专家参与协商的价值取向分析中，我们主要采用了比较历史分析法；在协商民主对领导干部的工作满意度分析中，我们采用了定量统计分析法。总之，在本书的研究中，结合具体的问题，较好地实现了规范研究方法和实证研究方法的融合运用。

（二）可能的创新

迄今为止，协商民主研究成果已经十分丰富。截至 2023 年 2 月，在知网以"协商民主"为篇名检索，文献总数达 8508 篇。相比已有研究成果，本书可能的创新之处主要体现在以下几方面。

1. 在理论建构上，构建了"主体—过程—模式"三维分析框架，对"协商参与逻辑"进行系统研究

第一，主体分析是协商参与分析的基本前提。主体是实践的关键，主体分析是实践问题分析的核心。黑格尔说："照我看来，一切问题的关键在于，不仅把真实的东西或真理理解和表述为实体，而同样理解和表述为主体。"①马克思将"现实的人"作为主体。马克思认为作为社会主体的"现实的人"是社会实践的主体，即人民群众是创造历史的主体。社会主义社会倡导人民当家作主，如何实现人民主权，凸显人民主体地位，确保人民民主权利是社会主义民主政治建设的永恒课题。协商参与是国家治理的核心要素，"在民主治理的框架内，越来越多的主体参与民主政治当中，构成了复合的治理体系"②。本书首先从主体维度对协商参与的逻辑进行分析，这些分析内容涉及"权利""代表性"两个基础要素，提出拓展公民政治参与权利、提升参与的代表性是协商参与质量提升的关键。同时，选取国家层面的主体领导干部协商参与和社会层面的专家协商参与作为分析对象，这种主体分析可以将协商参与主体的前提和典型群体分析有效结合起来。

第二，过程分析是协商参与分析的关键环节。从哲学上来看，"过程"

---

① 〔德〕黑格尔：《精神现象学》，贺麟等译，商务印书馆，1979，第 10 页。
② 佟德志：《当代世界民主治理的主体复合体系》，《政治学研究》2020 年第 6 期。

是事物动态生成中体现的互相影响和有机转化。"现实世界是一个过程，该过程是现实实有生成的过程。"① 每个现实实有的生成过程都是一个有机体的生成过程，不存在离开生成过程的现实实有。民主同样受到"过程法则"的支配，因此，过程分析是协商参与分析的关键环节。在政治系统理论中，政治过程通常被分为三个阶段，即输入、转换和输出，其中"输入"是连接社会非政治生活领域和政治生活领域的实际纽带。政治系统的"输入"主要就是通过政治参与实现的，只有通过"政治参与"及与之相关的利益表达，才能将多样化的利益诉求输入公共决策系统，最终转换成公共政策并输出有效的公共政策。从输入的形式来看，与西方国家注重各种社会力量通过他们各自的代表（即议员）在国会中进行政策辩论来影响或形成公共政策不同，我国更注重事前的充分协商，"协商式输入"是中国公共决策输入过程的重要特点。党的十九大报告指出："协商民主是实现党的领导的重要方式，是我国社会主义民主政治的特有形式和独特优势。""有事好商量，众人的事情由众人商量，是人民民主的真谛。"② 这都充分体现了中国公共决策过程中通过公民有序参与实现"协商式输入"公众利益诉求的特色和优势。

值得强调的是，这种有序参与和"协商式输入"既包括普通公民的利益诉求，也包括通过社会组织聚合利益相关者和不同群体，同时还包括独特集体行动主体——地方政府——基于地方利益的诉求，通过有序参与和沟通对中央重大政策实现"协商式输入"诉求，有效地启动政治系统的运行，并促使政治系统做出有针对性、实施效果良好的政策输出。本书将过程分析作为协商民主分析框架的内容，选取网络媒体兴起下的决策参与过程、社会组织参与决策过程、社区协商参与过程作为分析对象，可以看出，协商参与的过程分析主要是围绕决策进行的。协商民主本质就是一种决策模式，协商参与则是科学决策的保证。本书涉及的协商参与和决策过程分析，大到国家

① Alfred North Whitehead, *Process and Reality*, New York: The Free Press, 1979, p. 23.
② 《习近平谈治国理政》第 2 卷，外文出版社，2017，第 292 页。

重大决策中中央和地方的协商参与，小到社区利益冲突中公民的协商参与，基本涵盖了协商决策过程分析的核心内容。在理论上，本书提出了网络媒体兴起背景下公众议程、媒体议程和政策议程互动的分析框架，社会组织参与政策协商的分析框架，公众参与社区利益协商的分析框架，以及重大决策过程中中央和地方政府协商参与的分析框架。这些理论分析框架的提出具有相应的创新性。

第三，模式分析是协商参与分析的重要途径。模式是秩序的内在本质，模式分析是研究事物发展的总体性特征。模式（Pattern）是指实践过程中解决问题的方案或行为的一般方式。这些解决方案或行为方式一般是经过相当长一段时间的试验在不断纠错中形成的。模式分析认为，模式是对某一现象做简化的结构性图式描述，以说明结构或过程的主要组成部分及这些部分之间的相互关系。习近平指出："协商民主是中国社会主义民主政治中独特的、独有的、独到的民主形式，它源自中华民族长期形成的天下为公、兼容并蓄、求同存异等优秀政治文化，源自近代以后中国政治发展的现实进程，源自中国共产党领导人民进行革命、建设、改革的长期实践，源自新中国成立后各党派、各团体、各民族、各阶层、各界人士在政治制度上共同实现的伟大创造，源自改革开放以来中国在政治体制上的不断创新，具有深厚的文化基础、理论基础、实践基础、制度基础。"[①] 党的十九大报告指出："协商民主是实现党的领导的重要方式，是我国社会主义民主政治的特有形式和独特优势。"党的二十大报告强调要"推进协商民主广泛多层制度化发展。坚持和完善中国共产党领导的多党合作和政治协商制度……完善人民政协民主监督和委员联系界别群众制度机制"。中国特色社会主义协商民主是中国模式的重要组成部分。

值得强调的是，模式并不意味着固化，更不是西方式"模式"的"输出"和翻版，模式意味着立足中国特殊国情的自主性探索、解放思想和有效解决方案的提出。模式不是完成时，而是进行时。中国形成的协商参与模

---

① 《习近平谈治国理政》第2卷，外文出版社，2017，第293~294页。

式既是坚持中国共产党领导的结果，也是尊重人民群众首创精神的结果。中国特色协商民主过程中有序参与正处在丰富的实践和探索阶段，在这个过程中形成了许多有益的经验模式，值得我们研究和总结，这是中国政治发展的重要课题。在本书中，我们首先基于行政思想史角度，对公民参与的价值认知及其发展进行了研究；其次，选取国内有代表性的协商参与实践模式进行分析；最后，基于比较视角对中国协商民主的"嵌入式"发展模式进行总体分析。这些研究从宏观和微观相结合的视角为分析中国协商参与模式提供了的新的参考。

2. 在研究内容和研究资料运用上，充分发掘中国式民主运行中协商参与的元素，探究全过程人民民主中协商参与运行的内在逻辑和独特优势

如前所述，公民的"政治参与"是民主的核心要素，是民主发展的应有之义。学界对民主含义尚存诸多分歧，但是民主有两个基本内涵是被公认的：一是人民普遍参与政治意志的表达；二是政治意志的表达要体现人民共识。这两方面其实都离不开扩大公民有序的政治参与。但是，从西方民主发展历史来看，公民政治参与不断扩大的历史也是一部资产阶级对公民政治参与充满怀疑甚至是恐惧的历史。[1] 西方自由民主理论和实践的主流是将"政治参与"限定在公民的选举参与上，目的是实现资产阶级的"精英统治"。通过选举这种形式，西方国家的所谓"自由民主"悄然用"自由"阉割了"民主"。西方自由民主对民主的定义正如熊彼特所说，"民主政治就是政治家的统治"[2]。西方主流民主理论对公民政治参与充满恐惧和疑虑，除了四年一次的选举，大众只能被动接受精英决策而不能有效参与。正如萨托利所说："大众必须对竞争着的精英提出的政策动议和政策做出'反应'，而不是'去行动'。"[3]

---

[1] 董石桃：《公民参与和民主发展——当代西方参与式民主研究》，人民出版社，2017，第5页。
[2] 〔美〕约瑟夫·熊彼特：《资本主义、社会主义与民主》，吴良健译，商务印书馆，1999，第415页。
[3] Giovanni Sartori, *Democratic Theory*, Detroit: Wayne University Press, 1962, p.77.

因此，从西方主流的民主理论和实践来看，除了选举这一形式化的"参与"，其他公民参与形式尤其是协商参与形式往往被排斥和否定。以反对或限制公民参与为中心的论点在当代西方政治理论家中间几乎得到了普遍的支持，但这种理论存在很多问题，正遭遇前所未有的危机。这说明西方代议制民主只是在对精英有利的基础上才能够被接受；西方自由民主只能是少数资产阶级精英玩的游戏。按照西方这种精英民主的逻辑，存在如下的可能：假如能够找到另一种比投票更好的方法来安抚民众，那么民主本身也是多余的了。从这个意义上来说，西方主流自由民主的底层逻辑本身不是支持民主，而是反民主。习近平指出："人民是否享有民主权利，要看人民是否在选举时有投票的权利，也要看人民在日常政治生活中是否有持续参与的权利；要看人民有没有进行民主选举的权利，也要看人民有没有进行民主决策、民主管理、民主监督的权利。"① "如果人民只有在投票时被唤醒、投票后就进入休眠期，只有竞选时聆听天花乱坠的口号、竞选后就毫无发言权，只有拉票时受宠、选举后就被冷落，这样的民主不是真正的民主。"②

中国民主发展的逻辑起点和基本价值显然与西方自由民主发展不同，西方自由民主的目标和方向是资产阶级的"精英统治"，中国则坚持社会主义的方向，秉持人民民主的基本价值，除了选举参与，中国共产党强调必须"坚持国家一切权力属于人民，从各个层次、各个领域扩大公民有序政治参与，最广泛地动员和组织人民依法管理国家事务和社会事务、管理经济和文化事业"③。而协商民主则是实现扩大公民有序政治参与的重要途径和形式。"有事好商量，众人的事情由众人商量"既是人民民主的真谛，也是协商民主的核心要义。协商民主通过众人"商量"的形式，将"协商参与"嵌入中国特色民主发展的实践和制度中。但是，协商参与到底是如何嵌入中国特色民主运行中的，这种运行有何独特性和优势，已有文献对此问题的研究还不够充分。

---

① 《习近平谈治国理政》第 2 卷，外文出版社，2017，第 292 页。
② 《习近平谈治国理政》第 4 卷，外文出版社，2022，第 259 页。
③ 《十七大以来重要文献选编》（上），中央文献出版社，2009，第 22 页。

本书在研究资料的应用上，既重视对中国共产党领导中国人民探索社会主义协商民主发展历史资料的应用，也强调对当下中国协商参与丰富实践案例资料的应用；既重视对协商参与推动民主治理优势和效能定性资料的应用，也强调对问卷调查获取的定量数据资料的应用。通过这些丰富的资料，本书立体式呈现了协商参与嵌入中国式民主运行的独特优势和运行逻辑。

本书研究内容上的创新之处，正体现为探讨协商参与嵌入中国式民主运行的运行逻辑、独特性和优势。

第一，全过程人民民主中协商参与要素既体现在国家层面，也体现在社会层面，同时体现在国家和社会的互动过程中。中国特色式协商民主国家层面的运行主要是通过人民政协协商、国家重大决策协商、中央和地方重大决策协商等进行。这些分析抓取了中国政治运行中的一些重要节点、要素，展现了中国特色协商民主在国家层面的运行逻辑、独特性和优势。在社会层面主要选取社会组织决策协商参与、社区治理协商参与、基层协商参与等内容进行研究，这些研究对象代表了社会办商的参与要素，展现了中国特色协商民主在社会层面的运行逻辑、独特性和优势。在国家和社会互动层面，主要选取公众议程、媒体议程和政策议程互动，以及社会组织协商等内容进行研究。这些研究展现了中国特色协商民主在国家和社会互动层面的运行逻辑、独特性和优势。

第二，全过程人民民主中的协商参与要素既体现在决策层面，也体现在治理层面。首先，协商民主是决策环节的民主，分析中国特色协商民主的运行，就需要深入分析中国的决策过程，揭示其实际运作方式。目前，国内协商民主研究对于国家重大决策的协商过程分析不足，而且现有国内协商民主的研究更多以理论阐释为主，对中国协商民主的实证研究不足，这就迫切需要通过对决策过程实践的分析来厘清其中不同环节、不同类型的协商民主，以便更为细致地阐释协商民主在中国的实践。本书聚焦中国决策中的专家参与价值取向，以分税制决策为例对重大决策中中央和地方间协商过程，以"嘉兴模式"为例对社会组织参与决策协商的过程进行实证案例分析，为阐释协商民主在中国决策过程中的实践、独特性和优势提供了一些新的探索和启示。其次，当代世界政治治理开始吸纳越来越多的民主资源，形成民主和治理融合的趋势，但有学者指出："越来越多的案例表明，缺少民主的治理可能会促进效率，却会伤害公共利益，从而使改革陷入困境"[①]。在中国，协商民主是推动民主和治理融合的重要资源，"在某种意义上，协商民主在社会发展中逐步建构了自己的制度形式，实现了作为一种资源的'嵌入'，为社会主义民主的实践提供了具体的形式"[②]。协商民主是中国国家治理现代化的重要资源，本书聚焦社区协商治理的居民参与、基层协商治理的多方参与等典型场景，通过案例实证分析了协商参与作为一种治理资源在中国协商治理中发挥的作用，这对于我们深入理解中国之制和中国之治的内在逻辑具有相应的启发意义。

---

① 佟德志：《治理吸纳民主——当代世界民主治理的困境、逻辑与趋势》，《政治学研究》2019 年第 2 期。
② 韩福国：《作为嵌入性治理资源的协商民主——现代城市治理中的政府与社会互动规则》，《复旦学报》（社会科学版）2013 年第 3 期。

第一部分 主体

第一章
协商参与的权利：
公民政治参与权和政治发展[*]

公民资格发展是民主发展的重要前提，公民政治参与权是公民资格的核心要素，因而对民主政治建设具有重要意义。从根本上说，政治权利就是参与政治过程的权利，这一点在政治理论中较少分歧，马歇尔的公民资格理论框架广受关注，原因大概在于此。但是关于公民政治参与权的具体特质、内容、地位，政治理论上却存在较大的争议，因此从理论上对此予以辨析和厘清，无疑是推进民主政治理论发展的重要内容。本章主要借鉴参与式民主理论，反思公民政治参与权的理论基础，探究协商参与的权利基础。这种思考基于对"政治"概念本身的理解，将公民政治参与作为新"政治条件"的一种回应，主张在范围和深度上拓展公民的政治参与权，以推进民主的发展，这与当代中国国家治理现代化和基层民主发展有着较强的契合性，因而具有重要的启示意义。本章试图从概念辨析的角度对公民政治参与权和民主

---

[*] 本章部分内容曾公开发表，参见董石桃《公民政治参与权和政治发展——一种参与式民主的反思与构建》，《青海社会科学》2016 年第 5 期。

政治发展的内在逻辑进行系统分析，以期为中国民主政治的理论发展提供有益启示。

一 政治的属性：政治概念再思考

政治概念问题是理解公民政治权利问题的关键。在某种程度上，一切关于政治合法性的纷争——无论是学术性的还是政治性的——都根源于政治概念的规范性分歧。参与式民主理论对于公民政治权利的理解也来自对"政治"概念的独特理解。参与式民主理论家反对政治概念的工具性解释，工具性的"政治观"将政治当成人类生活不得已的"必要之恶"，把政治仅仅当成实现社会经济利益的一种工具，因而，人类政治活动总是服从于某种既定的"历史进程"和"历史必然性"。这种政治观无疑存在很大的缺陷，在实践中也造成了诸如极权主义的悲剧。因此，参与式民主理论家从人的境况和人的存在方式出发对"政治"本身进行了深刻的反思，认为政治概念不能局限于国家主权的决断、政府的管辖或者行政之技术，而应从以人为本和公民的视角出发思考政治的内涵。就此而论，政治不是特别指向"政治家"的作为，而是指一般人在其生活世界中对公共事务的关心，以及通过实际言行的践履，与其他人相联结，共同实现公共事务的具体理念。政治就是人们的一种存在方式和生活形式，它并不仅是居"庙堂之高"的主宰制和支配意义上的命令和服从关系，而且是身份平等的公民之间横向的对话关系。此种政治应该具有如下的条件。

（一）政治的行动性

参与式民主理论家认为政治首要的特质是"行动"。巴伯认为"政治领域是首要的和最重要的人类行动领域"[1]。在阿伦特的政治理论中，"行动"的准则贯穿始终。何谓行动呢？阿伦特将行动界定为"开创新局的能力"，行动是唯一不需要以物或者事为中介而直接在人们之间进行的活动。[2] 不像

---

[1] 〔美〕本杰明·巴伯：《强势民主》，彭斌等译，吉林人民出版社，2006，第150页。
[2] 〔美〕汉娜·阿伦特：《人的境况》，王寅丽译，上海人民出版社，2009，第1页。

劳动或者制造——这两者是可以由人单独进行的，行动必须产生于人与人之间，通过人们的言行沟通来完成，因此它所对应的是人的"复数性"，而"复数性"是一切政治生活的特有条件，不仅是充分条件，而且是必要条件。这种"复数性"就是多元性——世界不是由一个模子式的人构成，而是由各种不同的芸芸众生组成的。巴伯同样将行动界定为公民的一种开创能力，不过他指的是非常具体的公民政治行为："行动是指建造或者关闭医院、开始或结束战争、对公司征税或者免税、发起或者延迟某项福利计划，换言之，即在物质世界中某些通过（或者不做）物理方式限制人类行为、改变环境或者改变世界的事情。"① 综合起来，在参与式民主理论中，行动的内涵大致包括两个方面的内容：一是公民个人真性之展示；二是与他人的对话沟通。前者重点在"行"，后者重点在"言"，行动是"言行合一"的统一体。行动是政治的首要特质，原因在于以下几点。其一，行动是人的主体性之彰显。人能够行动，体现了人与动物的区别。行动是人的"第二次降生"，② 每一个行动都意味着一个新的开端。行动具有展示性特质③，即通过行动，个人在他人面前展示自己的独特性——"我是谁"，而不是"我是什么"。"我是谁"揭示的是个人的唯一特性，表明的是自己的身份；而"我是什么"揭示的是个人的能力、禀赋、才干，乃是不同的人可能共同拥有的。行动是互动，它也是与他人的一种沟通交往，同时行动又是一个动态的概念，它可以随时随地发生改变。其二，行动是人类自由的实践，它使人类开创局面成为可能。这种行动不仅仅为政治领域所独有，因之不能仅仅以功利、后果、道德标准来衡量，它或许具有一种符号的意义，只是一种自由公民存在的标记。而政治就是使伟大言行得以展示并成为共同体集体记忆的一种活动。其三，行动可以避免使政治成为抽象的真理和正义的附属物。政

---

① 〔美〕本杰明·巴伯：《强势民主》，彭斌等译，吉林人民出版社，2006，第150~151页。

② Hannah Arendt, *The Human Condition*, Chicago：The University of Chicago Press, 2019, p. 176.

③ Hannah Arendt, *The Human Condition*, Chicago：The University of Chicago Press, 2019, p. 180.

治的议题通常事关整个共同体之存续，事关公民的权利、自由、幸福之事。政治议题的关键是做出选择，这种选择不能交给静态的制度，也不能完全交给精英们，后者常会以某种纯粹的知识而预先给予假设，政治议题的给定需要公民的行动和协商。总之，"政治是行动，同时也是关于行动的"。①

（二）政治的公共性

政治描绘的是一个行动的领域，但并非所有的行动都是政治的。只有那些公共的行动才是政治的。这里的"公共的行动"通常指那些由公众来从事的同时又具有公共后果的行动。"政治所描绘的是我们的领域"②。对于政治的公共性，巴伯曾经以许多生动的例子来加以说明，比如，在社会生活中，决定是否用黄金填补牙洞是一个特殊的权威主体从事的私人选择行动，而且这种行为只会受到牙病患者个体的关注，因而不是政治的行动；但决定黄金是否成为货币本位则是一个带有明显公共后果的公共选择行动，因而必须经过恰当组成的公共权威来决定。"公共性"的概念也不是固定的，公共的行为不仅要从其后果上来衡量，还要看其是不是一个共同体整体的事务，"在我们——共同体、人民、民族的情况下，无论其后果如何，这些行为必定是公共的"③。公共性是与私人性相对而言的，它以私人领域和公共领域的合理划分为前提。将私人性纳入政治议题之中，或者用政治的手段来解决私人性的问题，只会酿成诸多的悲剧，这在中外历史上有过许多前车之鉴。阿伦特在《论革命》中有一个颇为著名而明确的观点：政治问题与社会问题不能混为一谈；政治革命、政治生活中只能以政治自身的目标——自由——为目标；而不能以政治之外的目标（如解决贫困问题）为追求。她指出，法国大革命的问题就在于试图以政治的方式去解决社会问题。社会的本质在于社会网络性、多元性，政治的核心在于权威性、统一性。阿伦特认为，简单地用政治的方式解决社会问题的做法不仅危险而且有害。相反，美

---

① 〔美〕本杰明·巴伯：《强势民主》，彭斌等译，吉林人民出版社，2006，第151页。
② 〔美〕本杰明·巴伯：《强势民主》，彭斌等译，吉林人民出版社，2006，第151页。
③ 〔美〕本杰明·巴伯：《强势民主》，彭斌等译，吉林人民出版社，2006，第152页。

国虽然存在社会歧视、奴隶制等严重的社会问题，但建国者们并未追求用政治的方式一揽子解决所有社会问题，而是将政治问题与社会问题的处理适度分离，革命成功后首先聚焦政治原则的确立，以制宪为核心寻求政治原则的制度化，从而成功地为美国人民的自由奠定了宪政基础。[①] 因此，政治的公共性体现在它致力于重点解决与政治生活开展和维系相关的问题，例如宪法、权利、自由、政治制度等。自由主义者尽管也承认公私领域的划分，但它强调政府存在的理由是保护私人利益，政治活动不过是人们直接或间接地为追逐私人的或市民社会的利益而博弈的过程。自由主义者未必不关心公共福利，但是自由主义本身显然缺乏为公共福利、公共责任辩护的理论资源，这与自由主义理论缺乏政治概念的"公共性"是有内在相联系的。

（三）政治的商谈性

首先，政治的商谈性体现在公民审慎选择的自主意志上。在政治的舞台上，谈论行动也是谈论选择——关于审议、决定和决策的选择。因此，那种冲动的、专断的和没有经过深思熟虑的行动并不是政治行动。巴伯认为，如果行动是政治的，就必须经过深思熟虑和慎思审议来产生自由的和有意识的选择。所以，参与式民主要求公民的行动必须建立在理性的基础之上，反对那种无序的、非理性的公民行动。这要求公民具有自主的意志，并且要负责任地行动。"任何人都可以成为一位行动者，但是只有公民才可以成为政治的行动者。"[②] 依据这个标准，"群众"看起来尚不能算作公民，即使他们能够投票表决也不能算是公民，因为在这个过程中，他们不一定是通过理性、审慎的思考后而行动的。同理，乌合之众不是选民，暴民不是公民群体，他们的行动不是经过理性的审议而发出的，因而只有破坏性而没有建设性，他们的行动并不属于参与式民主所提倡的"政治行动"。

其次，政治的商谈性体现在政治冲突的解决上。对于"政治应该成为

---

① Hannah Arendt, *On Revolution*, London：Penguin Classics, 2006, p. 68.

② 〔美〕本杰明·巴伯：《强势民主》，彭斌等译，吉林人民出版社，2006，第154页。

化解冲突的方式"这一点，自由主义和共和主义的观念并不存在分歧，两者只是对于如何化解冲突存在争议。自由主义者通常是通过追求某种外在的确定性来解决冲突他们通常怀有为人类追求确定性的抱负，对存在某种可能促进"科学地""理性地""自然地"解决各种政治冲突的假定感兴趣。因此，有的理论家从理论上寻求一种外在的确定性来解决冲突，如康德的绝对命令和罗尔斯的正义原则；有的理论家从外在的自然法传统中寻求确定性，如洛克和美国的司法审查传统；有的理论家从自然主义的绝对权利理论中寻求确定性，如霍布斯和诺齐克等。在每种情形中，哲学都被要求提供某些外在于政治过程并可以解决各种政治问题的规范。然而对于这种过程而言，其后果往往是软弱无力的。这种传统的解决冲突理论的最大问题在于，追求外在的确定性是脱离人类生活现实而产生的虚构前提，它不能将具有理性的行动者的需要和形而上学的抽象原则需要区分开来。当今美国法学以政治过程取代形式推理，以及其产生的抽象原则趋势就是一个绝佳的例子。① 政治条件是由具体的历史、环境和情境造成的。面对变革社会中利益与价值的根本冲突，我们并不能寻找那种外在的形而上学的抽象确定性，而是要依靠公民自身自主地审慎做出负责任和合理的选择来解决冲突，需要公民理性的、平等的商谈和讨论来化解冲突。这种方式更加贴近公民的生活现实。正如巴伯所言，人们大多数时候毕竟"只希望正确地行动，而不是知晓确定性；只希望合理地选择，而不是科学推理；只希望克服冲突和取得短暂的和平，而不是去追求永恒；只希望与他人合作，而不想达到道德的统一；只希望系统地表述共同的事业，而不想去消除所有分歧。政治是当形而上学失败时人们所做的事；政治并不是将形而上学具体化为宪法"②。

二　公民政治参与权：作为政治条件的回应

每种政权甚至专制政权，都需要以某种形式来对待治下人民的行动，重

---

① 〔美〕本杰明·巴伯：《强势民主》，彭斌等译，吉林人民出版社，2006，第158页。
② 〔美〕本杰明·巴伯：《强势民主》，彭斌等译，吉林人民出版社，2006，第159页。

视治下人民的行动特征。公民有序政治参与在直接回应现实政治条件的各种困境中具有独特的优势。现代社会已经无法用一种统领一切的原则来解决政治冲突，公民的自主性也日益增强。此时，需要将相互依赖的私人性个体转化为自由公民，并且将部分的私人利益转化为公共利益，从而解决政治冲突。

（一）政治参与和政治行动

政治参与本质上就是前述的政治行动。行动理论从一般性的理论层面为公民政治参与提供了理论支持，公民政治参与则是政治行动的具体内容和特征。巴伯曾经辨析了两者之间的密切联系，他说："在强势民主中，行动是其首要的美德，而参与、委托、义务和服务——共同审议、共同决策和共同工作——则是其特征。"① 可以说，公民政治参与是政治行动的外在体现，公民政治参与是对政治行动性的回应。

首先，公民政治参与彰显了人的行动天性。亚里士多德在《大伦理学》中认为，人首先是通过行动来界定的。伏尔泰和卢梭尽管在其他观点上相去甚远，但是在关于人的行动天性看法上如出一辙。伏尔泰写道："人生来为了行动就如同火花生来就是为了向上飞舞一样。不做任何事情就等同于人不存在。"② 而卢梭写道："人生来是为了行动和思考，而不是为了反思。"③ 阿伦特追随古典共和主义的传统，认为人天生就有政治参与的倾向，为落实这种倾向，人应当自发地行动，参与政治。据此而论，政治参与并不像近代民主理论家所说的，只是一种保障私权或者民权的必要手段，而根本就是来自人的天性。正如麦克弗森所指出的："行动自身是令人快乐的并且是有效用的概念，而这在功利主义的生活观念中已经荡然无存。"④ 政治参与是对人行动天性的一种彰显，是人对自我存在的一种实践和肯定。因此，参与式

① 〔美〕本杰明·巴伯：《强势民主》，彭斌等译，吉林人民出版社，2006，第161页。

② Voltaire, *Philosophical Letters*, Indianapolis: Hackett Pub. Co. Inc., 2007, p. 23.

③ Jean-Jacques Rousseau, "Ⅱ. A Preface to 'Narcisse: or the Lover of Himself'", *Political Theory*, Vol. 6, No. 4, 1978.

④ Crawford B. Macpherson, *The Real World of Democracy*, London: Oxford University Press, 1966, p. 38.

民主理论政治参与权利观带有一种本体论和目的论的特点，它从人的存在论角度出发，为公民政治参与提供了一种古典而又现代的理论支持。

其次，公民政治参与对政治行动的回应还体现在它是公民落实政治行动的最佳选择。这是因为公民政治参与权是 赋予每个公民成为政府事务的参与者之权利，而不是成为鲁迅笔下阿Q式无知的旁观者、起哄者的权利。巴伯认为，在强势民主中，"政治是公民们行动，而不是为了公民们行动"①。民主不是任何形式的教条，它的实现并不掌握在少数精英手中，而是落实在理性公民参与政治的行动中。正如科恩指出的："民主的命运主要掌握在其成员自己的手中，这既是民主的弱点，也是民主的优点。当政权最终取决于被治者的参与时，确定民主成败的是他们集体形成并表现出来的智慧。"② 民主和专制的区别主要体现在公民政治参与权利的实现程度。在专制政体中，统治者垄断了行动的权利，使臣民丧失了公共领域，只能埋首一己的私业，因此，专制的本质不是使人们的福利减少（有时在短期内，专制政体甚至还为人民增加了福利），而是剥夺了公民参与政治事务的自由，以及因这种参与而体验到的公共快乐。

（二）政治参与和公共选择

此处的"公共选择"概念不同于布坎南式的经济学"公共选择"，恰恰相反，经济学的"公共选择"是建立在"经济人"的假设基础之上，经济学"公共选择"的前提是从私人狭窄的利益出发而做出的选择，正因如此，在西方传统的经济学逻辑中，人们根本无法摆脱"搭便车"的悖论，也无法摆脱奥尔森"一条道走到黑"的集体行动逻辑。颇具讽刺意义的是，经济学的"公共选择"恰恰是以完全的"非公共性"而告终，它也是片面地将市场逻辑扩展到政治领域中的不良后果之一。现实生活中公民政治行动并不一定完全是为了私人利益而进行讨价还价，这只是政治参与的一项功能。

---

① 〔美〕本杰明·巴伯：《强势民主》，彭斌等译，吉林人民出版社，2006，第161页。
② 〔美〕科恩：《论民主》，聂崇信、朱秀贤译，商务印书馆，2007，第5页。

更为重要的是,公民参与政治也是展示自我的过程,是人们在公共论坛上通过"再现式思维"来表达个人对公共问题的见解并做出判断的过程。在这个过程中,公民政治参与的实质是对政治公共性的回应,而不是将政治完全拖到私人利益的泥沼中。阿伦特就相信人们参与政治生活时有可能(并不必定)超越阶级的、派系的、族群的偏见。人们不但可以为了个人或者党派利益而声张,而且可以从多个角度去思考问题,对公共事务发表可望获得他人同意的执中持平的见解,然后促成参与式民主意义上的"公共选择"。所以,参与式民主理论认为,公民政治参与能够塑造合理地进行公共审议和公共决策的能力,达到佩特曼所说的公民教育的作用。

在这里,有必要反思西方两种传统的观点。首先,要反思还原论的观点。这种理论形式一般致力于将社会问题还原成某种抽象的概念体系,通常认为某种阶级、种族和社会运动成为个人行动的唯一决定因素,或者将人性的特质还原成类似动物的自然属性,人们成为一种纯粹追求物质利益的生物性存在,这在如前所述霍布斯开创的自由主义传统中颇为常见。在还原论式的逻辑下,公民的政治参与只具有私人选择的市场交易性,而不具有公共选择的公共性。其次,要反思将抽象的共同体置于优先于个人的位置并且使个人从共同体中寻求自身意义和目的的合作主义和集体主义神话。① 参与式民主理论一般不将抽象的共同体置于优先个人的位置,而是认为公民要通过参与政治过程,平等地进行审议,达成共识,从而形成和谐的共同体。和谐共同体的创造只是政治活动的首要任务。② 而不是任何既定的先在的原则,这就避免了社群主义所具有的统合性导致的专断危险。参与式民主理论认为,公民参与政治过程需要公民自身之间的互动,需要公民的自主同意,从而形成"公共空间",通过公共性的"移情"来创造由公民构成的共同体。这样,公民通过参与政治将共同体、公共性、公民身份变成了民主制度体系中相互依存的部分。

① 〔美〕本杰明·巴伯:《强势民主》,彭斌等译,吉林人民出版社,2006,第161页。
② 〔美〕本杰明·巴伯:《强势民主》,彭斌等译,吉林人民出版社,2006,第162页。

（三）政治参与和政治协商

参与式民主理论通常将公民政治参与看成一个公民平等地就公共问题进行协商和讨论的过程，因而，从本质上来说，参与式民主理论将公民政治参与看成对政治商谈性的回应。也正因如此，参与式民主理论是 20 世纪末西方协商民主理论的肇始，而协商民主理论则是参与式民主理论的进一步发展。在参与式民主理论中，公民政治参与作为政治商谈性条件的回应主要体现在如下几个方面。

其一，政治参与作为政治行动的外在体现，本身带有政治沟通和政治协商的含义。如前所述，阿伦特的政治行动理论实际上包含"行动"和"言语"两部分，前者是政治参与中的个人真性展示，后者则指政治参与中的对话和沟通。正如邓特里弗所指出的那样，阿伦特的行动理论"包含着两种行动模式：表达型行动和沟通型行动，而批评者几乎总是关注前者而牺牲后者"。批评阿伦特行动观的诸多观点中大多对阿伦特行动理论中的"沟通性"有所忽视。事实上，阿伦特本人尤其强调政治参与中"言"和"行"的统一，甚至在某种意义上来说，阿伦特对政治参与的协商性更为重视，这是因为阿伦特看到大多数行动是以言说的形式进行的，"不管怎样，没有言说相伴，行动就不仅仅失去了它的揭示特质，而且失去了它的主体。从这个意义上来说，无言的行动不再是行动，因为没有行动者；而行动者，业绩的实践者，只有在他同时也是话语的言说者时，才是可能的"①。阿伦特对言说和行动重要意义的重视，实际上就是为了表明公民政治参与过程中公民平等协商的重要性，从本质上来说，它是对政治商谈性条件的回应。

其二，政治参与对政治商谈性的回应体现在对多元价值的自主平衡和决策合法性的建构上。如前所述，参与式民主理论认为政治商谈性的存在是基于现代社会价值多元化的特征。精英民主理论希望通过代议制的聚合机制来平衡多元价值，其中价值的选择是在各种选项中进行挑选并且给予胜者合法

---

① 〔美〕汉娜·阿伦特：《人的境况》，王寅丽译，上海人民出版社，2009，第 140 页。

性的同意,这种机制有其优势,但是其最大的缺陷体现在:由于缺乏讨论的过程,最后的决策往往缺乏公共意见的融入,它容易导致决策要么是伪装为公共规范的私人价值,要么是表示一种已经被政治过程所揭示的预先存在的共识,在这两种情况下,公民选举中的政治参与度无法完成合法性的任务。参与式民主理论则认为公民政治参与的关键是使各种偏好和意见通过接受公共审议和公共判断的考验来获得合法性,这些偏好和意见并不是由某种独立于公民生活的外在规范、所谓政治的真理或者自然权利来决定的,而是由公民通过某种程序的政治协商来决定的。由此观之,没有持续的政治协商就没有参与式民主理论所推崇的那种政治合法性。在参与式民主理论看来,投票固然重要,但投票往往是表达个人偏好的静态行为,而政治参与应该回应政治的商谈性,即将公民政治参与看成一个动态的过程,在这个过程中,公民可能通过协商改变其看待世界的方式和思维方式。巴伯曾经对此有过比较,他写道:"投票令人想到一群人在自助餐里关于他们作为一个全体购买什么食品符合他们的个人口味进行讨价还价。强势民主政治则让人想到,在自助餐厅里,一群人为了创造一种为所有人所共享的并且取代他们想要讨价还价的相互冲突着的私人口味的公共口味,创造新的菜单,发明新的菜谱并实验新的调料。"① 所以,公民政治参与过程中,至关重要的并不在于纯粹的和简单的统一,而在于参与分享的公民的能动的统一,通过对他人价值的认同和移情的过程,这些公民富有想象力地将自己的各种价值重构为公共规范。

三 公民政治参与权的拓展:政治发展的基础工程

在资本主义的发展历史上,现代国家的建构确实有着较大的积极意义,但是这种单一强调主权国家层面的政治概念在当代出现了很多问题,最大的问题莫过于斯金纳所说的 "公民的自由转向了国家权威的垄断形式",结果作为个体手段的政治,越来越把个体变成了手段,作为公民行动的政治,越

---

① 〔美〕本杰明·巴伯:《强势民主》,彭斌等译,吉林人民出版社,2006,第165页。

来越变成公民无法控制和反而被其控制的力量，这就是西方自由主义政治的异化。参与式民主理论重新思考了政治概念和政治条件，发现了西方传统自由主义政治概念的偏狭，即自由主义将政治局限在远离公民实际生活的主权建构中。在参与式民主理论看来，要克服这种危机，必须重新看待政治，同时重新看待公民政治参与权利的内涵，从范围和深度上拓展公民的政治参与权利。

（一）公民政治参与权的范围拓展

公民政治参与权利的拓展，主要体现在公民政治参与的范围拓展上。公民政治参与的范围有多大是全面评价该社会民主状况时的最大考量。科恩曾经提到："在何种问题上人民的意见起决定作用，以及对人民意见的权限的限制，根据这些就可确定该社会民主的范围。范围愈广（只要是共同有关的问题），民主的实现就愈充分。"[1] 衡量民主的范围时，我们可以根据国家权力的层次分为两级：第一级是最高权力范围；第二级是有效权力范围。公民难以直接控制国家最高权力，只能通过代表来间接地实现。代议制民主主要关注最高权力的控制和运行问题，代议制民主的政治概念表述的是国家主权和国家宏观政治问题。在代议制民主中，公民政治参与主要限于几年一次的投票参与，在其他时候，主权国家更愿意看到的是消极不参与政治的公民，而不是积极主动参与政治的公民。因此，代议制民主中公民政治参与的权利是狭义的，主要限于选举权利和获得公职的权利，这在马歇尔自由主义的公民资格理论中有较为充分的论述。

如前所述，参与式民主理论对于政治概念的界定并不仅限于国家宏观层面的政治，由此，参与式民主理论认为，尽管民主在很多情境中被理解为一种国家宏观政治制度，但这绝不是民主的全部含义。作为政治制度的民主关注的主要是选举，但是在选举的间隙，人民的参与权不应当处于休眠状态。他们需要通过各种各样持续性的参与行动来影响、管理、控制与他们生活密

---

① 〔美〕科恩：《论民主》，聂崇信、朱秀贤译，商务印书馆，2007，第14页。

切相关的事务。民主既是一种静态的制度安排，又是一种动态的行动过程，甚至是一种生活方式。因此，参与式民主理论不仅重视宏观层面代议制民主中公民政治参与可能存在的片面和缺陷，同时致力于在微观政治层面弥补代议制民主的缺陷，即通过扩大在社区公共生活、社会团体等公共决策中的公民政治参与，来切实拓展公民政治参与权利的范围。参与式民主理论认为公民政治参与具有广阔的领域，如环境保护、基层自治、社区治理、公共决策等领域都需要引入有序的、有效的公民参与。参与式民主的这些主张与当代中国基层民主发展的理论和实践具有较强的契合性。

佩特曼强调，在参与理论中，政治参与指在决策过程中公民也能（平等）参与。[①] 参与式民主理论所强调的政治平等指公民在影响公共决策结果方面的权利平等，这与精英民主理论对于政治平等的界定是不同的，这是因为参与式民主理论的政治概念远比精英民主理论的政治概念丰富。在参与式民主理论家看来，全国代议制制度的存在不是民主的充分条件，"因为要实现所有人最大限度的参与，民主的社会化或'社会训练'必须在其他领域中进行，以使人们形成必要的个人态度和心理品质"[②]。要做到这一点，必须拓展公民政治参与的范围，不能将公民的政治参与局限在精英民主理论所划定的几年一次的投票参与上。

（二）公民政治参与权的效度提升

公民政治参与权的深化是关于民主的深度问题，科恩认为，民主的深度是由参与者的参与是否充分以及参与的性质来确定的。[③] 因此，公民政治参与权就不仅涉及参与范围的拓展，而且涉及参与的实际效果和性质问题。前者主要关注公民政治参与的领域问题，后者则主要关注公民政治参与的质量问题，二者互为依托，对推动民主的发展进程均不可或缺。代议制民主解决了大型社会规模下的民主难题，投票是有其实际需要的。在代议制民主中，

---

① 〔美〕卡罗尔·佩特曼:《参与和民主理论》，陈尧译，上海人民出版社，2006，第39页。
② 〔美〕卡罗尔·佩特曼:《参与和民主理论》，陈尧译，上海人民出版社，2006，第39页。
③ 〔美〕科恩:《论民主》，聂崇信、朱秀贤译，商务印书馆，2007，第21页。

投票权及其使用是衡量公民政治参与深度的水准基点。但是，如前所述，投票只是公民政治参与的一种形式，很容易识别，不过这常常也只是表面性的识别。我们知道，公民投票后，有助于确定采取何种行动，但充分的参与则包括投票行为以前的很多活动。民主社会中起作用的成员会积极参与社会的思考，投票不过是思考的最后一步。他们会提出可供选择的行动方案，抨击或维护别人的提案，调查或回报有关社会公益的问题，或者以各种方法影响其他社会成员的意见等，很明显，投票只是公民政治参与的一个方面。

今日社会最需要的不是在法律上形式性地扩大公民政治参与权利，比如法律上赋予公民普选权，但是实际上公民对政治决策没有任何影响力，久而久之，公民要么会冷漠地对待政治，要么采用暴力行为冲击已有的政治合法性。今日民主发展最需要的是提高公民政治参与的质量，使之更加有效。因此，参与式民主理论认为，理想的民主不应仅仅是在几个竞选人中选择一人就算参与了社会管理，而应该是在他们力所能及的范围内识别问题，提出建议，衡量各方面的证据和论点，表明信念并阐明立场，促进并深化思考。"如果一个社会不仅允许普遍参与而且鼓励持续、有力、有效并了解情况的参与，而且事实上也实现了这种参与并把决定权留给参与者，这种社会的民主就是既有广度又有深度的民主。"①

相比精英主义民主理论，参与式民主理论更为重视公民政治参与权的实际效果问题，注意从公民政治参与质量上深化公民政治权利。首先，参与式民主理论认为公民参与权必须是"充实的"、可实现的，而不是只停留在理念和规范宣示层面上。参与式民主理论强调平等自由参与权的重要性，不仅是因为以这种参与权为基础的民主更能达成正当决策，也不仅是因为这种参与权保障了决策过程的民主正当性，而且因为这种参与权能培育和历练公民美德。其次，参与式民主理论注重公民政治参与和政治商谈性的共契，注意通过参与者之间真诚、理性的讨论提升民主的质量，使决策不仅仅是"意见的聚合"，不仅仅是程序上的"多数决定"，而且是有质量的、理性的决

---

① 〔美〕科恩：《论民主》，聂崇信、朱秀贤译，商务印书馆，2007，第22页。

定，这对提升基层社会治理的绩效具有重要意义。巴伯和阿伦特等人的这些观点开启了后来协商民主理论的核心观点，即参与式民主理论不只强调高度的参与性，它更强调高度的协商性。最后，参与式民主理论强调的是一种理性的参与。在精英民主模式中，最主要的参与方式是投票；而在参与式民主中，最主要的参与方式是理性的协商，尽管投票依然是必要的。参与式民主的核心理念是促进政治公共性的彰显：在公共对话中，一切论证都应受到尊重，以共同福祉为基础的经过更好论证的选择是决定公共生活质量的关键。

第二章
协商参与的代表性：
地方政协委员的构成、职责与利益*

在大规模国家治理中，由于完全实现直接民主的困难，民主参与的代表应运而生，"代表性"就成为民主发展的核心和关键。政协是社会主义协商民主的重要渠道和专门协商机构。第一届全国人民代表大会召开以后，中国人民政治协商会议（简称"政协"）不再代行全国人大的职权，随着中国政治制度的不断变革，政协也在不断变革。政协是发扬人民民主的重要组织，它的成立、发展历经 60 多年，贯穿了新中国成立以来的各个历史阶段。政协从成立至今共经历过两次重大转型：第一次是在 1954 年，第一届全国人民代表大会召开之后，中国人民政治协商会议不再代理国家权力机构，而是以人民民主统一战线的组织形式，在中国共产党与各民主党派"长期共存、互相监督、肝胆相照、荣辱与共"的方针指导下，作为各党派的协商机关长期存在；第二次是在 1978 年，党的十一届三中全会召开之后，政协由具有不同阶级联盟性质的人民民主统一战线组织转变为最广泛的爱国统一战线组织。改革开放以来，政协开始朝着制度化、规范化、程序化发展。

政协是在中国新民主主义革命中产生的，团结和民主始终是其永恒的主旨。团结体现在它是最广泛的爱国统一战线，民主体现在它是各党派、人民团体、各阶层参政议政的重要机构。政协的核心要旨就是其具有广泛的代表性和巨大的政治包容性，代表性是其发挥中国特色社会主义人民民主的核心要素，也是中国人民政协存在的必要性的关键。政协的代表性不是单一的，

---

* 本章主要完成者为范少帅。

而是多层次的，具有多样性等特点。结合政协的历史、结构、职能和利益表达，以及国内专家学者对政协的研究等，本章以 Z 省政协为个案，从代表性理论的视角对政协的代表性问题进行相应研究，以期为政协协商民主建设的代表性研究提供一点启示。

一　代表理论与政协代表性

（一）代表的维度：皮特金的经典理论

"代表"这个词不是本来就有的，它在出现时也不是我们现在所说的政治意义上的代表。政治学意义上"代表"源自霍布斯（Hobbes）《利维坦》一书，他在书中引入了"代表"一词，他从人的概念开始对代表进行分析，他区分了"自然人"和"虚拟人"，最后他将代表归类为一种虚拟人。[①]"言语和行为被认为发自其自身的个人就称为自然人，被认为代表他人的言语与行为时就是拟人或虚拟人。"[②] 汉娜·皮特金（Hanna Pitkin）在其著作《代表的概念》中试图从词源学上对"代表"的概念进行认知，认为代表的含义就是"再现，即将缺席之物呈现出来"。她将代表概念划分成形式主义和实质主义两个维度。在形式主义维度下，皮特金总结出授权观和责任观；在实质主义维度下，又分出"代指示"和"代行为"两个类别。她进一步在"代指示"中区分出描述性代表和象征性代表；在"代行为"中分出实质行为观。我们将皮特金关于代表类型的解读做了简单整理（见表2-1）。

---

① 〔美〕汉娜·费尼切尔·皮特金：《代表的概念》，唐海华译，吉林出版集团有限责任公司，2014，第 18 页。
② 〔英〕霍布斯：《利维坦》，黎思复等译，商务印书馆，1985，第 122 页。

表 2-1 皮特金关于"代表"的概念

代表维度	代表类型		基本观点	主要观点
形式主义	授权观		代表者是被授权去行事的人,这意味着代表者被授予了其此前所没有的权利,而被代表者要对代表者的行为后果负责	代表的本质是对权威的委托或授予;对代表进行授权,就是准许另一个人有权利代自己来行为,代表就是根据他人的同意行事
	责任观(职责)		代表者就是用来分担责任的人,其必须最终对之负责的人就是其所代表的人	代表者应担负行为后的责任,这是为了使代表者以一定的方式行事,即必须照顾其选民,去实现选民的愿望
实质主义	代指示	描述性代表	代表机构的独特之处是对它所代表的对象进行无扭曲的反映,要求立法机构的构成必须准确地符合全国选民的构成	国家内的代表性机构可被看作整个公民群体或共同体的一个缩影或节本;代表性议会是由代表性的人组成的群体,每位议会成员具有代表性,才使议会真正地成为整个国家的代表者
		象征性代表	象征符号代表着某事物,将某种不在场的事物呈现出来	象征性代表强调代表者取悦选民的重要性
	代行为	实质代表(利益)	只有当代表者按照其选民发出的明确指示进行行为时,才会有真正的代表性,代表者可以行使一些自由裁量权,但在做任何新的、有争议的事情前,其必须先询问选民们的意见,然后再按自己的愿望去做;代表者的义务就是回应选民的意愿,为选民的利益着想,而选民的意愿与选民的利益是相关的。(1)无论在什么情况下,代表的实质内容都是对选民进行"利益照看",柏克认为,正如实质代表是建立在共同利益之上,议员对选民的责任就是去追求选民所要求的利益;(2)对具有利益的人们进行代表,由于民众是被他们的利益所驱使,民众的代表者便被假定会去增进民众这些多元的易变的利益

资料来源:笔者根据汉娜·费尼切尔·皮特金的《代表的概念》整理。

　　皮特金对"代表"的概念进行了详细、系统、规范的分析,总的来说,她认为代表是形式和实质的统一,她的五种代表观对代表的内涵做了非常精湛的解读,但在解释具体的代表问题时也会有一些局限。例如,曼斯布里奇(Mansbridge)认为皮特金没有看到描述性代表在保障少数群体的公平和促进民主协商上有更积极的作用。① 然而，对于描述性代表的争论一直没有中断，群体代表论者的主张更加剧了这种争论。主张群体代表权的学者发现，当今社会诸如女性、工人阶级、少数族裔等弱势群体并没有获得充分的代表，从而导致这些群体在政治上缺乏影响力，这促使他们呼吁建立一系列对这些弱势群体予以特殊代表的机制。② 雷菲尔德（Rehfeld）进一步反思地域代表制对某些群体的不利影响：长期以来一直坚持以地域为基础划分选区进而选择代表的做法，可能造成某些弱势群体在多数选区处于永久性的少数地位，因而难以获得充分的代表。③

皮特金的代表观确有局限和需要改进的地方，但为后来有关代表的研究奠定了基础。皮特金有关代表概念的解读对研究中国人民政治协商会议机制具有重要的指导意义，代表理论的两个维度与政协的复合代表性非常契合，也是笔者分析政协复合代表性的理论基础。

（二）政协的代表性：已有分析视角

"代表"一词有两方面的重要特征：一方面是受控性，即受所代表和联系群众的控制，要对他们负责，得到他们的认同；另一方面是受限性，指必须具备一定的资格和能力。④ 在政治层面，代表性是指作为代表人，其应反映所联系的部分群众的政治、经济、精神文化等方面的利益或诉求，并具备维护和争取这些利益或诉求的条件和能力。⑤

当前，在中国政协代表性相关的研究中，许多学者对无党派代表人士代表性、民主党派代表性、党外人士代表性以及政协委员代表性等方面做过分

---

① Jane Mansbridge, "Should Blacks Represent Blacks and Women Represent Women? A Contingent 'Yes'", *The Journal of Politics*, Vol. 61, No. 3, 1999, pp. 628-657.

② 聂智琪：《代表理论的问题与挑战》，中国民主化进程学术研讨会论文集，2013，第92~104页。

③ Andrew Rehfeld, *The Concept of Constituency：Political Representation，Democratic Legitimacy and Stitutional Design*，Cambridge：Cambridge University Press，2005，p. 12.

④ 张瑞琨、吉秀华、程芳：《关于党外代表人士的代表性问题》，《民主》2012年第3期。

⑤ 张瑞琨、吉秀华、程芳：《关于党外代表人士的代表性问题》，《民主》2012年第3期。

析。其中，我国的政治制度、政党制度、中共中央关于政治协商的政策成为许多学者分析政协各组成部分①代表性的依据和基础。② 基于这些依据和基础，一些学者认为无党派人士、民主党派人士、党外代表人士以及政协委员的代表性关系到我国的统一战线以及多党合作政党制度的健康发展。③ 此外，这些作者分别提出了党外代表人士存在代表性不足、代表意识不强、代表能力不高等问题，并提出了相应的对策。④

另一些学者则通过对民主党派人士代表性的实证研究，提出了政党代表性新模式，比较著名的是朱世海提出的"中国共产党总代表和民主党派协助代表的新模式，这是与中国社会结构相适应的政党代表性模式"⑤。还有一些学者从形式代表和实质代表方面来研究，如胡筱秀在研究中国民主党派代表性时指出，代表性实质就是合法性问题，中国民主党派要保持代表性就要实现形式代表与实质代表之间的匹配和契合度，她还将代表做了四种分类，即中国共产党是总代表、人大代表是选举代表、政协委员是委任代表、党外人士是辅助代表。⑥ 章招坤认为，代表性是代表的性质和程度，没有代表性就不能成为代表人士，没有代表性自然也就失去了代表的作用。⑦

---

① 本章中人民政协各组成部分即指各党派、人民团体、无党派人士、各界别。
② 汪守军：《中国民主党派代表性有关问题的探讨》，《重庆社会主义学院学报》2010 年第 2 期；刘晓华：《党外代表人士及代表性问题研究》，《四川省社会主义学院学报》2016 年第 2 期。
③ 张瑞琨、吉秀华、程芳：《关于党外代表人士的代表性问题》，《民主》2012 年第 3 期；李鹏：《关于增强党外代表人士代表性的路径探析》，《山西社会主义学院学报》2013 年第 4 期。
④ 蔡永飞：《论参政党的代表性》，《天津市社会主义学院学报》2010 年第 4 期；刘晓华：《党外代表人士及代表性问题研究》，《四川省社会主义学院学报》2016 年第 2 期。
⑤ "协助代表人民利益"的内涵有三点：一是民主党派反映或表达自己成员及所联系群体的具体利益要求；二是民主党派协助弱势群体等其他社会群体表达具体利益要求，民主党派在代表弱势群体等其他社会群体具体利益上处于辅助这些群体的地位；三是中共代表中国最广大人民的根本利益，民主党派在代表最广大人民的根本利益上处于辅助中共的地位。参见朱世海《协助代表人民利益——关于民主党派代表性问题的实证研究》，《探索》2009 年第 4 期。
⑥ 胡筱秀：《从形式代表到实质代表：中国民主党派代表性问题探讨》，《毛泽东邓小平理论研究》2016 年第 6 期。
⑦ 章招坤：《无党派代表人士代表性问题思考》，《长春理工大学学报》（社会科学版）2014 年第 3 期。

利益代表性是代表的重要属性，也是代表产生和存在的重要基础。张瑞琨认为，民主党派作为参政党，一方面反映和代表各自所联系群众的具体利益和要求，另一方面在更广泛的层面上反映民生、民情和民意，在更深层面上表达和反映人们的利益和要求。[①] 孙瑞华认为，政治协商组织的成员界别越广泛越具有代表性，其所表达的利益就越全面越充分，所体现的公平、公正的民主原则也就越全面越真实。[②] 林芳在政协委员代表性问题上表示，人民政协作为以界别为显著特征的政治组织，政协委员应该代表自己所联系的群体的利益；政协作为发扬社会主义民主的重要形式，政协委员必须敢于代表自己所联系的群体的利益。[③]

从以上分析可以看出，国内学者大多聚焦政协的某一界别的代表性研究，没有从整体上对政协的代表性进行分析。这些学者的研究虽然对政协某一界别的代表性提出了独到的见解，但是对于真正准确全面地阐释政协代表性来说还存在诸多不足。

基于以上国外的代表理论和国内学者对于政协代表性的分析可以看出，探究中国政协的代表性，不能局限于某一界别，也不能局限于我国的政党理论和统一战线理论。接下来我们将基于代表理论，结合 Z 省政协的案例，对政协复合代表性的逻辑进行分析。

（三）复合代表性：政协代表性内在属性

现有的代表理论对代表性机构的构成、代表者的职责以及利益等因素虽有所提及，然而这些理论往往局限于一种要素的研究，不能将各要素融为一体说明各要素与代表性的关系。皮特金关于代表的研究是解读"代表"这一概念的权威和基石，她通过形式主义和实质主义将代表分为五大类，将关于代表的研究统一在一个框架下，进而进一步阐明代表的内涵。代表性机构并非仅凭单一要素就能将其代表性展现得淋漓尽致，

---

① 张瑞琨：《民主党派代表性问题研究》，《广州社会主义学院学报》2007 年第 4 期。
② 孙瑞华：《人民政协的广泛代表性与其利益表达》，《中国政协理论研究》2012 年第 3 期。
③ 林芳：《政协委员的代表性刍议》，《人民政协报》2009 年 8 月 10 日。

构成—职责（责任）—利益（利益表达）的变化和互动共同塑造了其代表性。

1. 政协复合代表性的内涵

在汉语中，复合具有合在一起、结合起来的意思。当然这种结合不是生搬硬套，而是将两个或两个以上不同性质、能够相互弥补的事物有机联结在一起。本章提出政协具有复合代表性是根据政协的组织构成、职能和职责以及利益表达功能的关系提炼而来。复合性是指多样性、层次性、融合性，即两种或两种以上的事物有机结合在一起所产生的特性。复合代表性就是指不同性质或类别的代表性有机结合在一起，构成多层次、多方面的代表性。

政协复合代表性是指人民政协各个组成部分、职责、职能以及利益表达等相互融合，形成一个有机整体，并且每个方面都具有代表性，进而形成了以组织构成代表性为基础、以职责代表性为保障、以利益代表性为核心的复合代表性。三者既依次递进又层层嵌套、环环相扣。

2. 政协复合代表性的特征

在结合 Z 省政协的案例分析人民政协复合代表性之前，笔者拟就政协复合代表性的组织构成代表性、职责代表性、利益代表性三者的关系做出以下命题。

第一，组织构成的广泛性会扩大代表性的程度。代表性的产生及其程度不断加深是与组织构成密切相关的，代表性往往是在组织构成的多样化、多层级的基础上而得到扩大的。因此，组织构成的广泛性对代表性有着重要的影响。在组织构成单一、覆盖面狭窄的情况下，其代表性也会被大大降低甚至丧失。

第二，职责的履行为代表性提供了保障。在公民被推选为代表之后，代表的职责（责任）扮演着重要的角色。公民是有丰富情感的社会化的人，难免会存在维护自己利益的私心，倘若在其当选为代表之后不顾其所代表的民众的意愿，我行我素，那么代表性就无从体现，民众的诉求也无法实现。被推选为代表的公民无疑是具有代表性的，但是如果其不为自己所代表的民众服务，那么这种代表性就会丧失，其也就不能成为真正的代表。此时，代表的职责履行义务就很好地起到了约束和保障的作用。

第三，利益表达是代表性的核心要素。代表不是纯粹作为民众的一个代表符号，而是要代表支持他的民众进入国家机构参与国家事务，要代替民众发言，实现他们的愿望和诉求。不论是组织构成的广泛，还是代表的职责，最终都是要实现所代表民众的利益表达。学者孙瑞芳指出，人们必须自主自觉地认识到组织结构的广泛代表性与其利益表达之间的内在必然关系，自主自觉地运用组织结构的广泛代表性来充分表达各方利益。[①] 柏克认为，正如实质代表是建立在共同利益之上，议员对其实际选民的责任就是追求选民所要求的利益。[②]

第四，组织构成代表性、职责代表性、利益代表性这三者是有机统一的复合关系。组织构成代表性与职责代表性的复合、组织构成代表性与利益代表性的复合以及职责代表性与利益代表性的复合，三者两两交互，密切关联。组织构成代表性是这个复合关系的基础，职责代表性是保障，利益代表性是核心也是代表性最终所要到达的目的，即实现广大人民群众的利益诉求。

二　政协的复合代表性：基于 Z 省政协的考察

根据代表理论，结合我国政协的特点，笔者认为我国政协的复合代表性突出体现为其构成、职责和利益三个要素的复合。以下是通过对 Z 省政协的构成、职责、利益三个要素的分析，展现中国人民政治协商会议的复合代表性。

---

① 孙瑞华：《人民政协的广泛代表性与其利益表达》，《中国政协理论研究》2012 年第 3 期。

② 〔美〕汉娜·费尼切尔·皮特金：《代表的概念》，唐海华译，吉林出版集团有限责任公司，2014，第 216 页。

（一）Z省政协委员的构成分析

将Z省政协第九届、十届、十一届一次全体会议委员会成员作为分析样本，对这三届政协委员的性别比例、界别设置进行分析（见表2-2、表2-3、图2-1）。

表2-2　Z省政协第九届、十届、十一届一次全体会议委员性别统计

单位：人，%

届数	总人数	男委员	百分比	女委员	百分比
第九届	665	542	81.50	123	18.50
第十届	686	520	75.80	166	24.20
第十一届	730	536	73.46	194	26.54

资料来源：笔者根据中国人民政治协商会议Z省委员会门户网站有关数据整理，http://www.zjzx.gov.cn/zxfzs/index.html。

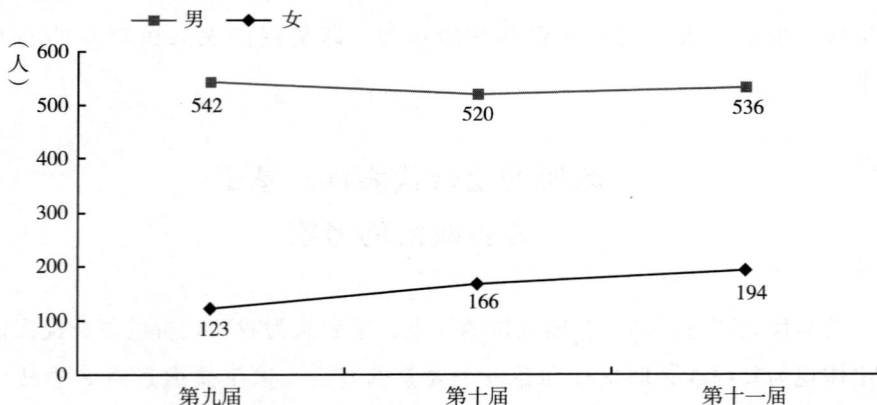

图2-1　Z省政协第九届、十届、十一届一次全体会议男、女政协委员人数趋势

资料来源：笔者根据有关资料制作。

从表2-2可以看出，Z省政协第九届、十届、十一届一次全体会议的委员会女委员较男委员来说偏少，第九届委员会成员中女委员比例只占18.50%，第十届、十一届委员会女委员比例有所提高，分别是24.20%和

26.54%。改革开放以来，随着国家政治的不断进步，经济的快速发展，女性的社会地位也在不断提高。从表2-2和图2-1来看，在Z省的政协委员中，女委员人数和所占比例在逐渐增加，这既是政协的特色，也是对社会现实的反映，对男女平等观念的实践，更是政协代表性在性别结构方面的重要体现。

表 2-3 Z省政协第九届、十届、十一届一次全体会议各党派、人民团体、各界设置及人数统计

单位：人

界别	第九届	第十届	第十一届
中国共产党	23	22	20
中国国民党革命委员会	19	21	21
中国民主同盟	21	21	21
中国民主建国会	21	21	21
中国民主促进会	18	17	18
中国农工民主党	18	18	18
中国致公党	7	7	10
九三学社	18	18	18
台湾民主自治同盟	4	4	5
无党派人士	12	15	20
中国共产主义青年团	7	7	7
总工会	21	21	21
妇女联合会	21	21	21
青年联合会	6	6	6
工商业联合会	21	21	21
科学技术协会	15	14	15
台湾同胞联谊会	6	6	5
归国华侨联合会	13	15	15
文学艺术界	28	29	27
科学技术界	42	39	39
社会科学界	22	21	21
经济界	41	43	47
农业界	43	43	40

界别	第九届	第十届	第十一届
教育界	50	49	48
体育界	11	11	10
新闻出版界	12	12	15
医药卫生界	32	29	31
对外友好人士	4	5	6
社会福利与社会保障界	5	8	11
少数民族界	12	14	12
宗教界	11	12	16
特别邀请人士	81	96	124
总计	665	686	730

注：Z省政协十届、十一届文学艺术界更名为文化艺术界，农业界更名为农业和农村界，对外友好人士更名为对外友好界。

资料来源：笔者根据有关资料整理。

从表2-3可以看出，第一，Z省政协第九届、十届、十一届一次全体会议界别数量都是32个，相比全国政协第十一届全国委员会界别设置少了2个，分别是特邀香港人士、特邀澳门人士。Z省政协关注的是本省的社会发展情况，所以对邀请香港和澳门人士参加未做特殊要求。由此可以看出Z省人民政协的界别设置和全国政协界别设置基本保持一致。Z省政协的界别设置基本合理，涵盖了Z省主要的领域，如文学艺术、科学技术、经济、农业、教育等。第二，界别名称的变化体现了与时俱进，文学艺术界更名为文化艺术界，将文学改为文化表现出时代的发展，以及界别范围和层次的扩大；农业界更名为农业和农村界，这表现出对"三农"群体的重视，体现出"三农"新的变化；将对外友好人士更名为对外友好界，体现出政协对这个群体的重视。

界别是政协的特色也是其结构代表性和利益代表性复合的重要表现形式，Z省政协界别设置名称的变化体现出政协对日益变化的社会阶层的关注和对不同群体利益的重视。

（二）政协的职责分析

职责分析主要围绕 Z 省人民政协的政治协商、民主监督、参政议政三大职能的相关情况进行统计分析，进而从职责角度观察其代表性情况。

从表2-4可以看出，Z 省政协在履行政治协商职能时，协商的事项包括文化、民生、医疗、经济、教育、科技等方面。这些均具有代表性，与各界别乃至 Z 省各界群众的生产、生活息息相关。Z 省政协每月定期召开协商会，对群众日常关心的问题建言献策，并且每次召开会议都会邀请政协委员和群众代表参加，突出体现其职责的代表性。

表2-4 2016年5~12月 Z 省政协召开"民生论坛"部分会议基本情况

时间	出席对象	主题
2016 年 5 月 20 日	省政协部分主要负责人，34 位省政协委员、10 位界别群众代表、2 位(市、区)政协主席	征求对加强古村落保护利用的意见
2016 年 6 月 12 日	省政协部分主要负责人，30 位省政协委员、8 位界别群众代表、2 位(市、区)政协主席	征求对提升城市社区物业管理水平的意见
2016 年 7 月 25 日	省政协部分主要负责人，30 位省政协委员、9 位界别群众代表、2 位(市、区)政协主席	征求对不断改善提升 Z 省旅游环境质量的意见
2016 年 8 月 16 日	省政协部分主要负责人，31 位省政协委员、10 位界别群众代表、2 位(市、区)政协主席	征求对推进医保支付方式改革的意见
2016 年 9 月 22 日	省政协部分主要负责人，36 位省政协委员、10 位界别群众代表、2 位(市、区)政协主席	征求对推进降低实体经济成本政策落实的意见
2016 年 10 月 27 日	省政协部分主要负责人，3□ 位省政协委员、10 位界别群众代表、2 位(市、区)政协主席	征求对推进城乡生活垃圾分类处理的意见
2016 年 11 月 28 日	省政府部分主要负责人，24 位省政协委员、10 位界别群众代表、2 位(市、区)政协主席	征求对推进基础教育均衡化发展的意见
2016 年 12 月 13 日	省政府各部门主要负责人，27 位省政协委员、7 位界别群众代表、2 位(市、区)政协主席	征求对科技惠及全民健康的意见

资料来源：笔者根据有关资料整理，http://www.zjzx.gov.cn//Category_ 311/Index.aspx。

协商参与的逻辑

从表2-5、表2-6可以看出，Z省政协以及政协委员对与群众切身利益相关的问题高度关注，政协委员深入实地进行调查、走访，听取群众的意见和建议，将群众的呼声和愿望汇总起来，形成系统、规范的建议向政府相关部门进行反馈，督促政府部门抓落实，以保障群众利益的实现。

表2-5　2016~2017年Z省政协民主监督情况（部分）

时间	内容	形式
2016年	加强农村惠民服务	实地调研
	五水共治	实地调研
	"两路两侧""四边三化"整治整改情况	实地调研、提建议
2017年	小城镇环境综合整治行动情况	实地调研

资料来源：笔者根据有关资料整理，http://www.zjzx.gov.cn//Category_339/Index.aspx。

表2-6　2008~2009年Z省政协提案情况

单位：件，%

年份	提案类别	数量	百分比	主要内容
2008	经济建设方面	370	47.5	工业、交通、金融、财贸、城建、环保、农业农村等
	科教文体卫方面	236	30.3	科技、教育、文化、卫生、体育等
	政治法律和社会保障方面	173	22.2	政协、统战、宗教、政法、人事、劳动和社会保障等
总计		779	100	
2009	经济建设方面	399	52.2	科技、交通、产品商标、农村金融体制、生态、海洋经济等
	科教文卫体方面	181	23.7	科技、教育、文化、卫生、体育等
	政治法律和社会保障方面	184	24.1	政府、政协、民族、法律、就业、住房、网络、两岸交流等
总计		764	100	

资料来源：笔者根据中国人民政治协商会议Z省委员会门户网站有关数据整理，http://www.zjzx.gov.cn/Item/11357.aspx，http://www.zjzx.gov.cn/Item/14066.aspx。

Z省政协提案委员会 2008 年共收到以提案形式提出的意见建议 830 件，经提案委员会审查，立为提案的共 779 件，其中，集体提案 97 件；以政协专门委员会和界别组名义提出的提案 29 件。2009 年共收到以提案形式提出的意见建议 819 件，经提案委员会审查，立为提案的共 764 件，其中，集体提案 113 件；以政协专门委员会和界别组名义提出的提案 33 件。

分析表 2-6 可知，在 Z 省第十届政协第一次全体会议和第二次全体会议期间，立为提案的分别有 779 件和 764 件，平均每年立为提案的有 771.5件。根据表 2-2 可知，Z 省第十届政办第一次全体会议有 686 名政协委员，平均每名委员每年提交 1.12 件；这两年的提案关注重点都在经济建设、科教文卫、政治法律和社会保障这几个大的方面，其中关于经济建设方面的提案数量最多，其次是科教文卫，最少的是政治法律和社会保障。

政协的三大职能是政协复合代表性得以实现的重要途径，是职责代表性的具体表现。政治协商与民主监督的复合、政治协商与参政议政的复合、参政议政与民主监督的复合共同构成了职责代表性的复合结构，三者有机统一使得政协职责代表性的保障作用更加坚固。

（三）政协的利益分析

Z省政协由 9 个党派、1 个无党派、8 个人民团体、14 个界别的代表组成（见表 2-7）。从界别设置上来说，政协委员来自各个界别，他们应当而且必须反映本界别的利益和诉求。各界别政协委员深入基层认真视察调研，广泛听取民意，将群众的愿望和诉求形成提案，表达群众最关心的利益。来自各界别的政协委员既代表本界别成员、各自所联系的群体的利益，同时也参与其他群体及社会公共利益的表达。[①] 政协作为最广泛的爱国统一战线、发扬团结和民主的重要组织，在政治民主、社会稳定和全国各民族、各界大团结方面具有重要作用。

---

① 朱世海：《协助代表人民利益——关于民主党派代表性问题的实证研究》，《探索》2009 年第 4 期。

表 2-7 Z 省政协界别设置情况一览

党派	中国共产党	中国国民党革命委员会	中国民主同盟	中国民主建国会
	中国民主促进会	中国农工民主党	中国致公党	九三学社
	台湾民主自治同盟			
无党派	无党派			
人民团体	中国共产主义青年团	总工会	妇女联合会	青年联合会
	工商业联合会	科学技术协会	台湾同胞联谊会	归国华侨联合会
界别	文化艺术界	科学技术界	社会科学界	经济界
	农业和农村界	教育界	体育界	新闻出版界
	医药卫生界	对外友好界	社会福利与社会保障界	少数民族界
	宗教界	特别邀请人士		

资料来源：笔者根据有关资料整理。

利益代表性是政协复合代表性的核心，需要构成代表性的支撑、职责代表性的充分实现作为保障，才能达成反映最广大人民群众愿望和诉求的目的。

三 政协复合代表性的基本逻辑

代表理论基于其理论优势，对于我们理解代表的一般含义和功能具有非常重要的指导意义。本章基于代表理论，以及对 Z 省政协案例分析政协具有复合代表性。政协复合代表性的逻辑主要体现在三个方面（如图 2-2）。其一，从政协的构成来看，政协的界别设置基本涵盖了社会的各个阶层、行业和领域。政协委员来自社会各行各业，代表不同群体的利益，具有代表的广泛性和广泛的代表性。其二，从政协的职责来看，政协有三大职能——政治协商、民主监督、参政议政，这三大职能凸显了政协职责的独特性和代表性。其三，从政协的利益表达来看，界别作为政协的重要构成，其利益表达要围绕各界别展开，既具有合理性，更具有代表性。

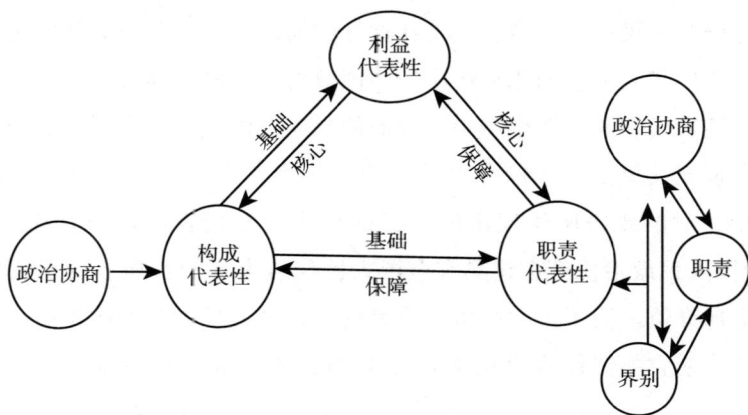

图 2-2 人民政协复合代表性逻辑结构

资料来源:笔者自制。

(一)组织构成的广泛性与代表性

皮特金在《代表的概念》一书中,在实质主义界定的维度中分辨出"代指示"(standing for)与"代行为"(acting for)两个类别,然后进一步在"代指示"中区分了描述性、象征性两种具体的代表观。① 描述性代表即代议机构在性别、民族、地区、职业等方面的构成,如实地反映其所要代表的社会结构。"代表性议会是一个全部由代表性的人组成的,……由于每个议会成员具有代表性,才使议会真正地成为整个国家的代表者。"② 从表面上看政协的确是社会阶层的一个缩影,实际上政协并不只是在组织构成上体现对全国各界的代表,而且在更深层面上代表了广大人民的愿望和诉求。这是由我国的历史和国情所决定的,也是对代表本质的一次有益实践。

---

① 参见唐海华《秩序与规范:汉娜·皮特金的代表理论》,《国外理论动态》2015 年第 12 期。

② 〔美〕汉娜·费尼切尔·皮特金:《代表的概念》,唐海华译,吉林出版集团有限责任公司,2014,第 89、92 页。

新中国成立之初，当时的社会现实尚无法实现在全国普选产生人民代表，召开全国人民代表大会。正是在这样的情况下，中共中央决定由新政协代行全国人民代表大会的职权产生新中国政府。新政协参会单位、团体、人员的广泛性和代表性对产生新中国政府的程序合法性以及全国人民当家作主权利的实现至关重要。1949年9月7日，周恩来在关于《人民政协的几个问题》中，对新政协所体现出的广泛的代表性和代表的广泛性做了说明："这次中国人民政治协商会议具有全国人民代表大会的性质，所以我们对它不得不更加谨慎。为了扩大政协的代表性，首先要扩大参加政协的成分、单位和名额，使它能够代表全国各民主阶级、各民族人民的愿望和要求。"①1954年12月4日，在全国人民代表大会召开之际，周恩来在《关于政协章程和政协第二届全国委员会名单问题》中又进一步说明："安排名单有四个原则：一、扩大团结，加强领导。二、要有代表性。三、方面多。四、分量够。"② 这一说明为今后一段时期政协的组织原则指明了方向，突出了政协的代表性和广泛性的性质。

政协成员构成的广泛性为其复合代表性奠定了良好基础，也使得政协成为中国人民参与政治、实现人民当家作主不可或缺的重要平台。

（二）职责履行的代表性

皮特金在阐述五种代表观中的责任观时提到："之所以要代表者担负行为后的责任，是为了使代表者以一定的方式行事——照顾他的选民，去实现选民的愿望。"③ 此外，她还在实质代表观中提到："只有当代表者按照其选民发出的明确指示进行行为时，才会有真正的代表，……代表者可以行使一

---

① 政协全国委员会办公厅、中共中央文献研究室编《人民政协重要文献选编（上）》，中央文献出版社、中国文史出版社，2009，第30~32页。
② 政协全国委员会办公厅、中共中央文献研究室编《人民政协重要文献选编（上）》，中央文献出版社、中国文史出版社，2009，第197~198页。
③ 〔美〕汉娜·费尼切尔·皮特金：《代表的概念》，唐海华译，吉林出版集团有限责任公司，2014，第68页。

些自由裁量权,但在做任何新的、有争议的事情前,他必须先征询选民们的意见。"[1] 笔者将这些观点也归结为代表者的责任。对于政协来说,政协委员不是做出行为之后才负责任,而是心中装着责任、以对人民群众负责的心态来履行职责并主动担当责任。2004 年修订的政协章程规定:"中国人民政治协商会议全国委员会和地方委员会的主要职能是政治协商、民主监督、参政议政。"

政治协商是政协的首要职能,也是中国共产党领导下的多党合作和政治协商制度有效运转的重要基础,是政协职责代表性的重要体现。政治协商是对国家和地方的大政方针以及政治、经济、文化和社会生活中的重要问题在决策之前进行协商和就决策执行过程中的重要问题进行协商。在我国独特的政党制度下,民主党派、各人民团体、无党派人士和各界代表人士同中国共产党一样具有鲜明的代表性。政协是由这些极具代表性的社会精英、有影响力的人物组成,在进行政治协商过程中,不管是决策之前的协商还是决策执行过程中的协商,正是因为有这些代表人士的参与,政协的政治协商才变得更加有意义,根据这些协商意见做出的决策更能代表和反映广大人民群众的愿望和诉求。

民主监督是通过建议和批评对国家宪法、法律和法规的实施,对重大方针政策的贯彻执行和国家机关及其工作人员的工作进行监督。政协的民主监督是我国社会主义监督体系的重要组成部分,是我国政治运行程序中的重要环节,是人民行使监督权的重要形式,在我国政治生活中具有重要作用和独特优势。[2] 政协的监督不同于我国的人大、司法机关和检察机关的监督。政协既不是国家权力机关,也不是国家行政机关,它是社会各阶层人民代表组成的非权力性质的政治组织,所以它的监督可以被视作广大人民群众的监督,具有鲜明的代表性。

---

① 〔美〕汉娜·费尼切尔·皮特金:《代表的概念》,唐海华译,吉林出版集团有限责任公司,2014,第 178 页。

② 虞崇胜:《论人民政协民主监督的性质、特点和优势》,《毛泽东邓小平理论研究》2008 年第 1 期。

　　参政议政是对政治、经济、文化和社会生活中的重要问题以及人民群众普遍关心的问题在开展调查研究和协商讨论之后，通过调研报告、提案等形式向中国共产党和国家机关提出意见和建议。参政议政始终贯穿政协各项工作的始终，也是政协实践形式最多样的职能。政协是参政议政而不是执政，这一职能深刻表明了政协代表性的特点。参政议政的形式多样，包括提交调研报告、提案、建议等。在参政议政的过程中，作为政协工作主体的政协委员需要就各自所联系的群众关心的政治、经济、文化和社会生活中的重要问题，深入基层、深入群众，把最具有代表性和典型性的问题、意见和建议通过多种形式反映出来。

　　政协的三大职能缺一不可，它们相互联系、相互作用，相辅相成、密不可分。① 职能的实现在于职责的切实履行，政协的三大职能使其职责代表性不会流于形式，更是为其构成代表性和利益代表性提供了坚实的保障。

（三）利益表达的代表性

　　利益表达是政协及其制度的重要功能。② "代表者的义务就是为选民的利益着想，而选民的意愿与选民的利益是相关的。"③ 柏克认为，无论在什么情况下，代表的实质内容都是对选民进行"利益照看"。④ 尽管柏克的观点有些极端，但是也不无道理。麦迪逊的代表观认为，由于民众是被他们的利益所驱使，民众的代表者便被假定会去增进民众的这些多元又易变的利益。⑤ 政协虽然与西方的代议机构不同，但是在利益表达方面多少有些相同

---

① 王珊：《正确认识和履行人民政协的职能》，《云南社会主义学院学报》2014 年第 3 期。
② 李炜永：《价值、制度、角色：人民政协利益表达功能的结构分析》，《中共福建省委党校学报》2016 年第 5 期。
③ 〔美〕汉娜·费尼切尔·皮特金：《代表的概念》，唐海华译，吉林出版集团有限责任公司，2014，第 200 页。
④ 〔美〕汉娜·费尼切尔·皮特金：《代表的概念》，唐海华译，吉林出版集团有限责任公司，2014，第 216 页。
⑤ 〔美〕汉娜·费尼切尔·皮特金：《代表的概念》，唐海华译，吉林出版集团有限责任公司，2014，第 236 页。

之处。政协委员所表达的利益是各界别所联系的人民群众的愿望和诉求，代表他们的利益。

界别是政协的基本单元，也是政协利益表达的重要载体。界别设置是政协的一大创造，也是政协的优势。各界别的政协委员立足于所属界别群体的利益，广开言路，积极建言献策。各个界别都代表着特定的社会阶层，每个阶层又有着自己的独特利益，政协的利益表达通过界别政协委员的工作开展，其代表性体现在政协的方方面面。

政协委员是政协的组织细胞。政协委员来自社会各个阶层，是某个地区、领域或行业的佼佼者或有一定影响力的人，具有代表性。因此，作为履行政协职能主体的政协委员成了唯一以界别代表的身份履行职责的政治力量，他们是各个界别的代表，他们是本界别参与民主政治的代言人，每位政协委员的背后都有其所联系的庞大的社会群体，他们代表的正是这部分群体的利益。①

政协利益表达的代表性与其组织构成代表性和职责代表性密不可分，共同成为政协复合代表性的核心。政协自成立之时就定位为反映和展现各方面利益的重要机构。1949 年在新政协筹备会上，为了兼顾各方利益和体现其代表性，在参会名单人选的商定上下了很大功夫。利益代表性一直贯穿政协发展过程的始终，这是由政协的性质和历史地位决定的。

（四）复合性与专门性：我国政协与西方议会代表性的区别

西方议会在代表性上的根本特征是其专门性，以英国为例，英国议会上议院的议员非选举产生，议员由王室后裔、世袭贵族、终身贵族、上诉法院法官和大主教以及主教组成，其主要代表贵族阶层的利益。英国下议院议员由其所在选区的选民选举产生，英国下议院分为两个系统和两个层次：第一个层次是全院大会；第二个层次是政党议会党团和下院委员会。② 英国下议

---

① 林芳：《论政协委员的利益代表性》，《中共福建省委党校学报》2009 年第 10 期。
② 刘建飞、刘启云、朱艳圣编著《英国议会》，华夏出版社，2002，第 51 页。

院议员代表的是所在选区选民的利益或所属党派的利益，其代表性凸显的是利益表达的代表性，具有专门代表性的特征。

我国的政协委员则是由推荐产生，政协委员由各党派、各团体、各界别代表人物组成。政协主要通过政治协商、民主监督、参政议政三大职能来开展工作，为党和政府建言献策，其构成、职责和利益具有复合性，政协委员从所在界别的视角出发，为所在界别的群众表达愿望和诉求，从根本上说政协委员代表的是广大人民群众的利益，既具有构成的代表性、职责履行的代表性，又具有利益表达代表性，因而具有复合代表性，而非专门代表性。

四 结论

我国政协结合中国政治制度特点，在代表性方面具有复合代表性特征。基于 Z 省政协的分析，政协的复合代表性可以分为两个层次：第一个层次是形式代表性，主要体现在政协组织构成的代表性以及政协委员的广泛性和代表性方面；第二个层次是实质代表性，主要体现在政协三大职能的复合构成以及利益表达功能，即职责代表性和利益代表性。我国社会各阶层要求参与国家事务、为国家建设出谋划策的愿望促进了政协的民主、参与、协商等机制不断完善，从而加快了政协组织构成、职责、利益表达等代表性的复合体系的形成。政协的复合代表性对于深化中国特色社会主义民主、保障社会的稳定和团结具有重要作用。在新的历史时期，我国社会阶层更加复杂，人民的民主意识和参政议政的意识更加强烈，政协要适应新形势不断与时俱进，强化复合代表性各要素的联动关系，合理改善政协组织构成，加强政协委员的责任意识和履职能力，切实反映人民群众的愿望和诉求，这样才能使政协的复合代表性更加稳固，也能更好地发挥作用。

第三章

领导干部与协商参与：协商民主实施对领导干部工作满意度的影响研究[*]

一 问题的提出

民主的本意是民治政府，其实际运行则取决于政治管理者和民众的互动方式。在过去的几十年中，全世界范围内民主的理论和实践迎来一种协商式转向，这种协商式的转向本质上是国家治理过程中政治管理者和民众互动方式由单一的竞争性选举向强调平等、审慎和对话双向多元互动转变。从内在的运行结构来看，协商民主包含"领导干部"和"公众"两大主体，在中国语境中主要对应中国政治体制中党的领导和群众路线两大核心要素。中国共产党的领导是中国特色社会主义最本质的特征，而群众路线是中国共产党的根本工作路线，协商民主是连接党的领导和公众的关键环节。整体上，中国的协商民主过程呈现双向特征：一方面包含自下而上的协商参与，即"从群众中来"的公众参与；另一方面包含自上而下的"逆向政治参与"，①即"到群众中去"，领导干部"走下去"主动和公众协商参与互动，深入群众之中体察民情，听取民意，汲取民智。毛泽东将这种模式视为"基本的领导方法"②，习近平进一步指出："深化领导下访，必须注重实效，着力在

---

* 本章部分内容曾公开发表，参见董石桃、李强《协商民主实施对领导干部工作满意度的影响研究——基于12省区市领导干部的问卷调查》，《探索》2020年第6期。本章数据来自陈家刚教授主持的2013年度国家社会科学基金重大项目"健全社会主义协商民主制度研究"课题组实施的"完善和发展社会主义协商民主问卷调查"。特别感谢陈家刚老师无私为本章研究提供的数据资料。

① 王绍光：《毛泽东的逆向政治参与模式——群众路线》，《学习月刊》2009年第23期。

② 《毛泽东选集》第3卷，人民出版社，1991，第900页。

解决问题、提高接访质量上下工夫。"① 由此观之，与西方仅仅将协商民主作为代议制民主的补充形式不同，协商民主是中国民主政治运行的基本形式，是实现党的领导的重要方式。在中国协商民主运行过程中，领导干部不是被动地而是主动地联系群众、发动群众；在双向的协商对话互动中，领导干部有时甚至发挥主要作用。协商民主实施过程中领导干部的工作满意度在一定程度上显示领导干部对进一步推动协商民主发展的信心、态度和动力。因此，协商民主实施过程中领导干部工作满意度对协商民主的发展起着重要作用。在实际运行中，协商民主运行的绩效，一方面可以通过民众的满意度予以考察。这方面已经受到学术界较多关注和研究，很多文献将民众的民主满意度视作保持民主的决定性因素和合法性基础，一般通过检验民众对公共部门绩效的认知以及对政府的信任来确认民众的民主满意度。另一方面可以通过领导干部的工作满意度来考察，目前学界对此关注很少。

事实上，政治领导对民主发展的重要影响是政治发展和组织行为研究的经典主题。布莱克强调政治领导对民主发展的动力作用。② 亨廷顿同样非常强调政治领导在民主进程中的作用，他甚至断言："当有智慧、有决心的领导人去推动民主发展的时候，民主就能从应然变为实然。"③ 英格尔哈特认为："有效的民主不仅反映名义上有多大程度的公民权利和政治权利，而且反映了官员在多大程度上实际尊重这些权利。"④ 组织行为理论家罗宾斯则认为，一个人的工作满意度水平高，对工作就可能持积极的态度；工作满意度低，对工作就可能持消极的态度。⑤ 总之，政治精英的民主取向是民主发

---

① 习近平：《之江新语》，浙江人民出版社，2007，第 79 页。

② 〔美〕C. E. 布莱克：《现代化的动力》，段小光译，四川人民出版社，1988，第 67 页。

③ 〔美〕塞缪尔·亨廷顿：《第三波——20 世纪后期民主化浪潮》，刘军宁译，上海三联书店，1998，第 380 页。

④ 〔俄〕弗拉季斯拉夫·伊诺泽姆采夫主编《民主与现代化：有关 21 世纪挑战的争论》，徐向梅等译，中央编译出版社，2011，第 151 页。

⑤ 〔美〕斯蒂芬·P. 罗宾斯：《组织行为学》，孙健敏等译，中国人民大学出版社，2005，第 144~145 页。

展的一个重要驱动因素。[1] 此外，较多学者非常重视协商民主中政治精英权威的作用，[2] 强调领导权威和协商民主的内在兼容和中国传统及其现代创新的可能。[3] 党的十九大报告也明确指出协商民主是实现党的领导的重要方式，[4] 这种党的领导的重要方式在协商民主实践的微观层面就体现为是否能有效推动领导干部的工作，是否能提高领导干部工作的满意度。

因此，协商民主实施中领导干部的工作满意度在一定程度上显示了协商民主能否促进领导干部工作的有效开展，也能直接反映中国协商民主实际运行的有效性程度及绩效。此外，领导干部的工作满意度也能显示领导干部后续对于推进协商民主实施的动力如何。如果协商民主的实施不能提高领导干部的工作满意度，一方面可能显示协商民主实施的有效性不足；另一方面也会造成领导干部推进协商民主的内在动力不足。因此，从动态发展来说，在协商民主实施过程中，领导干部的工作满意度既是已有协商民主实施所影响的因变量，也是未来协商民主发展的自变量。

当前协商民主实施对领导干部工作满意度的影响如何？这种影响对协商民主发展的解释又有何理论意义？本章基于全国 12 个省级行政区领导干部的抽样调查数据，通过 OLS、序次 Logit 以及广义序次 Logit 等计量模型，将协商民主实施作为自变量，将领导干部工作满意度作为因变量展开研究，试图从领导干部这一行为主体视角，分析协商民主实施对领导干部工作满意度的影响，揭示协商民主发展的基本动因和发展趋向。

二　理论基础、研究假设与变量选取

当前对于中国协商民主发展的解释整体偏向功能主义视域。"功能需

---

[1]　Kaiping Zhang and Tianguang Meng, "Political Elites in Deliberative Democracy: Beliefs and Behaviors of Chinese Officials", *Japanese Journal of Political Science*, Vol. 19, No. 4, 2018, pp. 643-662.

[2]　Baogang He and Mark E. Warren, "Authoritarian Deliberation: The Deliberative Turn in Chinese Political Development", *Perspectives on Politics*, Vol. 9, No. 2, 2011, pp. 269-289.

[3]　何包钢、黄徐强：《儒式协商：中国威权性协商的源与流》，《政治思想史》2013 年第 4 期。

[4]　《中国共产党第十九次全国代表大会文件汇编》，人民出版社，2017，第 30 页。

求"是功能主义的核心意蕴,本质上是从"他者"来解释事物发展,因而功能主义主要基于"满足"观点来解释事物存在的意义和价值。① 对于中国协商民主的发展,功能主义视角主要分析协商民主对于提升政府治理能力的作用,认为政府选择和推动协商民主发展取决于协商民主对于经济社会发展、调和各类利益诉求、促进现实问题解决的效用等,② 强调协商民主对于外在"他者"之社会治理、经济发展、矛盾调和的作用。功能主义重视协商民主实施的外在效用,却容易忽视主体内在动因及其行为表现,无疑存在一定的缺陷,这也是费孝通在社会学理论上从强调功能主义到强调"社会是一个具有自己独立需要的实体"的分析,乃至发展到关注"具体现象的规律性"的特殊主义的原因。③ 具体到协商民主发展的解释,如果仅仅局限于功能主义的解释,一方面功能主义的目的论倾向容易导致协商民主发展的工具主义倾向;另一方面容易注重外在的"他者"解释,而忽视协商民主发展中行为主体内在的动因及由此导致的行为变化。

因此,有必要超越功能主义的视域,从行为主义的视角来解释协商民主发展的内在动因和未来趋向。行为主义学派强调"专注环境和行为之间的互动关系"④,尤其是斯金纳强调"研究人的行为的最终目的是实现对人的行为以及社会行为的预测和控制"⑤。社会学习理论则认为"有机体和环境的互动是一个持续存在的过程,经由认知结构的发展和自我控制,人影响环境,同时也为环境所影响"⑥,学习过程就是行为—认知—环境交互作用的结果。政治行为主义强调研究过程中人的政治态度和行为规律,侧重政治人的心理、动机、价值等内在变量对政治发展的影响分析。总体上,行为主义

① 张连海:《从功能主义、结构功能主义到历史特殊论:费孝通人类学研究方法谱系》,《理论月刊》2014年第6期。
② 吴进进、何包钢:《中国城市协商民主制度化的决定因素:基于36个城市的定量分析》,《政治学研究》2017年第4期。
③ 袁磊、孙其昂:《费孝通和中国社区研究:历史功能论的实践》,《河南师范大学学报》(哲学社会科学版)2016年第2期。
④ 费梅苹:《行为主义理论及其研究范式》,《华东理工大学学报》(社会科学版)2000年第4期。
⑤ 乐国安:《从行为研究到社会改造:斯金纳的新行为主义》,湖北教育出版社,1999,第212页。
⑥ 高申春:《人性辉煌之路:班杜拉的社会学习理论》,湖北教育出版社,2000,第22页。

意味着用与行为相关的变量来解释社会问题，强调从主体和外在环境因素的互动来解释发展状况。从组织行为学来看，分析协商民主实施对领导干部工作满意度的影响，是从行为主义角度拓展协商民主发展解释的一个重要切入点。因此，从理论上讲，本章是拓展协商民主发展的行为主义解释的一种尝试。本章基于领导干部工作满意度的归因，从协商民主实施的外在环境因素和过程性变量入手，将协商民主实施的具体要素分成四种，即实施主体、实施情境、实施方式和实施成效。接下来，我们在文献综述的基础上提出初步的研究假设。

（一）协商民主实施主体、实施情境和领导干部工作满意度

泰勒（Taylor）最早提出工作满意度的概念。霍波克（Hoppock）将工作满意度界定为员工心理与生理两方面对环境因素的满足感受[1]，即员工对工作情境的主观反应。此后随着霍桑实验开创的行为科学发展，工作满意度成为管理理论框架中的要素。赫兹伯格（Herzberg）研究发现，影响工作满意度的因素包括工作本身和工作环境两个方面，并确认了工作满意度与绩效之间的联系，即满意导致高绩效，不满意导致低绩效。[2]罗科（Locke）等人认为工作本身、工作待遇和工作环境对工作满意度具有重要影响。[3]金顺熙（Soonhee Kim）对公共部门的研究表明，领导在工作中参与管理的方式是影响工作满意度的重要因素。[4]但是，苏铎（Staw）和

---

[1] Charles W. McNichols, Michael J. Stahl, et al., "A Validation of Hoppock's Job Satisfaction Measure", *Academy of Management Journal*, Vol. 21, No. 4, 1978, pp. 737-742.

[2] Joseph E. Gawel, "Herzberg's Theory of Motivation and Maslow's Hierarchy of Needs", *Practical Assessment, Research, and Evaluation*, Vol. 5, Article 11, 2019, pp. 11-13.

[3] Edwin A. Locke, et al., "An Experimental Case Study of the Successes and Failures of Job Enrichment in a Government Agency", *Journal of Applied Psychology*, Vol. 61, No. 6, 1976, pp. 701-711.

[4] Soonhee Kim, "Participative Management and Job Satisfaction: Lessons for Management Leadership", *Public Administration Review*, Vol. 62, No. 2, 2002, pp. 231-241.

罗斯（Ross）①，以及斯佩卡特（Spector）和奥唐纳（O'Connell）② 研究表明，工作满意度具有个体特质性。阿维（Arvey）等也强调了个体因素对工作满意度的解释效应，但仍认为工作满意度 40%~60% 的变异量取决于情境因素。③ 协商民主的实施由领导干部推进，根据工作满意度的理论分析，作为协商民主的实施主体，领导干部的个人特质对领导干部的工作满意度有重要影响，我们可以根据包括性别、年龄、学历等个人信息在内的人口学变量来予以测量。同时，人员的组织特性和外在环境影响是预测工作满意度的重要指标。协商民主的实施处在一定的社会环境中，不同的政府级别、担任不同的行政职务（行政职务是一种社会角色，角色本质是一种社会期待，并在特定的社会场景中完成角色任务，因此，我们将具有角色内涵的行政职务级别纳入实施情境因素中）、领导干部所在的政府部门所处的区域等，都是影响协商民主实施的重要社会情境因素。据此，我们可以提出如下假设：

H1：其他条件不变情况下，协商民主实施中领导干部个人因素对领导干部工作满意度具有显著影响；

H2：其他条件不变情况下，协商民主的不同实施情境对领导干部工作满意度具有显著影响。

（二）协商民主实施方式、实施成效和领导干部工作满意度

领导理论研究表明，领导方式会对下属的工作行为和态度产生重要影响，其中，正向影响如提升组织忠诚度、建言行为、工作满意度和工作绩效等④，

① Berry M. Staw and Jerry Ross, "Stability in the Midst of Change: A Dispositional Approach to Job Attitudes", *Journal of Applied Psychology*, Vol. 70, No. 3, 1985, p. 469.

② Paul E. Spector, Brian J. O'Connell, "The Contribution of Personality Traits, Negative Affectivity, Locus of Control and Type A to the Subsequent Reports of Job Stressors and Job Strains", *Journal of Occupational and Organizational Psychology*, Vol. 67, No. 1, 1994, pp. 1-12.

③ Richard D. Arvey, Gary W. Carter, et al., "Job Satisfaction: Dispositional and Situational Influences", *International Review of Industrial and Organizational Psychology*, Vol. 6, No. 3, 1991, pp. 359-383.

④ Jay B. Carson, Paul E. Tesluk, et al., "Shared Leadership in Teams: An Investigation of Antecedent Conditions and Performance", *Academy of Management Journal*, Vol. 50, No. 5, 2007, pp. 1217-1234.

负向影响如导致下属离职倾向和反生产行为等①,从而影响工作满意度。金顺熙对公共部门的研究发现,领导在工作中运用参与管理的方式,同时员工意识到参与了战略制定,与工作满意度呈正相关,主管在战略制定方面与员工有效地沟通与高工作满意度呈正相关,因此,工作的运行和实施方式是影响工作满意度的重要因素。也有针对中国的实证研究直接验证了领导方式与干部自身工作满意度的关系,其中任务关系型领导方式与干部自身的工作满意度存在显著关联。② 在中国,协商民主通过决策听证会、干部定期接待群众、干部热线电话、党务会议向群众或群众代表开放、接待群众信访、多部门联席协商、党务政府机关定期收集群众意见、通过网络问政平台与群众协商、群众代表对党委主要领导工作进行年终评议等方式进行,增进了协商民主参与主体之间的相互理解,有力地促进了社会共识的形成,从而提高领导干部的工作满意度。此外,从程序正义角度看,佩特曼③、费伦④等人的研究表明,公众个体的影响力和政治的信任度与政治合法性认同呈正比,公众决策参与的程度与决策认同和信任度呈正比,钱伯斯(Chambers)⑤ 等认为协商方式的公开与理性程度与合法性认同呈正比。泰勒(Tyler)⑥ 和布雷德(Blader)⑦ 等人的研究表明,协商民主作为一种民主方式本身就能带来公平感,能够提高公众对决策的认同(满意感),公众政策合法性认同的提高反

---

① 隋杨等:《变革型领导对员工绩效和满意度的影响:心理资本的中介作用及程序公平的调节作用》,《心理学报》2012年第9期。

② 余启发、叶龙:《天职取向视角下工作嵌入对工作满意度的影响研究》,《江西师范大学学报》(哲学社会科学版)2018年第6期。

③ Carole Pateman, *Participation and Democratic Theory*, Cambridge: Cambridge University Press, 1970, p. 1.

④ James D. Fearon, " Bargaining, Enforcement, and International Cooperation ", *International Organization*, Vol. 52, No. 2, 1998, pp. 269–305.

⑤ Simone S. Chambers, " Deliberative Democratic Theory ", *Annual Review of Political Science*, Vol. 6, No. 1, 2003, pp. 307–326.

⑥ Tom R. Tyler, "What is Procedural Justice?: Criteria Used by Citizens to Assess the Fairness of Legal Procedures", *Law & Society Review*, Vol. 22, No. 1, 1988, p. 103.

⑦ Tom R. Tyler and Steven L. Blader, *Cooperation in Groups: Procedural Justice, Social Identity, and Behavioral Engagement*, London: Psychology Press, 2000, p. 6.

过来也能够提高领导的有效性，增强领导干部的工作满意度。据此，我们可以提出如下假设：

H3：其他条件不变的情况下，协商民主的实施方式对领导干部工作满意度具有显著影响。

协商民主研究的另一个视角是强调结果正义。有研究表明，协商民主能使集体决策掌握更多的信息资源，大规模充分的讨论可以吸收新的和小众信息，协商民主扩大信息获取来源，最终可以提高决策的质量[①]，从而能够提高政府的绩效。这种绩效一方面使公众获益，提高公众对政府的信任度；另一方面也提高政治体制运行的经济和政治效率，使工作人员感到满意。此外，通过协商民主方式，让公众在利益相关的公共事务管理活动中有更多参与，公众在政治协商过程中能够充分表达自己的观点，参与者不仅要权衡自身的利益，还要考虑他人的意见，从而减少社会的矛盾冲突，增强社会稳定。协商民主的实施提高了经济、政治绩效和社会稳定等良好政府绩效，最终一方面提高了领导干部的工作成就感，另一方面也使其在个人职位升迁中获得更多的机会，从而提高了其工作满意度，据此我们提出如下假设：

H4：其他条件不变的情况下，协商民主的实施成效对领导干部的工作满意度具有显著影响。

（三）变量选取

有学者对领导干部的协商民主实施满意度和公众协商途径及其实施周期的关系进行了研究。[②] 我们认为，这仅仅是考察了影响的单一维度，领导干部对协商民主实施的满意度的影响因素不仅限于公众参与途径的影响。事实上，协商民主的实施包含多重要素，包括实施主体、实施情境、实施方式和实施成效。在本章中，我们试图按照协商民主"由谁实施—在何种环境中实

---

① Jennifer R. Winquist and James R. Larson, "Information Pooling: When it Impacts Group Decision Making", *Journal of Personality and Social Psychology*, Vol. 74, No. 2, 1998, p. 371.

② 李强彬、谢星全：《中国特色公众协商途径与协商民主实施满意度——基于 12 省市领导干部的问卷调查》，《国家行政学院学报》2017 年第 1 期。

施—如何实施—实施结果如何"的逻辑进行分析。本章设定的自变量包括:
(1) 由谁实施,涉及的是实施主体,即领导干部自身特质;(2) 在何种环境
中实施,涉及的是协商民主实施情境,即领导干部实施的场域或角色特征;
(3) 如何实施,涉及的是协商民主实施方式,即具体的实施形式和途径;(4)
实施结果如何,涉及的是协商民主实施成效,即最后实施的社会效果。因变
量为领导干部工作满意度,自变量和因变量之间的基本关系如图3-1所示。

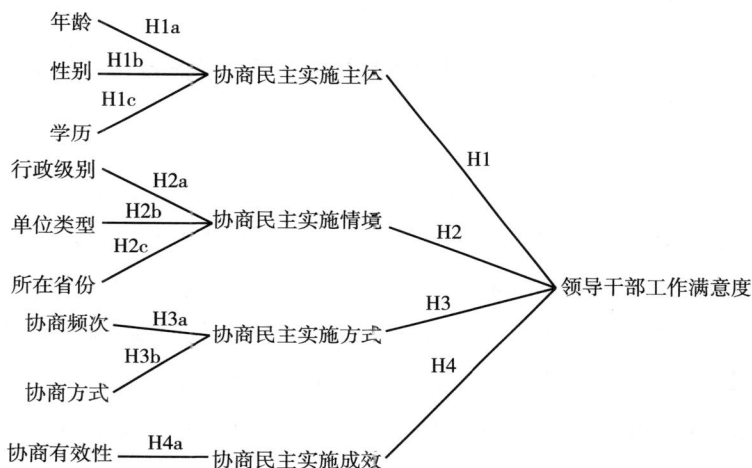

图 3-1　协商民主实施和领导干部工作满意度间的变量关系
资料来源：笔者自制。

三　数据来源与结果分析

本章的数据来自陈家刚教授主持的 2013 年度国家社会科学基金重大项
目"健全社会主义协商民主制度研究"课题组实施的"完善和发展社会主
义协商民主问卷调查"。由中央编译局、清华大学、中山大学合作完成。该
课题组抽样调查了代表中国全部 6 个主要地理区域的 12 个省区市。该样本
重点考察的是副处级或县级以上领导干部。2015 年 3~6 月,课题组向 12 个

省级党校参训党政领导干部发放问卷2880份，完成有效问卷2223份。剔除部分变量缺失值后，本章的样本数量为1712个。本章样本中受访者的平均年龄为47.2岁；他们的平均工作年限为20.3年，在现在的岗位上平均工作了5.4年。受访者在不同的部门工作，包括党委、政府、人大、政协、司法系统和国有企业。受访者中女性比例为21.73%，男性比例为78.27%，90%的受访者拥有大学及以上学历。受访者中副处级干部的比例为29.21%，正处级干部的比例为45.09%，副局级干部的比例为16.82%。

（一）协商民主实施主体要素对领导干部工作满意度的影响

第一，协商民主实施对领导干部工作满意度影响在不同年龄上存在显著差异（H1a）。我们发现在其他条件不变情况下，不管实施协商民主的频率如何，领导干部对工作感到很不满意的概率均随着其年龄的增加而增加，对工作感到非常满意的概率均随着年龄的增加而降低。在各个年龄点上，协商民主实施的频次越高，随着年龄的增加，领导干部对工作感到很不满意的概率增长迅速；同时，协商民主实施的频次越高，随着年龄的增加，领导干部感到非常满意的概率缓慢降低。进一步的研究发现，经常实施协商民主情境下领导干部对工作非常满意的曲线与经常实施协商民主情境下对工作很不满意的曲线相交于50岁左右。在领导干部50岁之前，经常实施协商民主带来的工作"非常满意"的概率的增速超过"很不满意"概率的增速；而在50岁之后则相反。因此，若考虑当前的工作满意度将反作用于干部未来推行协商民主的动力，推行协商民主过程中保持干部队伍年轻化有重要意义。

第二，协商民主实施对领导干部工作满意度的影响在性别上存在显著差异（H1b）。我们发现，随着实施协商民主频次的增加，男性领导干部对工作"比较满意"的概率逐渐减少，对工作"非常满意"的概率逐渐增加；而女性领导干部对工作"比较满意"和"非常满意"的概率均逐渐增加。而且不管实施协商民主的频次如何，男性领导干部对工作"非常满意"的概率显著高于女性领导干部相应的概率；而女性领导干部对工作满意程度为"一般"的概率显著高于男性领导干部相应的概率。

第三，协商民主实施对领导干部工作满意度的影响在文化程度上存在显著差异（H1c）。我们发现在其他情况都相同的条件下，领导干部文化程度为高中时，其对工作满意为"很不满意"和"不太满意"的概率非常低；随着协商民主实施的频次增加，他们对工作感到"比较满意"的概率逐渐减小，感到"非常满意"的概率逐渐增加，呈现出"比较满意"概率先大于而后小于"非常满意"概率的总体趋势。领导干部的文化程度为大专、本科、研究生时，随着协商民主实施的频次增加，其对工作满意度为"比较满意"和"非常满意"的概率逐渐增加，但"比较满意"的概率始终大于"非常满意"的概率。综合来看，不管领导干部的文化程度是高中，还是大专、本科、研究生，实施协商民主的频次越高，对工作"比较满意"和"非常满意"的概率越高。

（二）协商民主实施情境要素对领导干部工作满意度的影响

第一，协商民主实施对领导干部工作满意度的影响在职务级别上存在显著差异（H2a）。我们发现在其他情况相同的条件下，对所有级别〔副处级、正处级、副厅（局）级、正厅（局）级〕领导干部而言，随着实施协商民主频次的增加，领导干部对工作"很不满意""不太满意"的概率逐渐降低；而"比较满意""非常满意"的概率逐渐增加。我们还发现随着职务级别的提高，实施协商民主的频次对领导干部工作"比较满意"和"非常满意"概率的影响变得更加明显。这说明在高职务级别领导干部中实施协商民主对工作满意度增强效应更加显著。

第二，协商民主对领导干部工作满意度的影响在工作单位类型上存在显著差异（H2b）。我们发现，首先不管工作单位类型如何，随着实施协商民主频次的增加，领导干部对工作感到"很不满意""不太满意""一般"的概率逐渐降低；领导干部对工作感到"比较满意""非常满意"的概率上升。其次，从工作单位类型来看，政协、法院、检察院领导干部，相对于其他工作单位的领导干部而言，感到"很不满意""不太满意""一般"的概率较低，感到"比较满意""非常满意"的概率较高。因此总体来看，随着协商民主频次的增加，政协、法院、检察院领导干部相对于在其他工作单位的领导干部的工作满意度提高得更快，从而使得实施协商民主对于政协、法院、检察院领导干部工作满意度的增强效应高于在其他单位类型工作的领导干部的增强效应。

第三，协商民主实施对领导干部工作满意度的影响呈现显著的地区差异（H2c）。我们发现，北京、福建、河南、广西等省区市实施协商民主有助于提高领导干部的工作满意度，而在天津、吉林、浙江、贵州、云南、陕西等省区市实施协商民主对领导干部的工作满意度则没有显著的影响。实施协商民主是否对领导干部工作满意度有显著影响似乎与经济发展程度以及区域位置没有直接联系。例如，北京和天津在空间距离上很近，经济发展程度也较为相似，但在北京实施协商民主有助于提高领导干部的工作满意度，而在天津并不显著。又例如，广东和广西两省区的空间距离很近，在广西无论是偶尔实行协商民主，还是有时或者经常实施协商民主，都对领导干部的工作满意度有显著的影响；但是广东只有经常实施协商民主才有助于提高领导干部的工作满意度。协商民主对领导干部工作满意度的影响所呈现的地区差异可能与当地的文化和传统有关，其原因将有待于在后续研究中深入探索。

（三）协商民主实施方式要素对领导干部工作满意度的影响

目前各地各级政府实施的协商民主共有九种途径，分别是：（1）决策听证会；（2）干部定期接待群众；（3）干部热线电话；（4）党务会议向群众代表开放；（5）接待群众信访；（6）多部门联席协商；（7）党委、政府机关定期收集群众意见；（8）通过网络问政平台与群众协商；（9）群众代表对党委主要领导工作进行年终评议。每种形式均使用"1＝从不；2＝偶尔；3＝有时；4＝经常"来描述开展协商民主的情况。为了简洁且有针对性地研究协商民主，本章借鉴林莞娟和秦雨构建综合性指标的方法，① 生成了

---

① 林莞娟、秦雨：《父母的男孩偏好程度对于儿童学习状况的影响及其作用渠道——基于甘肃农村基础教育调查的实证研究》，《经济科学》2010 年第 2 期。

一个描述协商民主的综合指标。具体而言，我们将协商民主9种途径的各项评分进行加总，再除以总项数并取整，开展协商民主的频次仍然可以使用"1＝从不；2＝偶尔；3＝有时；4＝经常"来描述。

第一，经常实施协商民主与领导干部工作满意度之间存在显著正相关（H3a）。我们先使用最小二乘法（OLS）作为基准，简单直观地呈现实施协商民主与领导干部工作满意度之间的关系（见表3-1）。表3-1第一列，我们仅加入实施协商民主综合频次；第二列在第一列基础之上继续控制领导干部个人因素（性别、年龄、文化程度和政治身份）；第三列继续控制协商民主的实施情境（领导干部工作单位类型、所在省份和领导干部的职级）；第四列继续控制协商民主的实施结果。可以发现，无论如何添加控制变量，"有时"和"经常"实施协商民主相对于"偶尔"实施协商民主显著地提升了领导干部的工作满意度。

表 3-1　协商民主与领导工作满意度（OLS 估计）

	OLS1	OLS2	OLS3	OLS4
"偶尔"	0.025	0.026	0.018	−0.013
	（0.34）	（0.35）	（0.24）	（−0.17）
"有时"	0.31***	0.30***	0.28***	0.22***
	（4.41）	（4.29）	（3.86）	（3.11）
"经常"	0.49***	0.48***	0.45***	0.37***
	（5.69）	（5.57）	（5.22）	（4.23）
协商民主实施主体	否	是	是	是
协商民主实施情境	否	否	是	是
协商民主实施效果	否	否	否	是
N	1712	1712	1712	1712
R^2	0.048	0.056	0.084	0.096

注：括号内为 t 统计量；未报告协商民主实施主体等控制变量的具体回归结果；* $p<0.1$，** $p<0.5$，*** $p<0.01$。

资料来源：此章图表均为笔者根据调查数据整理，不再标注。

第二，协商民主的不同实施方式对领导干部工作满意度的影响存在异质性（H3b）。我们仍使用 OLS 方法作为基准，分别对协商民主的各种途径进行回归（见表3-2）。表3-2各列采取了与表3-1第四列相同的模型设定，但为了简洁明了，仅仅报告了协商民主实施情况的系数。表 3-2 第一列报告了通过开展决策听证会途径（A）实施协商民主对工作满意度的影响。回归结果显示，相对于"从不"开展决策听证会的参照组而言，"偶尔"开展决策听证会与工作满意度呈正相关，但并不十分显著；"有时"和"经常"开展决策听证会均显著提升领导干部工作满意度。第二列报告了以干部定期接待群众形式（B）实施协商民主对工作满意度的影响，其余各列以此类推，结果也较为相似。唯一不同的是，我们发现通过接待群众信访途径（E）实施协商民主对工作满意度没有显著的影响。我们还将所有 9 种协商民主途径同时纳入 OLS 回归方程，其结果与表 3-2 没有显著差别。发现除接待群众信访，其他 8 种协商民主形式与工作满意度呈正相关，而接待群众信访对工作满意度的影响不显著。总之，综合表 3-1 与表 3-2 的结果说明，虽然个别形式的协商民主对领导干部工作满意度没有显著影响，但总的说来实施协商民主提高了领导干部的工作满意度。

表 3-2 不同形式的协商民主与工作满意度（OLS 回归）

	工作满意度（1 很不满意~5 非常满意）								
	A	B	C	D	E	F	G	H	I
"偶尔"	0.070	0.082	0.009	−0.005	−0.017	−0.031	0.057	0.12 **	0.070
	(1.59)	(1.37)	(0.17)	(−0.10)	(−0.21)	(−0.37)	(0.83)	(2.20)	(1.11)
"有时"	0.29 ***	0.25 ***	0.24 ***	0.17 ***	0.0038	0.071	0.24 ***	0.25 ***	0.16 ***
	(6.20)	(4.35)	(5.15)	(3.85)	(0.05)	(0.88)	(3.65)	(4.65)	(2.88)
"经常"	0.36 ***	0.34 ***	0.23 ***	0.30 ***	0.12	0.16 **	0.29 ***	0.33 ***	0.23 ***
	(5.59)	(5.86)	(4.51)	(5.00)	(1.54)	(2.02)	(4.22)	(5.58)	(4.70)
N	1850	1841	1818	1817	1824	1819	1805	1803	1850
R^2	0.079	0.075	0.076	0.075	0.058	0.061	0.072	0.076	0.061

注：括号内为 t 统计量；A~I 分别表示不同形式的协商民主，其中 A＝决策听证会，B＝干部定期接待群众，C＝干部热线电话，D＝党务会议向群众代表开放，E＝接待群众信访，F＝多部门联席协商，G＝党委、政府机关定期收集群众意见，H＝通过网络问政平台与群众协商，I＝群众代表对党委主要领导工作进行年终评议；* $p<0.10$，** $p<0.05$，*** $p<0.01$。

　　OLS 方法简单直观，能帮助我们直截了当地观察协商民主与工作满意度之间的线性关系，因为每个变量的回归系数表明了变量对工作满意度的边际影响。然而 OLS 忽视了工作满意度是一个序次变量,即 1～5 由低到高表示出从"很不满意"到"非常满意"的排序。与 OLS 线性回归方法相比,更好的研究方法是使用极大似然估计的序次 Logit 回归这一非线性方法。该方法可以通过潜变量推导。其理论逻辑是:我们不能观察到领导干部使用何种规则评价其对工作的满意度(y_i^*),但我们能够观察到领导干部的工作满意度(1～5)。潜变量 y_i^* 与解释变量的线性模型如下:

$$y_i^* = x_i \beta + \varepsilon_i \tag{1}$$

y_i 由潜变量 y_i^* 根据以下规则来定义:

$$y_i = \begin{cases} k_1 & y_i^* \leq \gamma_1 \\ k_2 & \gamma_1 < y_i^* < \gamma_2 \\ k_3 & \gamma_2 < y_i^* < \gamma_3 \\ \vdots & \vdots \\ k_M & \gamma_M < y_i^* \end{cases} \tag{2}$$

其中 $\gamma_1 < \gamma_2 < \gamma_3 < \cdots < \gamma_M$ 为待估计的参数,称为切点(cutoffpoints),y_i 取每一个指标的概率如下:

$$Pr(y_i = k_1 \mid x_i, \beta, \gamma) = F(\gamma_1 - x_i \beta)$$
$$Pr(y_i = k_2 \mid x_i, \beta, \gamma) = F(\gamma_2 - x_i \beta) - F(\gamma_1 - x_i \beta)$$
$$Pr(y_i = k_3 \mid x_i, \beta, \gamma) = F(\gamma_3 - x_i \beta) - F(\gamma_2 - x_i \beta)$$
$$\cdots\cdots$$
$$Pr(y_i = k_M \mid x_i, \beta, \gamma) = 1 - F(\gamma_M - x_i \beta)$$

其中,k_j,$j = 1$,$\cdots$,M,为定序变量。在本章中,$M = 5$,$k_1 = 1$,$k_2 = 2$,$\cdots$,$k_5 = 5$,表示领导干部工作满意度,数值越大表明工作满意度越高。例如,5 表示领导干部对工作感到"非常满意",而 1 表示领导干部对工作感到"很不满意"。

F 是 ε 的累计分布函数,当 ε 服从 Logistic 分布时,$Y_i > j$ 的概率为:

$$P(Y_i > j) = \frac{\exp(\alpha_j + x_i \beta)}{1 + \exp(\alpha_j + x_i \beta)}, j = 1, 2, 3, 4 \tag{3}$$

序次 Logit 模型暗含的假设是各变量对工作满意度的影响是平行的，即每个变量对"很不满意""不太满意""一般""比较满意""非常满意"的影响均相同〔式（3）中的 β 并不随着 j 的改变而改变〕。这一平行回归假设常常被违背。本章运用龙（Long）和弗里兹（Freese）[1] 的检验方法，检测结果显示，高中及以下文化程度以及政治身份为中共党员等变量对工作满意度不同的水平有不同的影响（限于篇幅未报告）。针对平行回归假设被违背的现象，已有文献在序次 Logit 模型的基础上发展出了广义序次 Logit 模型。该模型不需要平行回归假设，从而允许变量对不同满意程度的影响可以不同（β_j 可随着 j 的改变而改变）。

$$P(Y_i > j) = \frac{\exp(\alpha_j + x_i \beta_j)}{1 + \exp(\alpha_j + x_i \beta_j)}, j = 1,2,3,4 \qquad (4)$$

为便于比较，本章在表 3-3、表 3-4 分别报告了序次 Logit 模型和广义序次 Logit 模型的回归结果。表 3-3（1）表示，在其他情况相同条件下（以其他变量都处于均值条件下计算），若从不实施协商民主，工作满意度为"很不满意""不太满意""一般""比较满意""非常满意"的概率分别为 0.031、0.059、0.335、0.523、0.052。余下三行的结果以此类推。（4）-（1）显示，在其他情况均相同条件下，"经常"实施协商民主相较于"从不"实施协商民主将提高领导干部对工作感到"比较满意"和"非常满意"的概率较高，"很不满意"和"不太满意"的概率较低，如表 3-3 所示。

表 3-4 报告了在放松平行假设的广义序次 Logit 模型回归结果。与表 3-3 不同的是，在其他情况均相同条件下，（4）-（1）显示"经常"实施协商民主相对于"从不"实施协商民主，领导干部对工作感到"很不满意"的概率反而增加了，为 0.081；但领导干部对工作感到"非常满意"的概率也增加了，为 0.194。因此，实施协商民主对工作满意度的影响存在异质性：并不是提

---

[1] 参见 J. Scott Long and Jeremy Freese, *Regression Models for Categorical Dependent Variables Using Stata*, Texas: Stata Press, 2014。

表 3-3　协商民主与工作满意的概率，序次 Logit 模型回归

协商民主	"很不满意"	"不太满意"	"一般"	"比较满意"	"非常满意"
(1)"从不"	0.031	0.059	0.335	0.523	0.052
(2)"偶尔"	0.030	0.057	0.329	0.530	0.054
(3)"有时"	0.014	0.029	0.214	0.635	0.108
(4)"经常"	0.009	0.018	0.148	0.659	0.167
(2)-(1)	-0.001	-0.002	-0.006	0.007	0.002
(3)-(1)	-0.017	-0.03	-0.121	0.112	0.055
(4)-(1)	-0.022	-0.041	-0.188	0.137	0.114

高协商民主的实施频次就一定会提高工作满意度，经常实施协商民主既增加了"很不满意"的概率，也增加了"非常满意"的概率；只是"非常满意"概率增加的幅度超过了"很不满意"的幅度，才在总体上提高了工作满意度。总之表 3-4 的结果说明，放松平行假设确有必要。

表 3-4　协商民主与工作满意率，广义序次 Logit 模型回归

协商民主	"很不满意"	"不太满意"	"一般"	"比较满意"	"非常满意"
(1)"从不"	0.081	-0.062	0.409	0.573	0.00
(2)"偶尔"	0.055	0.027	0.331	0.518	0.069
(3)"有时"	0.103	-0.062	0.203	0.662	0.095
(4)"经常"	0.162	-0.124	0.164	0.605	0.194
(2)-(1)	-0.026	0.089	-0.078	-0.055	0.069
(3)-(1)	0.022	0.00	-0.206	0.089	0.095
(4)-(1)	0.081	-0.062	-0.245	0.032	0.194

注：保留小数点后三位数，由于四舍五入，数据可能不闭合

（四）协商民主实施成效要素对领导干部工作满意度的影响

我们发现，协商民主实施成效与领导干部工作满意度呈正相关（H4a）。从领导干部对协商民主实施成效的判断来看，认为协商民主能够改善政策实

施效果的领导干部对工作的满意度相对高于那些认为不能改善政策实施效果的领导干部。具体来说，若领导干部认为协商民主能够改善政策实施成效，在其他情况均相同的条件下，他们对工作感到"很不满意"的概率相对较低，而对工作"比较满意"和"非常满意"的概率相对较高；相反，若领导干部认为协商民主不能改善政策实施成效，在其他情况均相同条件下，他们对工作感到"很不满意"的概率相对较高，而对工作感到"比较满意"和"非常满意"的概率相对较低。从领导干部实施协商民主的频次上来看，经常实施协商民主的领导干部相对于从不实施协商民主的领导干部，对工作感到"比较满意"和"非常满意"的概率更高，而且这一关系对那些认为协商民主能够改善政策实施效果的领导干部尤其显著。相反，在那些认为协商民主对政策实施效果改善不大和不能改善政策实施效果的领导干部中，经常开展协商民主反而降低了他们对工作感到"比较满意"和"非常满意"的概率，增加了他们对工作感到"很不满意"和"不太满意"的概率。因此，在认为协商民主能够改善政策实施成效的领导干部中增加实施协商民主的频次，将有利于提高领导干部的工作满意度。

四 结论与政策建议

本章运用调研数据和OLS、序次Logit以及广义序次Logit等计量模型，对协商民主实施对领导干部工作满意度的影响进行了实证分析，可以得出如下基本结论。

第一，协商民主实施主体因素对领导干部工作满意度的影响显著。从年龄来看，领导干部对工作感到"很不满意"的概率随着年龄的增加而增加，对工作感到"非常满意"的概率均随着年龄的增加而降低。在各个年龄点上，协商民主实施的频次越高，领导干部对工作感到满意的概率越高。这意味着需要结合各地实际，针对不同的协商对象、领域、问题、组织方式等，进一步细化细则，在推行协商民主过程中要推动领导干部队伍年轻化。在性别上，男性领导干部对工作"非常满意"的概率显著高于女性领导干部对工作"非常满意"的概率，但女性领导干部对工作满意程度为"一般"的概率显著高于男性领导干部相应的概率。为此，协商民主实施对领导干部工作满意度的影响在性别上无须确立倾向性的政策。在文化程度上，不管领导干部的文化程度是高中还是大专、本科、研究生，实施协商民主的频次越高，对工作满意的概率越高。但是文化程度高者"比较满意"的概率更大。为此在推进协商民主实施中，领导干部的选拔应重视提升文化程度。

第二，协商民主实施情境因素对领导干部工作满意度的影响显著。从职务级别来看，随着职务级别的增加，实施协商民主的频次对领导干部工作"比较满意"和"非常满意"概率的影响变得更加明显。为此，我们须重视职务级别高的领导干部推动协商民主能动性的发挥。从工作单位类型来看，政协、法院、检察院领导干部工作满意度高于党政部门领导干部工作满意度。政协协商、司法协商对提升领导干部工作满意度效应相对要好，为此，我们须重视协商民主在调节社会矛盾和综合社会治理中的重要意义，进一步加大党政部门协商对领导干部工作满意度的影响，同时推动行政协商的探索发展。从地区差异来看，实施协商民主对领导干部工作满意度影响和经济发展的程度没有直接关联，而可能与当地的文化和传统有关。为此，协商民主实施后期须重视政治文化、地方文化以及政治生态因素的影响，这种影响可能是隐匿的、深层次的。

第三，协商民主实施方式因素对领导干部工作满意度的影响显著。从实施方式来看，决策听证会、干部定期接待群众、干部热线电话、党委会议向群众代表开放、多部门联席协商、党委政府机关定期收集群众意见、通过网络问政平台与群众协商、群众代表对党委主要领导工作进行年终评议这8种协商方式与领导干部工作满意度呈正相关。这说明这8种协商民主方式对提高领导干部工作满意度有积极意义，需要继续加大力度推进实施。唯一不同的是，通过接待群众信访实施协商民主对领导干部工作满意度的影响为不显著。这可能是由于信访工作承载了相对复杂的功能，在工作上需要面对大量的负面信息和突发事件，从而影响领导干部工作满意度①，因而表明信访需要进一步制度化、法治化。

第四，协商民主实施成效对领导干部工作满意度呈正向影响。调查结果显示，协商民主的有效性达 78.97%。但是实施协商民主对领导干部工作满意度的影响存在异质性，"经常"实施协商民主一方面增加了"很不满意"的概率，另一方面也增加了"非常满意"的概率，而且"非常满意"概率增加的幅度超过了"很不满意"概率增加的幅度，并在总体上相对于"从不"实施协商民主而言，"经常"实施协商民主提高了领导干部工作满意度。协商民主实施过程中需要重视内在的异质性和不平衡，在实践过程中不能简单地以协商实施频次来评价协商民主的实施成效，而应将协商民主实施质量提升作为核心和根本。

从理论上来说，本章是试图超越协商民主发展的功能主义解释、拓展协商民主发展的行为主义解释的初步尝试，致力于从协商民主实施的外在因素和领导干部这一主体内在"工作满意度"动因的关系出发，探索协商民主实施对领导干部工作满意度的影响。协商民主行为主义的解释路径强调的是政治行为者在民主过程中的角色和作用，尤其突出政治领导者的作用。这种研究路向可以在行为主义政治学和政治精英论中找到悠久的理论渊源。但是已有的行为主义理论研究更多的是描述民主过程以及政治行为者在其中扮演的角色，往往难以阐明这一角色背后的因果逻辑。与条件论和建构论相比，行为主义路径的理论建构往往比较薄弱。在协商民主发展研究中引入领导干部工作满意度变量可以对政治行为的内在动因进行深入的分析，在一定程度上可以从行为主义角度弥补协商功能主义研究的不足。下一步我们将进行回访和跟踪研究，并对研究结论展开进一步的分析，以期使这一模型能够得到更为深入的验证。

---

① 马娟、王振宏：《信访干部工作满意度、幸福感、积极情绪及心理健康》，《中国健康心理学杂志》2013 年第 8 期。

第四章
专家参与和决策协商：中美专家参与决策的价值演进与比较分析

一　问题意识和研究缘起

"知识和政治的关系"是政治学理论中的一个经典问题，正确认识专业知识和政治之间的相互作用是理解公共决策的关键。自古以来，专业知识的掌握都与社会的特定群体相伴相生，我们称这一特定群体为"专家"。① 专家是专业知识的主要社会群体载体，在知识与政治之间充当社会中介的作用。因此，知识与政治之间的关系在社会网络中基本上可化约为专家参与和政治权力运行之间的关系。那么，作为连接知识和政治中介的专家参与的历史特征和形态如何？其背后有着怎样的价值决定机制呢？

"知识和政治的关系"问题背后包含着不同价值取向的影响。价值是客体对主体的意义，它从根本上体现主体行为的指向和内在特征。价值对社会认知、机体规范和行为具有重要的影响。② 价值取向是一定主体基于自己的价值观，在面对或处理各种矛盾、冲突、关系时所持的基本价值立场、价值态度。知识和政治作为不同的社会网络架构和不同的社会领域，其具体实践

本章部分内容曾公开发表，参见董石桃《寻求专业性与政治性的互动及平衡——中美专家参与决策的价值取向》，《政治学研究》2017 年第 4 期。感谢桂雪琴为本章撰写所做的贡献。

① 本章的"专家"是指在学术、技艺等方面有专门研究或特长的人。一般认为，专家有两类：一是有胆识的战略专家；二是有突出能力的业务专家。专家既包括体制外的专业人士，也包括政府体制内影响决策的政策研究人士和部分专业性技术官僚。本章"参与"的含义指广义的参与，包括体制内参与和体制外参与两种形态，前者包括体制内专业人士通过正式和非正式途径对改革决策施加影响，后者指体制外的专业人士通过各种正式和非正式渠道对公共决策施加影响。

② 董石桃：《从建构、进化到嵌入：民主制度建设的认知模式及其发展》，《理论与改革》2017 年第 2 期。

及其运行本身有着不同的价值取向。知识性强调对知识的系统追求，专业性是其基本价值取向。专业性的内在要求包括科学性、客观性、独立性和专门性，本质上是一种科学理性，体现"求真"的目标，科学理性有助于增强专家参与的可信度。政治性的核心是公共利益的权威性分配，是为追求想要的结果而进行的磋商。公共决策是一种政治决定，其本质是政府意见的表现，是政治理性表达的一种途径。公共决策的政治性价值取向主要包含利益性、权威性、意识形态性、合法性和回应性，本质上是一种公共理性，体现的是"求善"的目标，公共理性有助于增强专家参与的政治影响力。

所以，专家参与决策一方面要寻求最大的独立性，这样方可获得信誉度，为此专家就必须远离具体的利益和政治意识形态，努力保持利益和意识形态的中立；另一方面，专家参与又必须努力畅通政治通道，这样方可获得对决策的影响力，为此专家又必须影响或参与政治，设法引起相关决策者的关注。专业性和政治性存在内在冲突，有着某种此消彼长的关系。到底应该如何实现专业性与政治性的互动及平衡呢？追溯历史可以加深对这一问题的理解。为此，本章试图以中美两国专家参与决策的价值取向的历史发展为研究对象，运用总体性的比较历史分析方法，从宏观上比较分析中美专家参与决策的价值取向的不同历史特点，为当前中国特色新型智库建设提供一些启示。

二　中国专家参与决策的价值取向的历史变迁

从专业性和政治性的关系来看，中国专家参与决策的价值取向的历史发展大致经历了如下阶段。

（一）专业性和政治性的相对独立：先秦时期专家参与决策的价值取向

周朝时期，"尚贤""养贤"即尊重知识分子和专业人士的思潮开始兴起。"尚贤""养贤"强调君主如果不能使贤人辅佐自己，就会感到懊恼或遭受失败。在尊重专业人士的作用方面，周初的统治者大都身体力行，从而成为后世景仰和效法的典范。[1] 春秋战国时代是一个需要专业智能并产生专业智能的时代，此时的"专家"是指具有某种专门技能或掌握某种系统知识的人，这些人被称为门客，又被称为"食客""军师""谋士"，他们是决策者的"智囊"。门客由私人豢养，带有较强的私人依附性和非正式性。统治者在寻求良士时会看重门客的才能，即看其是否拥有某一方面的专门知识，是否能帮助统治者维持或争夺更大的权力。不管是武士、文士、游侠、勇士、技艺之士，只要有一技之长，都可以投靠到诸侯门下，得到诸侯的赏识，"一批杰出人才对不同国家的统治者产生影响，并进入了上层阶层"[2]。在春秋战国时代，其主要模式是"主二客一"或"一客多主"，如苏秦游说六国采纳合纵抗秦之策，兼佩六国相印。一般门客也在列国王侯贵人之间奔走，选择门庭投靠，"朝秦暮楚"不以为耻，"晋材楚用"反成佳话。门客以"良禽择木而栖""合则留，不合则去"的原则择主而事，较自由地辗转于能施展其抱负和才能的地方，形成了"士无定主"的流动局面。这一时期的门客具有非官僚化、非职业化的特征，门客和诸侯主之间没有制度的约束，两者间是一种私人依附关系和幕宾关系，门客的专业技能相对于身份地位更具意义。比如战国时期田齐的官办高等学府"稷下学宫"，不仅使各家能够自由阐释各自学说，而且为那些"不任职而论国事"的士提供了发挥才能的机会。在权力角逐的大变革时期，士在各国决策中举足轻重，形成"得士者昌，失士者亡"[3] 的局面。在此时期，专业性知识具有相对独立的作用，政治决策的质量对专业性具有较强的依赖，专业性价值和政治性价值具有相对独立性。

（二）专业性对政治性的相对从属：秦汉至宋元时期专家参与决策的价值取向

自秦汉统一以来，中国进入封建王朝大一统时期，以前分散的公共权力

---

①　彭新武：《论循吏与时代精神》，《政治学研究》2015 年第 5 期。

②　瞿同祖：《中国阶级结构及其意识形态》，转引自〔美〕费正清编《中国的思想与制度》，郭晓兵等译，世界知识出版社，2008，第 260 页。

③　（汉）王充著、张宗祥校注、郑绍昌标点《论衡校注》，上海古籍出版社，2010，第 268 页。

凝结成一个整体。"政治形势为之大变，四方游走的知识分子显然成为一股离心的社会力量，而不利于统一"①，又由于"众说纷纭不免破坏人民对统一的政治权威在精神上的向心力"②，所以汉代以儒为尊，掌握专业知识的儒生逐渐参与决策，他们占有知识、出卖知识，成为影响政治决策的重要力量。专业知识分子参与公共决策的方式和途径也有所改变，先秦时期能自由流动的门客通过谏议制、辟署制、翰林院等逐渐演化成依附于国家行政系统内部的"谋士"或"幕僚"，如汉代设参军、主簿，唐代设有长史、参军、录事等，由"幕"入"仕"也成为知识分子求官和靠近权力核心的重要途径。这些幕僚享有官职和权力，扮演着秘书、参谋、副官等角色，对决策有直接的影响，参与决策的方式也变得官僚化和职业化。隋唐以来，科举制度建立起知识分子参与公共权力运行的重要通道，科举发挥了政治统合的功能，"学而优则仕"成为知识分子参与政治决策的正统渠道，儒家的学说成为国家统治最基本的意识形态。"儒家政治一直居于主要的核心地位"，③ 士人作为四民之首以科举入仕。"儒学"是从政所需的必备专业知识，"儒学"的正统地位提高了儒士的政治地位，增加了其参与政治的机会，但也束缚了知识分子专业性发展的空间。儒家学说对于中国政治文化的冲击体现为国家对儒家知识专家政治作用的确认。正如杜维明所言："当儒家知识分子积极投身汉代文官制度时，他们所珍惜的价值也明显政治化了。"④ 而且在中央集权制时期，幕僚与决策者的关系由先秦时期的"一客多主"变成了"多客一主"。由于国家权力的一元性和整体性，掌握专业知识的幕僚们选择的自由度并不大，通常只能通过取悦在朝者，仰仗决策权力掌控者的提拔来实现自身的价值。知识分子的参与变得官僚化和职业化，因此在体制内官职和权力的诱惑下，专业性价值相对依赖于政治性价值，专业性相对从属于政治性。

---

① 余英时：《中国知识人之史的考察》，广西师范大学出版社，2004，第144页。
② 余英时：《中国知识人之史的考察》，广西师范大学出版社，2004，第144页。
③ 〔美〕费正清编《中国的思想与制度》，郭晓兵等译，世界知识出版社，2008，第28页。
④ 〔美〕杜维明：《道·学·政——论儒家知识分子》，钱文忠等译，上海人民出版社，2000，第21页。

（三）专业性和政治性相对分离：明清时期专家参与决策的价值取向

明清时期，我国的中央集权体制发展到顶点，吏胥和幕僚作为行政专家，流品虽低但对当时政治的影响较大。[①] 这一时期，科举只重视八股文，不习律令，科举出身的官员未受过专门训练，也就难以胜任行政管理职务，需要聘请专家作为行政管理助手。到了清代，职官设置重内轻外，各级官员职数减少，加上回避制度的实行，取士入官者必须通过职业化人士的襄助才能履职，结果就出现了一个庞大的行政管理专家集团——幕友。[②] 各级长官根据实际需要决定要聘请的人数，幕友、幕宾或师爷是地方雇用的行政管理专家，"他们不是管理体制中的常设人员，不由政府支付薪俸"[③]，"明清幕府纯粹是私人性的，与政府没有任何法定关系"[④]，因而具有相对的独立性，相比于汉唐的幕僚，这一时期的幕友更具实用性和专业性。幕友按其职能可以分为刑名、钱谷、书启、账房等，承担有关诉讼、税收、草拟文书、账务等职能。由于师爷与各级官僚之间是多客一主的关系，主宾之间并无牢固的基础，只是以互相需要而维系，他们也"并不为错判和恶政承担责任"[⑤]，因此行事较为独立，"合则留，不合则去"，他们不是为了当官（至少短期不是），只是为了充任官员的专业幕僚（参谋)[⑥]，因而专业性与政治性适度分离。

（四）在专业性和政治性之间摇摆：民国时期专家参与决策的价值取向

民国时期，儒家思想因五四运动等社会运动的兴起而衰落，中国近代史

---

① 钱穆:《中国历代政治得失》，三联书店，2001，第 112 页。
② 瞿同祖:《清代地方政府》，法律出版社，2003，第 157 页。
③ 瞿同祖:《清代地方政府》，法律出版社，2003，第 157 页。
④ 〔美〕K. E. 福尔索姆:《朋友·客人·同事:晚清的幕府制度》，刘悦斌等译，中国社会科学出版社，2002，第 37 页。
⑤ 瞿同祖:《清代地方政府》，法律出版社，2003，第 190 页。
⑥ 瞿同祖:《清代地方政府》，法律出版社，2003，第 157 页。

上一连串"明道救世"的大运动都是以知识分子为领导主体的。[①] 军阀混战时期，缺乏权力中心，知识分子的影响力上升，从中央到地方各级军政领导均有聘请幕僚的传统和习惯，并设置了正式的官职如参谋、参议、秘书、顾问等。到了蒋介石时期，幕僚集团开始以参谋咨询机构的形式发挥作用，如国民政府军事委员会委员长侍从室和国防设计委员会以正式政治机构的形式招聘幕僚，辅助政府决策。这一时期专家参与公共决策的价值总体上在专业性与政治性之间摇摆。一方面，这一时期整个社会处于大变革和大动荡之中，决策者对幕僚的专业性要求很高，而且受西方思想的影响，一些知识分子也渴望保留一点"独立的精神"，如胡适创办的《独立评论》，其中就以"不依傍任何党派，用负责的言论来发表我们个人的思考"[②] 为目标。另一方面，专家参与公共决策带有极强的政治依附性，幕僚必须维护和忠于集团利益。"为内战和饥饿所激化了的知识分子无心学术，逐渐政治化，并深刻地卷入党争之中"[③]，多数从政的专家发挥专长的空间实属有限，变成"政治附庸的'有机知识分子'"[④]，失去了中国知识分子特有的传承社会文化、裁判社会公正的历史作用。许多专家对影响政治决策抱着一种矛盾、摇摆的心理，正如胡适对政治的态度是一种"不感兴趣的兴趣"[⑤] 一样，这充分体现出专家参与公共决策的价值理念与政治行为的内在冲突。

（五）意识形态主导下的政治挂帅：改革开放前专家参与决策的价值取向

在新中国成立初期，由于阶级斗争理论的影响，政治立场的重要性和作用被突出强调，政治意识形态的争论与斗争成为权力运作的主要途径与手段。这一时期政治性在社会科学领域占据主导，专业性价值受到较大挤压。

---

① 余英时：《中国知识人之史的考察》，广西师范大学出版社，2004，第157页。
② 胡适：《个人自由与社会进步》，北京大学出版社，2013，第92页。
③ 许纪霖等：《近代中国知识分子的公共交往》，上海人民出版社，2008，第30页。
④ 许纪霖等：《近代中国知识分子的公共交往》，上海人民出版社，2008，第29页。
⑤ 胡适口述、唐德刚译注《胡适口述自传》，广西师范大学出版社，2005，第46页。

虽然新中国成立初期设立了专门的政策研究室，其作为现代意义上的智库参与国家建设，但政策研究室从属于政府，其研究方向和内容都由政府指定，较难开展独立研究。受政治意识形态的影响，这些智库提出的建议创新性不够、政治宣传性较强。

（六）专业性和政治性的互动：改革开放以来专家参与决策的价值取向

改革开放以后，知识与人才重新受到重视，随着思想的解放和经济的发展，社会科学和自然科学得到重建和发展，知识本身变得愈发庞杂，学术更加专业化和职业化。20 世纪 90 年代，"专家治国"一度成为与"依法治国""以德治国"并行的口号。随着决策过程需要更多科学技术方面的专家知识来提供支撑，决策者对专家参与提出了更高的要求；同时，专家个体的力量越来越渺小，依靠单个专家的分散型传统智囊制度已经难以适应现代公共决策日益增长的需要，专家开始以组织的形式来影响公共决策。相对于改革开放以前，这一时期专家参与公共决策的专业性更强，并逐渐重视专业知识的独立性。专家参与公共决策的形式主要分为三种：其一，加入政府决策体制内部，即进入党政部门下属的政策研究机构，直接向决策者提出意见和建议；其二，加入民间智库或学术型智库等独立的政策研究组织，这些智库也被称为政府的"外脑"，囊括了更广泛的民间力量；其三，专家作为个体参加决策机关举办的咨询、论证、研讨等各种活动，以此来提供外部的专业技术意见和建议。在此过程中，专家作为政府的"外脑"，有效地弥补了行政机关信息和专业性的不足，提升了行政决策的质量。综上所述，中国专家参与决策的价值取向的历史变迁形态如表4-1所示。

表 4-1　中国专家参与决策的价值取向的历史变迁

历史阶段	主要形式	与决策者关系	价值取向	参与方式及影响力
先秦时期	门客、谋士（体制外相对独立）	互助关系，流动性较大	专业性与政治性的相对独立	出谋划策，提供专业意见或运用专业技能

历史阶段	主要形式	与决策者关系	价值取向	参与方式及影响力
秦汉至宋元时期	谋士、幕僚（体制内参与为主）	雇佣关系，流动性较小	专业性对政治性的相对从属	出谋划策
明清时期	幕友、师爷（体制内参与）	雇佣关系，流动性较大	专业性和政治性相对分离	出谋划策、参与机要，或起草文稿、代拟奏疏，或处理案卷、裁行批复等
民国时期	幕僚（体制内参与）	依附关系，流动性较小	在专业性和政治性之间摇摆	为谋求政治发展出谋划策
新中国成立至改革开放	官方智库、政策研究室（体制内参与）	依从关系，流动性较小	政治性对专业性的主导	专业性政策研究
改革开放以来	官方政策研究机构、智库、个体参与（体制内和体制外参与）	合作互动关系，流动性较大	专业性和政治性之间有机互动	提供思想产品、搭建交流平台、培养公共人才、引导社会舆论

资料来源：笔者自制。

三　美国专家参与决策的价值取向的历史变迁

从专业性和政治性的关系来看，美国专家参与决策的价值取向的历史发展大致经历了如下阶段。

（一）专业性价值取向的崇尚：美国早期政治发展时期

美国联邦政府对专家参与的重视可以追溯到共和国的早期。共和国的缔造者本身就是知识渊博和具有启蒙思想的人，他们试图将技术性知识引入公共事务之中。① 在具体制度运行中，专家参与首先体现为建国初期的总统顾问委员会。1794 年"威士忌酒叛乱"之后，美国出现了最早任命的外部顾

---

① Yaron Ezrahi, *The Descent of Icarus: Science and the Transportation of Contemporary Democracy*, Cambridge: Harvard University Press, 1990, esp. chaps. 1, 4.

问委员会。当时,华盛顿总统任命一个顾问委员会调查西部宾夕法尼亚州的农民反抗 1791 年联邦实行烈性酒特许权税的原因,并让委员会力图协调出一个解决方案。[①] 当然,华盛顿总统在任命委员会的同时也积极组建了一支1500 人的军队,这表明在设立委员会之时,他在寻求精英人士的中立性专业意见同时也已有采取其他相应行动的想法。不过,华盛顿在采取行动之前任命了一个专业委员会,显然其对专家参与决策十分重视。这表明在美国早期政治发展中,当政府的权威面临巨大挑战时,总统需要通过专家参与的方式使政府行动合法化,包括专家参与对问题进行研究、征求无偏见的公民的实际意见、对总统呈报事实并提出采取行动的建议等。一直以来,美国都是依靠科学理性、经验主义和与政治无关的中立的专业知识来使其公共行动合法化。[②] 在社会问题解决的政策实践中吸纳科学家和专业人士的参与成为美国的一项传统,这也是典型的智库组织此后能够在美国兴起的重要原因。在这一时期,美国专家参与公共决策的专业性受到推崇。

(二)政治性价值取向的主导:政党分赃时期

从 1801 年开始到 1883 年,这一时期被称为美国历史上的"政党分赃"时期。在此期间,"公共机关的公职作为政治斗争的分赃对象,在选举获胜后用来为政党机器润滑"。[③]"政党分赃制"注重"封官许愿",是产生政党政治的重要根源。官员的任命只注重政治忠诚和功劳,而不是才干和品格,美国政府的各级官员几乎都是由竞选中获胜的政党任命和支配的,例如,林肯和其后几届总统入主白宫后,就几乎撤换了全部政府高级官员。在"政党分赃制"的大背景下,贪污腐化盛行,"各党派均依后台老板(工业家)

---

① David Flitner Jr. , *The Politics of Presidential Commissions:A Public Policy Perspective*, New York:Transnational Pub. Inc , 1986, pp. 7-8.

② 〔美〕布鲁斯·史密斯:《科学顾问:政策过程中的科学家》,温柯等译,上海交通大学出版社,2010,第 16 页。

③ 〔美〕莱斯利·里普森:《政治学的重大问题》,刘晓等译,华夏出版社,2001,第 230 页。

的旨意行事，并无原则可言"，① 这一时期的专家参与也难以剔除其与政治大环境的关联性。在两党"轮流坐庄"的政治格局下，政治较为封闭，专家的政党"政治性"色彩较重，专家和顾问在向总统和政府出建议时，会极力协助自己所支持政党的选举和政策实施，专家政治忠诚的价值要大于其才干和品格，对党政利益的考虑大于对国家整体利益的考虑。这些专家与选举共进退，行为趋于短期化。总体而言，这一时期专家参与公共决策的政党政治性立场往往会影响甚至干扰其专业性价值的实现。

（三）专业性价值取向的勃兴：20世纪上半叶

1883 年通过的《彭德尔顿法》实行功绩制，使美国在历史上第一次确立了"能力与功绩"的基本原则，对凸显专业性人才的地位起了重要的作用。到 20 世纪初，美国进步主义改革者逐步依靠专家获得专业知识，专家参与决策主要基于知识的科学性，其目标是实现高效政府，即通过政府决策实现去政治化，以专业性助推政府的高效率。政府的外部咨询得到重大发展，主要表现为美国现代智库的兴起，智库逐渐成为美国专家影响公共决策的主要形式。智库被称为非营利性研究机构，是在公民社会内部形成的独立于政府的组织。② 美国智库具有三大特性，即非政府性、非营利性和组织自治性。③ 美国国内第一批智库出现在 20 世纪初期，其工作任务体现了进步时代的要求，即在蓬勃发展的社会科学基础上得出的专家意见可以为解决公共问题提供参考，从而影响政府政策的制定。④ 1910 年成立的卡耐基国际和平基金会、1916 年成立的政府研究所、1921 年成立的外交关系委员会等虽

---

① 〔美〕理查德·霍夫施塔特：《美国政治传统及其缔造者》，崔永禄等译，商务印书馆，2010，第 198 页。

② Diane Stone, *Knowledge Actors and Transnational Governance: The Private-Public Policy Nexus in the Global Agora*, London: Palgrave Macmillan, 2013, p. 63.

③ Hartwig Pautz, *Think-Tanks, Social Democracy and Social Policy*, London: Palgrave Macmillan, 2012, p. 13.

④ 〔美〕安德鲁·里奇：《智库、公共政策和专家治策的政治学》，潘羽辉等译，上海社会科学院出版社，2010，第 31 页。

然也向政治家提供建议，但主要任务集中在对外交政策的分析，以及针对部分紧急事件向社会提供建议等方面，其试图保持尽可能多的知识独立性，强调客观性和非党派性，并不直接倡导和宣传某种政治建议。① 这一时期美国整体的社会文化发展氛围强调科学决策和价值中立，智库注重高质量的学术研究，美国第一批智库领导人知道要想在政治决策中赢得可信度，不受政府具体利益和企业的控制至关重要。J. D. 洛克菲勒（J. D. Rockefeller）和他的合作人为智库提供捐款，也避免智库参与任何会使其显得与学术性格格不入的政治性活动。②

（四）政治性价值取向的回潮：20世纪40～60年代

20 世纪中期，随着大萧条的到来，纯粹的科学分析和孤立的行政方法解决社会问题的信心受挫，因此专家除了继续开展客观中立的研究，同时也越来越被要求做出政治性判断。美国智库尽管卓有成效地确立了自己在美国政治中的地位，但是它在政治意识形态方面的趋向发生了变化。正如 R. 史密斯（R. Smith）所言："知识看起来像是另一种政治权力工具，而不是较高的智力顾问。"③ 大萧条的发生意味着古典自由主义的终结，也意味着所谓纯粹客观性的专家参与决策价值的破灭。政府开始大量干预解决社会问题和政治问题的工作，开始直接雇佣社会科学家为政府官员，同时减少联邦政府的其他工作人员。富兰克林·罗斯福组建了其专门的"智囊团"，智库专家的知识用途发生变化，许多独立的非营利智库几乎完全依靠政府的资助，如这一时期成立的兰德公司就是由美国空军资助的；1961 年成立的哈德森研究所不仅不避开意识形态方面的冲突，而且向批评者和追求者同时提出了体现其基于意识形态立场的研究成果；1963 成立的政策研究所，组织结构

---

① G. B. Kochetkov and V. B. Supyan, "Think Tanks in the USA: Science as an Instrument of Public Policy", *Studies on Russian Economic Development*, Vol. 21, No. 5, 2010.

② 〔美〕安德鲁·里奇：《智库、公共政策和专家治策的政治学》，潘羽辉等译，上海社会科学院出版社，2010，第 35 页。

③ 〔美〕安德鲁·里奇：《智库、公共政策和专家治策的政治学》，潘羽辉等译，上海社会科学院出版社，2010，第 36 页。

和运作都反映了其创始人马库斯·拉斯金和理查德·巴尼特的自由主义的倾向。哈德森研究所和政策研究所都打破了专家参与的中立准则和学术客观性。这一时期，意识形态对于许多研究机构具有较为明确的影响。

（五）政治性和专业性价值取向的共同发展：20世纪70年代以来

这一时期，受党派和利益集团的影响，美国政治阵营分化，政治竞争加剧，这使得身处政治大环境下的专家智库也具有浓厚的意识形态色彩，智库参与公共决策的政治性价值取向明显。例如，在这段时间内，联邦政府对独立的中心提供专家服务的支出大幅增加，1965年达到2.35亿美元，1975年增加到10亿美元，到1980年又增长到20亿美元，而这些资助大部分用于与政府签订了合同的智库。① 这时期兴起的智库主要有三种类型。一是政策推销型智库。其以有效影响政策决策者、公众及媒体为目标，表现出非常鲜明的政治倾向，如传统基金会在1973年创立之初就公开宣布自己的保守派倾向，同样的机构包括1977年由伊格瑞创立的加图研究所等。二是遗产继承型智库。此类智库关注推广其创始人的政治和主张。三是政治家后援型智库。其专门为美国总统候选人量身定做，提供系统新观念、新政策、新口号。这三类智库都属于倡导型智库，一般均具有鲜明的政策、党派和意识形态倾向。② 当然，专业性价值并没有消失，与政府签约的智库也从事客观分析，"严重依赖学术分析和研究员"，强调严谨的社会科学研究方法。一些传统的研究机构，如布鲁斯金斯学会、美国企业研究所仍然强调客观分析的名声。③ M. 阿穆特认为美国的智库机构可以按照隶属性、组织机构、研究文化、政治和意识形态方向等要素进行分类，按照他的分类标准，美国当前智库大致可以分为学术型、合同型、政治支持型三种（见表4-2），专业性机

---

① G. B. Kochetkov and V. B. Supyan, "Think Tanks in the USA: Science as an Instrument of Public Policy", *Studies on Russian Economic Development*, Vol. 21, No. 5, 2010.

② Thomas Medvetz, "'Public Policy is Like Having a Vaudeville Act': Languages of Duty and Difference among Think Tank-Affiliated Policy Experts", *Qualitative Sociology*, Vol. 33, No. 4, 2010.

③ 〔美〕詹姆斯·麦根、安娜·威登、吉莉恩·拉弗蒂主编《智库的力量：公共政策研究机构如何促进社会发展》，王晓毅等译，社会科学文献出版社，2016，第25页。

构仍然占据突出的位置。综上所述,从宏观历史发展来看,我们可以对美国专家参与公共决策的价值取向的基本形态和规律做出小结(见表4-3)。

表4-2　当前美国智库的基本类型

类型	经费来源特点	目标确定的影响因素	意识形态取向	研究方向和研究人员
学术型	多元化来源(捐赠,资助、赞助、公民个人资助等)	研究人员起主要作用	致力于形成中立性观点	致力于形成先进的创新观点,进行长远性视角的研究;对政治家提供客观的专家支持;研究人员主要是著名的科学家
合同型	与政府或权威机构签订合同	政府的要求起主要作用	希望保持一定的意识形态立场	遵守政治权威当局的要求;对政治家提供目标性和专业性的支持;研究者是高质量的研究人员和专家
政治支持型	主要来自机构创始人	意识形态上的参考起主导作用	自由主义或保守主义	政治意识形态的考量;对政治家目标性和专业性的支持,研究结果对特定的支持性政治团体起作用;研究人员是有能力的专家,但往往没有学术地位

资料来源: Mahmood Ahmed, "US Think Tanks and the Politics of Expertise: Role, Value and Impact", *The Political Quarterly*, Vol. 79, No. 4, 2008。

表4-3　美国专家参与公共决策的价值取向的历史变迁

阶段	主要形式	与决策者关系	价值取向	参与方式及影响力
联邦政府初期	顾问委员会	顾问关系	崇尚专业性价值	为总统服务,就某些问题分析原因,提出方案
政党分赃时期	顾问、专家	依附关系	政治性价值为主导	为总统竞选、国会和政府决策游说服务,研究政治问题
20世纪上半叶	政策研究型智库开始兴起	间接影响关系	专业性价值的勃兴	进行政策研究,提高政府解决问题的效率
20世纪40~60年代	政府合同型智库成为专家参与决策的重要类型	合同关系	政治性价值抬头	与政府签订合同,进行政策研究
20世纪70年代以来	倡导型智库兴起	营销关系、合同关系	专业性和政治性价值发展	研究政策、推销政策、联系公众

资料来源:笔者自制。

四　中美专家参与决策的价值取向的宏观比较

进一步比较中美专家参与决策的价值取向，对于如何实现专家参与决策中价值取向的互动及平衡我们也许会有更深的认识。

（一）中美专家参与公共决策的价值取向的相同点分析

1. 政治性价值取向对专业性价值取向的发展具有重要的外在影响

自古以来中国知识分子恪守的信条就是"学得文武艺，货于帝王家""学而优则仕"，虽然在不同的历史时期专家参与的价值表现出不同形态，但总体而言，政治性价值取向是专家参与的重要前提，对专业性价值取向的发展具有重要的外在影响，这主要体现在两个方面。第一，政治环境和政治权力的运行状态对专家参与决策的专业性价值取向有着重要的外在影响。比较中美专家参与公共决策价值的历史演进可以发现一个共同点，即专业性价值能凸显作用的时期大致具有以下特点：一是在相对乱世或者权力比较分散的特殊时期，如中国的先秦时期、民国军阀时期和美国的建国初期及一战、二战时期，这种历史条件下决策者特别需要专业知识来解决面临的实际问题，对专家专业知识的需要大于对其政治立场和政治身份的关注；二是在对权力运行效率比较关注的时期，强调依靠专业知识的实用性来提高权力运行效率，如中国的明清时期，以及当代中美两国专家参与公共决策的新发展时期，此时专业性价值和政治性价值比较平衡，专业性价值获得了更大的发展空间。第二，不同历史时期的主流意识形态对专业性价值取向的发展有着较大的影响。中国汉代以来，儒家在国家统治思想中取得主导地位，专业性价值的发挥必须符合儒家的政治立场。儒家政治性价值取向是专业性价值取向发展的重要前提，知识的客观性发展受到儒家政治性价值的限定。如余英时所言，甚至此时"知识根本没有客观性、中立性或纯粹性，它和权力互相涵摄。知识无所谓真或假的问题，只有在一套特殊的权力关系中合法或不合法的问题"①。这一点在美国的历史中同样存在，只不过美国的政治意识形态通过政党体制得以贯通。专家参与决策在不同政党执政时期，必须首先遵循当时相应的政党纲领和执政原则。在美国政党执政意识形态下，公共知识分子不仅被要求为权力说话，而且专家还被政党权力所控制，更有甚者，智库还需要积极寻求政党权力的认可。②

2. 专业性价值取向为政治价值取向发展提供了基本的信誉支撑

专业性价值取向塑造着专家参与的信誉度。在中美专家参与决策的历史变迁中，专业性和政治性的互动尽管经历了曲折和反复，但是整体来看，专家知识的专业性价值和权威还是不断地获得提升。中国的儒家参政传统尽管体现了政治文化的取向和特征，儒家知识分子一度体现服务政治权力的从属性，但是对"道"的崇尚并未湮没其相对独立的专业性知识追求。明清以来的知识分子参政体现了这一变化。杜维明认为："儒家经学的兴起和儒家道德在社会中的传播不能归在作为政治意识形态儒学的一般规则之下，他们既非政治因素的附带现象，也非政治因素的独立变数。"③ 这一点在美国历史中同样如此，美国开国历史上的专业性追求一度为政党分赃所冲击，但现代政治的发展最终催生了现代智库的产生与发展。专家的角色也发生着变化，从真理的代言人到决策者的幕僚，进而成为决策者的诚实代理人。尽管政治意识形态谱系多元，但是专业性整体扩大了知识发挥作用的领域，专家被赋予更多的社会义务和政治责任。一项美国调查显示：2/3 的记者和民主党派议员认为没有明确思想倾向的智库是最可信任的。④ 而 2001~2010 年美国智库的引述率表明：专业性价值取向凸显的智库相对于政治意识形态色彩明显的智库获得了更高的引述度。统计结果表明，在 2001~2010 年的 10 年

---

① 余英时：《中国知识人之史的考察》，广西师范大学出版社，2004，第 169 页。
② Barbara A. Misztal, "Public Intellectuals and Think Tanks: A Free Market in Ideas?", *International Journal of Politics, Culture, and Society*, Vol. 25, No. 4, 2012.
③ 〔美〕杜维明：《道·学·政——论儒家知识分子》，钱文忠等译，上海人民出版社，2000，第 25 页。
④ 〔美〕安德鲁·里奇：《智库、公共政策和专家治策的政治学》，潘羽辉等译，上海社会科学院出版社，2010，第 79 页。

间，媒体对激进智库的引述次数为 31094 次，占总引述率的 13%；对保守智库的引述次数为 95072 次，占总引述率 41%；对中间派或政治价值取向不明的智库引述次数为 107836 次，占总引述率的 46%。①

3. 专家参与决策的本质在于寻求政治性价值和专业性价值的区分与平衡

"政治上的权力是不够的，它必须与智慧一起使用。"② 在实际的公共决策过程中，要理解专家参与在决策中可能扮演的不同角色，重要的是区分政策的专业性倾向和政治性倾向本身。一个可以援引的案例是 21 世纪初美国关于是否对伊拉克开战的争论。2002 年 9 月，美国众议院议员迪克·格普哈特（D. Gephardt）在《纽约时报》上发表文章，探讨是否对伊拉克开战的决定"是一个应该在政策而不是在政治基础上做出的案例"。格普哈特担忧的是布什总统及其政府成员将对伊拉克开战的决定作为巩固共和党继续执政的一种手段。格普哈特认为，在公共决策过程中，只有协调好共和党人和民主党人之间的政治竞争，在决策中避免只是简单地为巩固一党的权力，做出的决策才会是符合国家利益的。而布什政府决策聚焦的是两大党派相对的权力位置，而拒绝考虑在伊拉克可选择的行动路线，其不良的后果是政治性价值取向会遮蔽政策专业性的考量。政治性价值和专业性价值的混同在中国社会主义建设道路探索时期也大量存在，"政治挂帅"以及以阶级成分划分政治立场的一个直接后果就是政治性对政策专业性的遮蔽，专业性的力量难以产生应有的作用。

（二）中美专家参与决策的价值取向的差异分析

1. 中国：总体政治性下的专业理性

自秦汉以来，中国的政治结构带有总体性的特征，中国实行单一制国家体制，与美国的联邦制显然不同。中国共产党领导下的多党合作和政治协商制度以及民主集中制与美国的两党制和"三权分立"有着本质的区

---

① 褚鸣：《美欧智库比较研究》，中国社会科学出版社，2013，第 43~44 页。
② 〔英〕莱斯利·里普森：《政治学的重大问题》，刘晓等译，华夏出版社，2001，第 232 页。

别，中国权力的运行呈现一体化的特征，因而也就没有基于不同利益主体的专家性"政治游说"。中国专家参与决策的政治性基础是决策的科学化、民主化，是政府完善决策系统、提升政府运行效率的要求。中国作为发展中国家，现代国家建设是其首要历史任务，专家参与决策必须服务于现代国家建设和民族复兴这一大局，这是中国专家参与决策的主要特征。当然，中国专家对公共政策的参与总体上来说大多属于决策体制内部的参与，即王绍光所说的"内参模式"。① 如今这种"内参模式"随着许多专业型智库的兴起也在逐渐改变，专业性价值和政治性价值在服务国家建设的总体性目标下开始良性互动。专家参与决策赢得更多的信任，也被赋予更多的社会责任和政治责任。总体来说，中国专家参与决策是公共决策体系自我完善的诉求和科学性追求的结果，而不是政党之间权力争夺和竞争的产物。②

2. 美国：多元政治性下的专业实践

美国的公共权力呈现多元化、松散化的特征，美国的政治形态因此也被称为"多头政治"或"多元政治"，这种政治必然导致"一些利益集团在某些领域内为权力和影响而竞争"，③ 由此形成权力的分散和决策机制的公开和开放，从而为专家参与决策、发挥知识的专业性价值提供了重要的政治土壤和"市场"。50 年前的美国智库可以被看作学术研究和政府政策间的桥梁，或者是连接科学与治理的纽带，其具有相当的独立性。而如今，智库已经融入美国政治格局，是政治过程中强有力的一部分，尽管其在宪法中的地位为非政府组织。④ 在美国的多元权力争夺中，总统、国会、联邦法院、各级政府、政党成员之间为了争夺外交、内政、经济等各个领域的权力，需要大量的专业性信息和知识支撑。专业性的建议和具有竞争力的政策性主张，可以为权力的竞争助力，因而专业性价值在美国的政治运行中具有相对的独

---

① 王绍光：《中国公共政策议程设置的模式》，《中国社会科学》2006 年第 5 期。
② 夏春海、王力：《中美智库的外部环境因素对比研究》，《前沿》2013 年第 1 期。
③ 〔美〕盖依·彼得斯：《美国的公共政策——承诺与执行》，顾丽梅等译，复旦大学出版社，2008，第 63 页。
④ Diane Stone, *Knowledge Actors and Transnational Governance：The Private-Public Policy Nexus in the Global Agora*, London：Palgrave Macmillan, 2013, p. 63.

立性和较高的政治地位。而智库本身也是在政治博弈中竞争并希望影响决策的机构，其本身就是权力的竞争者之一，投资智库其实就是政客之间"意识形态的斗争"，而不是"为真理奋斗"。[①]

（三）寻求政治性和专业性的良性互动：中美专家参与决策的价值取向的发展趋向

中美专家参与决策过程的价值变迁历史表明：专业性和政治性尽管在不同的历史时期有所侧重，但随着社会不断发展，特别是信息社会的兴起，二者越来越相互借重，往往交织在一起，难以分割。近年来，中美两国都对专家积极参与决策有了越来越多的需求。为应对这种需求，未来需要解决好两个方面的问题。

1. 明晰专家参与决策的角色定位

小罗杰·皮尔克（Roger A. Pielke，Jr.）阐述了科学在政策和政治中的四种理想角色[②]：纯粹的科学家（Pure Scientist）；科学的仲裁者（Science Arbiter）；观点的辩护者（Issue Advocate）；政策选择的诚实代理人（Honest Broker of policy Alternatives）（见表 4-4）。在现实决策中，大多数科学家宁愿选择作为"观点的辩护者"，或者作为秘密的观点辩护者来参与政策和政治，现实中明显缺乏的角色是"政策选择的诚实代理人"，而专家参与决策的诚实代理人这一角色至关重要，因为对社会中的专家参与来说，一个强有力的作用是推动创造性的政策选择。这样的选择具有重新塑造政治形势的潜力，并在某些情况下能够迫使政治主体行动。通过理解专家参与在政策和政治中扮演不同的角色，我们可以提高专家参与决策的社会收益。同样，这四种角色在中国的政策体系中都存在，未来重点是如何区分它们，并突出专家参与政策的诚实代理人作用。

---

① 〔美〕安德鲁·里奇：《智库、公共政策和专家治策的政治学》，潘羽辉等译，上海社会科学院出版社，2010，第 214~215 页。

② 〔美〕小罗杰·皮尔克：《诚实的代理人：科学在政策与政治中的意义》，李正风等译，上海交通大学出版社，2010，第 1~3 页。

表 4-4　专家参与决策的四种理想角色

角色	功能	目标	价值取向
纯粹的科学家	只为决策提供专业、科学方面的知识和信息	在确定明确的政策情境中提供科学的信息，远离任何对政策选择的明确讨论，只充当信息资源的作用	专业性价值取向，但不提供政策选择
科学的仲裁者	随时准备回答决策者提出的各种实际问题，但并不告诉决策者应该偏向哪种选择		
观点的辩护者	通过提出某种选择为何优于其他选择的理由，告诉决策者应该更喜欢什么	减少选择的范围，达成单一的首选愿望（候选人或政策），试图操纵特定决策	政治性价值取向，提供单一的政策选择并强力推荐
政策选择的诚实代理人	努力扩展（或至少阐明）决策的选择范围，使决策者可以根据自己的偏好和价值观去决策	致力于为政策制定者扩展选择的范围，努力赋予决策者选择的自由	专业性价值取向，提供多样化的政策选择

资料来源：笔者在综合小罗杰·皮尔克的观点基础上拓展并制作。

2. 专业性和政治性互动的制度化问题

专业性的科学知识并不能直接导致政策引导的有效行动，一方面，专业性的科学知识具有不确定性和多样性，这容易使专业性沦为隐蔽的观点的辩护者，或使专业性成为政治的工具。一个例证是美国 2005 年和 2006 年关于药店供应紧急避孕药的争论。支持出售政策的人援引食品和药品管理局一个专家小组关于药品安全性的推荐意见作为必要的证据；而反对者则寻求哪些可能怀疑药品安全性的专家支持。另一方面，专业性知识的不确定也不必然妨碍政策的应用。一个例证是 20 世纪 70 年代，专家发现人工氟利昂可能会损害臭氧层之后，尽管当时有关臭氧的科学论证尚不确定，但是仍然引起了寻求氟利昂化学替代品政策的引入。

第一，应增强专家作为政策选择的诚实代理人的角色意识。为了保护专业性的地位及其对政策的建设性作用，迫切需要专家作为政策选择的诚实代理人参与决策，致力于为政策制定扩展选择的范围。在制度保障方面，美国政府技术评估办公室（OTA）就曾承担了评价技术性和科学要素对政策重要性的职能，该办公室每年会产生 50 份报告，就涉及科学和技术要素的政策问题提出有用的建议供国会参考。遗憾的是该机构于 1995 年被共和党掌控的国会撤销，尽管至今仍在不断被呼吁重建。类似的制度保障有欧洲的调查委员会，该调查委员会就是为专业性较强的决策提供信息和建议，履行政策选择的诚实代理人职责。[①] 1994 年创立的英国预见项目同样致力于促进专业性和政治性决策的互动，涉及传染病、洪水和网络犯罪等主题，其报告以为高层决策讨论提供了各种选择方案而引人注目。通过理解专家参与在政策和政治中扮演的不同角色，我们可以提高专家参与决策的社会收益。中国至今还没有这样的专门机构，中科院、环保部、中国社科院等一些部门承担了相关的一些职能，未来需要整合职能，为评估专家以政策选择的诚实代理人角色参与决策及科学仲裁提供制度化的平台。

第二，完善决策咨询的市场竞争制度，促进思想市场的形成。思想市场的目标是凸显专业性和政治性的互动和平衡，强调专业研究的宗旨不是站在任何特殊的立场上去改变或终止目前的政治系统，而是明确当前问题之所在，分析相关因素，提出解决办法，并把这些见解传播到广阔的领域。思想市场的发展是专业性和政治性互动的基石，一方面思想市场通过专业市场的竞争机制推动专家恪守专业性价值，提高专家参与决策的公信力；另一方面思想市场的发展也为公共决策恪守了政治性价值，提高了决策的科学性和公共性。对中国特色新型智库发展而言，应重点致力于推动中国特色新型思想市场的形成，"一旦中国思想市场崛起，政治体制改革得以深化，将更好地激发蕴藏在中国人民中的创业精神"[②]。当前，应推动政府与决策咨询成果间形成一种竞争选择关系，完善决策咨询的招投标制度。在由政府决定研究项目的设定、委托及所需经费的同时，也赋予专业人士自主选择决策咨询项

① Calestous Juma, Yee-Cheong Lee, *Innovation：Applying Knowledge in Development*, London：Earthscan Publications Ltd. , 2005.

② 〔英〕罗纳德·哈里·科斯、王宁：《变革中国——市场经济的中国之路》，徐尧等译，中信出版社，2013，第259页。

目、参与智库成果知识产权议价的权利。政府在决策咨询项目的委托方面,除了内部委托,还应扩大社会公开招标,推动多样化智库力量参与竞争。在智库的经费制度方面,要逐渐实现由以行政资金为主向以项目资金为主的方向转变,以将有限的财政资金真正用于有用的政策研究方面。

第三,推动专家和党政干部之间信息沟通的制度化。信息沟通是实现专业性和政治性良性互动的关键。一项实证研究表明:中国智库影响公共决策的程度与智库规模大小、经费多少没有直接关系,但与智库专家和党政干部(尤其是司局级干部)之间互动频度密切相关。[1] 可是,目前的这种互动更多是非正式的,通过正式渠道的较少。因此,需要加强政策专家和党政干部互动的制度化。一方面,政府可以采取各种措施,建立与政策专家的交流平台和网络体系,"走出去、请进来",与政策专家进行广泛的联系。美国政府官员在专业学术会议上有较高的参与度,而中国还需要鼓励党政干部多参加学者举办的相关学术会议,推动党政干部有意愿、有机会、有能力广泛有效地听取专家意见。另一方面,出台相应的办法,打破政府体制的刚性壁垒,为专业人士提供列席相关公共决策会议以及到党政机关兼职、挂职、任职的机会,为专业人士向政府传播学术研究成果、提出政策主张提供正式的制度渠道。

五 结语

中美专家参与决策价值取向的历史发展和宏观比较分析表明:专业性和政治性在专家参与过程中相互依赖,专业性的发展需要政治性提供条件和空间,而决策的政治性本质需要专业性的推动和支撑。专家专业性价值取向的彰显在历史变迁过程中往往不是直线的,而是反复曲折的。整体而言,专业性价值取向发现之路并不平坦,但正在被逐渐赋予更多的历史和社会责任。

---

[1] 朱旭峰:《"司长策国论":中国政策决策过程的科层结构与政策专家参与》,《公共管理评论》2008 年第 1 期。

专业性价值取向受特定政治体制结构的影响较大，在中国体现为总体性结构中服务决策主体自我完善的诉求，而在美国体现为多元权力结构的竞争性诉求。在未来的发展趋向上，促进专业性和政治性的互动及平衡需要进一步明确专家参与的角色，突出其政策选择的诚实代理人角色，并为之提供制度化的支撑。如何将政治需求和专家咨询制度化，使之既不有悖于科学道德、专业标准，又不违背政治行为的基本功能和合法性原则，仍然是当前建设中国特色新型智库必须认真思考的重大问题。

第二部分 过程

第五章
公众参与和政策协商：公众议程、媒体议程和政策议程互动的演进过程分析[*]

一 问题的提出

议程设置涵盖了所有社群就某一问题的持续对话和辩论。[①] 公众议程、媒体议程和政策议程的关系是公共政策形成中的重点问题。早期的议程设置研究侧重于媒体报道对公众认知的影响，较少涉及媒体议程、公众议程以及政策议程的互动关系分析。Bernard Cohen 提出了"媒体议程—公众议程—政策议程"的三阶段论，对媒体在议程设置中的作用进行了强调，然而对媒体议程和公众议程对公共政策形成的影响并未深究。Cobb 和 Elder 基于"政府—社会"视角提出政策议程设置过程至少有两个发展阶段，分别为公

---

* 本章部分内容曾公开发表，参见董石桃、蒋鸽《渐进性调适：公众议程、网媒议程和政策议程互动的演进过程分析——以"网约车"政策出台为研究对象》，《中国行政管理》2020年第1期。

① 〔美〕马克斯韦尔·麦库姆斯：《议程设置：大众媒介与舆论》，郭镇之等译，北京大学出版社，2018，第1页。

众议程（系统议程）和政府议程（制度议程），然而忽略了媒体议程在公众议程和政策议程中的中介作用。同时，在传统的议程设置分析模式中，议程流动呈单向性，即政策议程→媒体议程→公众议程，政府单向支配媒体，锁定议题，通过公众接受媒体议程来间接寻求政策议题合法化。① 进入网络时代，信息传播形态发生变革，新的议程设置模式涉及更为复杂的环节和要素，这也使议程设置理论必须结合信息传播技术新发展、公众参与意识和行为新变化、政策形成过程新特征进行相应修正。由此，对公众议程、媒体议程和政策议程的互动形态和基本逻辑进行深入研究也就成为网络时代公共政策研究必须关注的重要问题。

概括起来，已有研究文献关于公众议程、媒体议程和政策议程的关系研究大致可以分为两种视角：一是基于媒体影响的议程设置视角；二是基于政策形成的议程设置视角。

第一，基于媒体影响的议程设置视角主要集中在新闻传播研究领域，其关注的第一个重点问题是"谁设置了公众议程"，媒体议程是自变量，认为媒体议程客观上设置了公众议程。② 随着大众媒体对公众议程影响证据的累积，研究者又提出了第二个重点问题，即"谁又设置了媒体议程"，媒体议程此时成为中间变量，麦库姆斯和肖研究认为，政策议程设置、媒体间的议程设置是影响媒体议程的两个主要方面。③ 在这种研究视角下，研究的重点是通过追溯何种自变量通过媒体议程这个中间变量，最终影响公众议程设置。一般认为媒体议程设置的基础在于选择性。基于怀特提出的新闻传播的"把关"过程模式，学界一般认为媒体的发展使新闻媒介履行许多社会功能。④ 选择性报道事件的作用方式为引导大众和利益集团关注议题，告知其

---

① 曾润喜、朱利平：《政策议程互动过程中的公民网络参与及合作解》，《国际新闻界》2016年第6期。

② 高宪春：《微议程、媒体议程与公众议程》，《南京社会科学》2013年第1期。

③ Thomas J. Johnson and Wayne Wanta, et al., "Exploring FDR's Relationship with the Press: A Historical Agenda-Setting Study", *Political Communication*, Vol. 12, No. 2, 1995.

④ 戴锦华：《隐形书写：90年代中国文化研究》，江苏人民出版社，1999，第38页。

哪些是"最重要"的问题，① 从而使某一事件引发舆论关注；而政府经常通过媒体了解公共舆论倾向，从而制定或变更政策。②

第二，基于政策形成的议程设置视角主要集中在政策研究领域，其关注的问题是"社会问题如何通过公众议程、媒体议程建构，并最终影响政策议程设置的"。研究的重点是公众议程和媒体议程作为自变量，最终是如何影响政策议程设置的。一般认为，首先，媒体能扩展大众视野，如媒体能使公众接触新的话题和新的观点，能帮助其打破思维定式和思维固化。其次，媒体能给受众提供一个共享的参考框架。③ 媒体界定的问题越严重、新奇、原因简单、方案可行，并很有可能触动政策制定者的利益，就越能引起政府的注意。④ 进入网络时代，网络媒体影响力增强，网络媒体新闻发布频率与政策制定变化呈正相关关系。⑤ 此外，随着自媒体日益发展，公民还可以自主地在网络中普及知识、表达态度或发起行动。自媒体在短时间内可推动某个事件被公众广泛知晓，⑥ 使社会中极小的事件被广泛关注并发酵，形成公众议程，并与其他媒体进行互动，最终触发政策议程设置。⑦

已有文献为本研究提供了丰富的知识基础，但现有文献对中国政策形成过程中三者互动的影响因素、动态演化逻辑和主体角色还关注较少。基于此，本章以"网约车"政策出台过程为研究对象，分析公众议程、媒体议程和政策议程互动的影响因素、演化逻辑和主体角色。

---

① 刘文科：《论大众媒体的政治影响力》，《政治学研究》2012 年第 2 期。

② Fay L. Cook, Tom R. Tyler, et al., "Media and Agenda Setting: Effects on the Public, Interest Group Leaders, Policy Makers, and Policy", *Public Opinion Quarterly*, Vol. 47, No. 1, 1983.

③ 〔美〕凯斯·桑斯坦：《网络共和国：网络社会中的民主问题》，黄维明译，上海人民出版社，2003，第 151 页。

④ 龚雪：《"外压模式"下政策议程设置的触发机制分析——一种对公共事件催生解决机制的解读》，《中共南京市委党校学报》2011 年第 4 期。

⑤ Bryan D. Jones and Michelle Wolfe, *Public Policy and the Mass Media: An Information Processing Approach*, London: Routledge, 2010, p. 27.

⑥ 刘倩：《自媒体对政策议程设置的影响研究——基于多源流理论的视角》，《电子政务》2013 年第 9 期。

⑦ 陈姣娥、王国华：《网络时代政策议程设置机制研究》，《中国行政管理》2013 年第 1 期。

二　分析框架

（一）公众议程、媒体议程和政策议程的影响因素

1.公众议程设置的影响因素

其一，利益诉求。在网络参与中，大部分公众的意见表达与自身直接利益相关，或者虽然与自身没有直接关联，但基于一种代入感，其也会产生利益诉求。"定向需求"理论认为，在议题与公众的相关度高并且公众对议题的不确定度高的情况下，公众的定向需求也高。美国学者朱克认为，议程设置能否产生效果，议题的强制性接触是一个重要因素。所谓强制性接触的议题即公众能够直接亲身体验的议题，而公众不能直接体验的议题就可称为非强制性接触的议题（即隐性议题）。

其二，表达机会。网络环境下公众表达机会可以分为三种：一是公众主动通过微博、微信等网络自媒体方式表达自我利益诉求；二是各种社会媒体或互联网平台为了提高自身影响力，对公众关注的问题予以介入和传播，客观上为公众的利益表达提供了机会；三是各级政府为提高决策中的公众参与度，主动征求公众意见，为公众提供表达机会。

2.媒体议程设置的影响因素

其一，媒体的选择性。一是政治正当性。党中央执政理念的调整，为媒体履行意识形态安全功能提供了合法性，为新闻界关注社会公众的利益要求提供了正当性。在我国，媒体的政治正当性体现在要把宣传党的主张和反映人民心声统一起来，把坚持正确导向和通达社情民意统一起来。二是议题关注度。公众注意力是稀缺资源，媒体的选择通常是使一些议题获得关注而另一些议题得不到关注的关键性因素，[①] 但当媒体认为某一议题能获得较高关

---

① 〔美〕弗兰克·鲍姆加特纳、布赖恩·琼斯：《美国政治中的议程与不稳定性》，曹堂哲等译，北京大学出版社，2011，第98页。

注时，会更高频率地推送有关该议题的信息。

其二，媒体的交互性。媒体的交互性源于媒介间议程设置。在网络空间，这种交互性体现在媒体为了抓住社会热点，围绕这一热点主题推送不同的文章。此外，网络传播新技术的巨大进步推动了不同媒介之间的交流和融合，推动了媒介形态的创新。网络环境下，"点对点""点对多点""多点对多点"的多元化交互传播模式成为主流和趋势，在很大程度上打破了原有的信息流动规则①，推动媒体议程形成。

3. 政策议程设置的影响因素

其一，政府自主性。政府自主性是衡量政府行动相对独立性的一项指标，意指政府有效地动员各类资源，建立全面协调的机构来制定政策并实现社会控制的能动性。地方政府自主性指"地方政府为实现自己特定的行政目标，超越各种社会利益集团以及地方政府本身，按照自己的意志参与市场竞争和资源配置的权利能力和行为能力"②。对于当前的中国而言，社会稳定、社会效率和社会公平是核心价值目标。在具体的行动中，政府自主性的强弱还取决于政府的权力配置和资源占用程度。

其二，政策问题建构性。根据多源流理论，政策问题建构触发机制主要包括社会指标、焦点事件和信息反馈。社会指标是衡量社会问题严重程度的标尺，也是吸引政府关注的关键，网络媒体使政府对社会指标敏感度的反应较之以往提升。焦点事件是构成舆情的根本要素，在网络环境下，政策议程设置在一定程度上会受到网络舆论影响。一方面，事件网络曝光率越高，政府越有可能采取行动；另一方面，在政策制定过程中，公民对某一方案的建议越集中，越有可能影响政策议程设置。

（二）公众议程、媒体议程和政策议程的互动关系

1. 公众议程与媒体议程

首先，对于与公众直接利益相关的事件，公众能利用媒体进行利益表

---

① 高宪春：《新媒介环境下议程设置理论研究新进路的分析》，《新闻与传播研究》2011 年第 1 期。
② 羊许益、刘召：《试论地方政府的自主性及其扩张》，《领导科学》2011 年第 11 期。

达，而媒体有选择地对该事件进行持续性报道后，不仅给公众提供了利益诉求的渠道，也为公众进行公共讨论提供了平台。其次，对于公众没有关注到的事件，在媒体进行长时间追踪报道后，引发舆论关注，形成公众议程设置。因此，媒体能为公民提供意见表达渠道，而公众能为媒体提供议题素材。

2. 媒体议程与政策议程

一方面，媒体对政策议程的推动建立在公众与媒体的相互作用关系之上，媒体通过影响公众产生公共舆论，对政府产生压力，影响政策问题建构；另一方面，政府通过媒体设置议程，引导舆论，树立自身形象，进而直接影响公众议程的设置，最终实现引导舆论的合力效应。

3. 公众议程与政策议程

公众议程往往出现在政策议程之前，公众讨论的问题被政府决策系统吸纳并采取行动，就表明公众议程转入政策议程。公民的利益诉求不一定能直接抵达政府，很多时候需要借助媒体的力量，某一社会问题通过媒体的报道，引发公众更多的关注和讨论，进而引起决策当局的重视，经由公众议程、媒体议程再进入政策议程设置。综上所述，公众议程、媒体议程和政策议程三方互动的影响因素由其各自议程设置的内部影响因素发动，通过外部影响因素而表现在具体的行动选择中，并通过外在行动，最终使三方议程产生相互作用。由此，我们可以建构出公众议程、媒体议程和政策议程互动的分析框架（见图 5-1）。

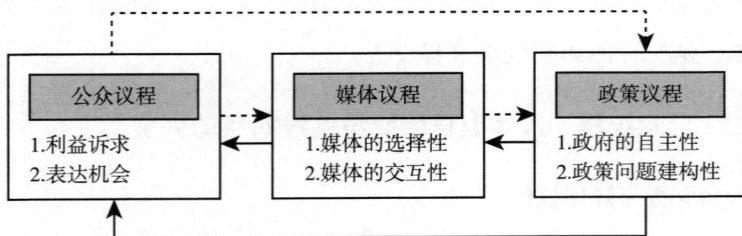

图 5-1 公众议程、媒体议程和政策议程设置的影响因素与互动关系

资料来源：笔者自制。

三 案例分析:"网约车"政策的出台过程

网约车事件从 2014 年起备受关注,至 2016 年 7 月 28 日,《网络预约出租汽车经营服务管理暂行办法》(以下简称《暂行办法》)出台,大致经历了两年的时间,这为我们提供了一个观察公众议程、媒体议程和政策议程互动的历时性典型案例。按照政策出台不同阶段中公众、媒体和政府的参与度、影响力和行动方式的不同,我们将网约车政策出台过程分为四个阶段(见表5-1)。

表 5-1 "网约车"政策出台过程中公众、媒体和政策议程互动情况

阶段	公众议程	媒体议程	政策议程	
			地方政策议程	中央政策议程
第一阶段(2014 年 7 月~2014 年 12 月)	√	×	√	×
第二阶段(2015 年 1 月)	√*	√*	×	×
第三阶段(2015 年 2 月~2015 年 10 月)	√*	√*	×	√
第四阶段(2015 年 11 月~2016 年 7 月)	√*	√*	√*	√*

注:√表示该因素已产生;×表示该因素未产生;*表示该变量在该时段中具体内容已发生变化。

资料来源:笔者自制。

(一)第一阶段:公众议程、媒体议程和政策议程的互动缺失

1.三方互动缺失的整体表现

2014 年 7 月 8 日,快的打车推出"一号专车",成为国内首家网络预约专车的平台。随后,滴滴、易到等约车公司也推出专车业务。网约车推出不久,为了抢占市场,开始对乘客和司机进行大规模补贴,其消费群体逐渐扩大。起初网约车的运营模式在公众中还存在较大争议。此时,地方政府政策议程是基于政府自主性单方面开启的。对于新生事物,尽管在公众中存在争

议，部分开启了公众议程，但是政府此时并未开启与公众议程的互动。大部分地方政府依据我国 2014 年 9 月通过的《出租汽车经营服务管理规定》，对网约车持反对态度。2014 年 10 月，沈阳市交通运输局首先公开叫停网约车，明确网约车属于非法运营，并表示一旦查处，将按"黑车"处理。2014 年 11 月，南京市交通管理部门也提出私家车等非汽车租赁企业所属车辆，不得提供有偿汽车租赁经营。随后青岛、北京等地也将网约车定性为"黑车"进行限制。政府单方面的政策议程设置，使公众对于网约车的争议愈发激烈。这一阶段中只有公众议程和政策议程初始启动，媒体议程暂时缺席，政府单方面开启了政策议程设置。

2. 三方议程互动缺失的演进逻辑

其一，公众议程中利益诉求的模糊性与分散性。一方面，最初公众注意到"网约车"这一议题，但是公众对网约车的了解仅仅停留在作为一种新的打车方式的认知上，没有将它放置在公共议程加以思考，所以此时的公众利益表达更多是私人关注，没有上升到公共层次，尚属于私人角度的感受和评价，因此，公众注意力的分散及其零散表达难以唤起媒体的关注。另一方面，公民对网约车信息的掌握情况较少，也影响他们对自身利益的感知。

其二，媒体议程设置的选择性和滞后性。这一阶段，网约车的使用还没有大面积推广，社会影响力不大，出于新闻关注的选择性，鲜有媒体就网约车进行报道，媒体议程尚未开启。媒体的缺席使公众对网约车的了解不多。从搜索到的数据来看，媒体对网约车的关注滞后，以百度新闻为例，直到 2015 年 1 月 5 日与网约专车相关的内容才开始陆续在百度新闻中出现。2015 年 1 月，沈阳、北京、浙江等地出租车因为不满专车抢生意而进行罢运，将网约车问题推向风口浪尖，这才逐渐引发媒体关注。

其三，地方政府政策议程设置的自主性和建构性。网约车将"第三方"软件"植入"或者"嫁接"到现有出租车管理制度和行业规范运行体系中，并在某种程度上改变了既有的法律关系，甚至创设了新的运行规则和权利义务，这就不仅实现了对传统服务业和原有消费行为的颠覆，也实现了对现有规则制度"破窗"性的挑战。① 一方面,网约车抢占了大量客源,损害了出租车司机群体的利益,出租车频繁罢运的事件给地方社会稳定带来挑战;另一方面,部分网约车是没有运营资质的车辆,交通部门很难对其安全性进行监管。鉴于"网约车"的监管难题和社会稳定风险,地方政府基于其自主性,沿袭和尊重现存出租车制度,将网约车界定为非法,对网约车进行规制。

(二)第二阶段:公众议程、媒体议程和政策议程的互动生长

1.三方议程互动生长的整体表现

2014 年 12 月 25 日,上海将网约车定性为"黑车"进行打击并查扣 12 辆专车的事件引起部分网媒的报道。2015 年 1 月,由于"份子钱"过高和网约车抢生意,沈阳、长春、济南、成都、南昌等地的出租车相继罢运。同时,北京市交通执法总队表示将大力打击通过手机软件等从事非法运营的车辆,将"网约车"定性为"黑车"进行打击,一经发现最高罚款 2 万元。2015 年 1 月 7 日,使用滴滴软件在济南西站送客的陈超被济南市客运中心的执法人员认定为非法运营,罚款 2 万元,陈超向法院提起诉讼(该案件被称为"专车第一案")。此案成为社会焦点事件,引发了大量网媒报道,有关网约专车的事件成为报道热点,网约专车开始被大部分公众所熟知,媒体报道进一步引发公众关注,公众议程与媒体议程的互动开始频繁。但是此时政府还停留在自己单方面议程设置,没有回应公众议程和媒体议程。

2.三方互动生长的演进逻辑

其一,公众议程中多元利益诉求的输入。随着网约车事件发展,不同公众群体的利益诉求进一步明晰。一是出租车行业。网约车平台较之于以前的"招手停"模式更为有效,打车软件的红包福利也让出租车司机得到了更多的收入,而补贴的减少和私家专车的出现让出租车司机的利润明显减少,因

---

① 马长山:《智慧社会建设中的"众创"式制度变革——基于"网约车"合法化进程的法理学分析》,《中国社会科学》2019 年第 4 期。

此，出租车司机希望通过规范专车来维护自己的利益。二是私家车车主。网约车平台出现后，满足一定条件的私家车主能在投入较低成本的前提下兼职赚取额外收入，专车司机认为专车的出现是市场发展的结果，不应该将其定性为"黑车"。三是网约车平台。网约车平台认为专车属于创新模式，[①] 不赞同将专车等同于"黑车"对待。四是出租车公司。专车的高利润导致部分出租车司机转行，打破了出租车公司的垄断，导致后者具有反对将网约车合法化的较强动力。五是乘客。私人专车在一定程度上缓解了打车难的问题，同时由于专车的服务质量普遍优于出租车，在确保人身安全的前提下，绝大多数民众对私人专车投入市场运营持赞成态度。

其二，媒体议程设置选择性和交互性激发。第一，从媒体的选择性关注来看，2015 年 1 月 4 日沈阳、北京、浙江等地出租车罢运后，网媒首先给予了高度关注，通过百度新闻网站对 2015 年 1 月 4 日至 2015 年 1 月 8 日的网络新闻进行统计，5 天之内有 128 条相关新闻信息，百度指数也逐渐上升为 382、488、401、500 和 637，而 2014 年的百度指数除 10 月 12 日至 10 月 18 日高于 450，其余时间均低于 250。由此可见，公众的关注焦点受网媒报道的影响较大，这也印证了媒介在赋予事件形象和引导公众关注中的重要作用。

第二，从媒体的交互性来看，新闻媒体对专车的集中报道始于 2015 年 1 月 5 日，因此，我们选取 5~7 日三天的部分报道进行分析，发现媒体对专车事件的扩散主要有三种途径。一是同一个媒体在一天内发布多条有关专车的信息，或者是在某个时间段连续发布多条信息。《京华时报》、新华网、浙江网络广播电视台、中国网、每日经济新闻等媒体也在这三天内连续发布了多条专车与相关的信息。二是从媒体的交互性来看，某一媒体发布新闻后，其他媒体相互转载以进行资源共享。如中国广播网 5 日发布的两条相关新闻，相继被网易新闻、央广网、中国日报网、中新网、金融界财经频道等

---

① 《10 城市叫停公司专车服务　舆论几乎一边倒反对》，http://auto.sohu.com/20150110/n407685233.shtml。

网络新闻媒体转载。三是同一媒体以不同的传播渠道进行新闻报道。在专车事件中，部分网媒充分利用微博、微信、论坛等自媒体平台发起社会讨论，例如在论坛提问，在微博、微信等平台发起是否赞成专车的投票等。

（三）第三阶段：公众议程、媒体议程和政策议程的互动发展

1. 三方议程互动发展的整体表现

2015 年 1 月 8 日，面对网约车事件的公众舆论浪潮，交通运输部终于做出回应，表示"网约车"服务对满足交通运输市场高品质、多样化、差异性需求具有积极作用。各类"网约车"软件公司应当遵循运输市场规则，承担应尽责任，但禁止私家车接入平台参与经营。[①] 2015 年 10 月 10 日，交通运输部公布了《网络预约出租汽车经营服务管理暂行办法（征求意见稿）》（以下简称《征求意见稿》），向社会公开征求意见。交通运输部的政策问题建构使公众议程、媒体议程和政策议程三方互动获得发展。公众与媒体经由议程互动而形成的利益诉求已传达至政府，中央相关政府部门开始通过一定的方式和公众议程、媒体议程进行互动。

2. 三方互动发展的演进逻辑

其一，中央相关部门政策议程设置自主性和建构性的发展。中央相关部门政策议程开启源于网约车社会效益逐渐显现。一是网约车创造了就业岗位。数据显示，截至 2015 年 5 月 31 日，滴滴快的通过移动互联网技术帮助出租车司机提高运营效率，提高了他们的收入，有 20.06 万名出租车司机通过滴滴快的 App 获得了超过 2000 元以上的收入。[②] 二是网约车接单快、服务好。2017 年 7 月北京滴滴平台 3 分钟以内接单的占比为 14%，3~6 分钟接单的占 35.3%，7~9 分钟接单的占 26.3%，大大提高了乘客出行便利的体验。三是网约车能有效缓解打车难问题。大多数城市出租车的万人拥有量

---

① 《财经综合报道：交通部称网约车合法且禁私家车借此揽活，滴滴否认被约谈》，http：//business. sohu. com/20150109/n407663465. shtml。

② 《滴滴快的逆势为出租车行业创造 20.06 万个就业岗》，http：//money. 163. com/15/0605/09/ARBBB61D00253B0H. html。

都不达标，城市打车难问题频现，网约车正好可以弥补这一问题。因此，从长远利益出发，中央政府部门需要对网约车问题做出回应。

其二，公众议程设置的利益诉求日益明确。一是普通民众。《征求意见稿》明确了网约车的主体责任、准入条件、驾驶员条件、经营行为等，使网约车的安全有了一定的保障，但诸如规定网约车经营者不得以低于成本的价格进行竞争的条例，也使不少乘客担心网约车会失去价格优势。二是专家。《征求意见稿》发布后，专家也纷纷发表见解。专家认为，该政策不仅在监管思路方面存在根本性偏差，在内容方面也存在大量违法设定权力监管的情况，而且缺乏切实有效监管网约车的具体措施，这将严重阻碍新兴互联网交通信息服务行业的发展。三是出租车行业。2015年10月27日，中国道路运输协会围绕交通运输部发布的《关于深化改革进一步推进出租车行业健康发展的指导意见（征求意见稿）》（简称《指导意见》）和《征求意见稿》两个文件举办了出租车行业座谈会，来自全国9个城市13家出租汽车企业的负责人和驾驶员代表参与了会议。四是网约车司机。《征求意见稿》明确提出网约车经营者应当保证接入车辆的合法运营资质，禁止接入其他运营车辆和非运营车辆，私家车要投入网约车运营必须先转换车辆性质，这意味着私家车的使用年限将大大缩减。五是网约车平台公司。网约车平台的主要关注焦点也在网约车的使用性质上。滴滴指出，其平台上75%的车辆每天接单数不超过4单，8年强制报废可能会使部分优质网约车退出，从而降低百姓出行便利的体验，因此滴滴方面建议新规能给兼职司机及车辆留出发展空间。

（四）第四阶段：公众议程、媒体议程和政策议程的互动形成

1. 形成三方互动的整体表现

2016年7月28日，交通运输部、工业和信息化部等7个部门联合颁布《网络预约出租汽车经营服务管理暂行办法》（简称《暂行办法》），围绕《暂行办法》，公众议程、媒体议程和政策议程进行了较为充分的互动。

其一，从公众议程和政策议程的互动来看。一是通过对网民观点梳理发

现，43%的网民对新政持支持和赞扬的态度，23%的网民表示期待相关配套措施的出台，15%的网民认为需要加强监管、确保政策落地，而给出负面评价的仅占19%。① 二是新政出台后，各打车平台相继回应，滴滴认为《暂行办法》充分考虑了市场需求，平衡了新旧业态发展，照顾了人民群众的实际出行需要。三是出租车行业对新政的评价也较高，如大众交通集团董事长认为新政体现了监管部门"依法治理，规范经营"的决心，有助于让目前无序竞争的出行市场回到健康发展的轨道。四是新政出台后没有出现专家公开质疑的情况，部分专家学者认为，这"对分享经济的发展具有里程碑式的意义"②。

其二，从媒体议程和政策议程的互动来看，其焦点主要集中在对网约车的评价、政策解读、利弊分析等方面。媒体对网约车新政的认同多过质疑，如株洲传媒网认为，《暂行办法》使网约车获得合法地位，对于出租车改革具有重要意义。总之，这一阶段政府通过多种渠道与公众和媒体进行沟通，公众积极献策，媒体对新政不断进行宣传和解读，三方互动基本形成。

2. 三方互动的演进逻辑

其一，中央部门政策议程和公众议程、媒体议程的互动频繁。中央政府部门主动征求意见给公众与媒体提供了意见表达的机会。交通运输部的报告显示，截至2016年11月9日24时，《征求意见稿》和《暂行办法》两个文件共收到社会反馈意见6457条，针对《征求意见稿》提出的建议占68%，提出了具体修改内容的建议有5929条，与网约车有关的意见和建议主要集中在网约车平台是否应该被纳入管理（823条），网约车平台的管理方式（199条），网约车车辆条件及准入问题（1020条），网约车驾驶员条件及准入问题（205条），规范网约车经营行为问题（644条），私人小客车合乘与规范发展问题（205条），网约车计价器、标识、存量过渡问题

---

① 《舆情聚焦：网约车新政获舆论场各方赞许》，http://yuqing.people.com.cn/GB/n1/2016/0729/c354318-28596280.htm。

② 《"网约车管理暂行办法"出台，八大焦点解读》，http://finance.people.com.cn/n1/2016/0731/c1004-28598491.html。

（1060 条）等。①

其二，中央部门政策议程基于社会稳定、效率、公平原则对多元公众利益诉求的吸纳。中央政府征求公众意见的原因在于《征求意见稿》出台后，引起了多方的讨论与批评，说明《征求意见稿》并不完全符合公众预期。基于此，中央政府在广泛收集各方意见后，对《征求意见稿》进行全面修改，最终形成了《暂行办法》。中央部门政策议程吸纳了公众议程的较多诉求。一是网约车行业。《暂行办法》比《征求意见稿》对司机的准入门槛更高，这就提高了网约车的门槛，延续了对网约车监管严格的态势。二是出租车行业。新政充分考虑了出租车行业的利益。首先，《暂行办法》明确网约车应提供高品质服务、进行差异化经营，将网约车和出租车的服务对象进行区分，减轻了对出租行业的冲击；其次，新规对网约车"不能够低于运用成本"的规定，将出租车置于与网约车公平竞争的地位；最后，《暂行办法》的出台对"互联网＋"新型业态发展的肯定，有利于推动出租车行业的转型升级。三是普通公众。新政不仅对网约车的服务质量做了规定，而且提高了对驾驶员的要求，同时对驾驶车辆的定位系统、安全装置、网约车拒载、绕路等问题都做了较为详细的规定。因此，即便新政对价格进行了调整，但总体上公众对新政表示肯定。

四　公众议程、媒体议程和政策议程
互动的主体角色分析

（一）公众议程设置：基于先导性和基础性的渐进调适

公众议程设置的先导性和基础性源于公众根植于生活情境的敏锐感知优势。公众感知新问题情境的优势根源于自身利益的直接或间接体验性。首

---

① 《深化出租汽车行业改革两个文件征求意见总体情况分析报告》，http://politics.people.com.cn/n/2015/1128/c1001-27867305.html。

先,公众最先关注的是个人利益,这种个人利益包括直接利益和间接利益两方面。在网约车的案例中,在部分地方政府将网约车界定为"黑车"之后,公众的意见较大,在这部分公众中有网约车车主、网约车平台公司等直接利益受损者。经过媒体报道后,公众获取了更多关于网约车的信息和观点,公众共同的利益诉求逐渐形成。在网约车事件发展初期,公民表达的都是个人利益,希望自身利益不受损害。随着讨论的发展,不同公众接收的观点越多,越趋向于从网约车对整个出租车行业发展的利弊影响来思考问题,寻找折中的解决办法,这体现了网络协商民主偏好转变的功能。从上述案例中可以发现,在自下而上的公共政策制定中,公众最先接触的利益表达机会由媒体议程设置提供,引发更多公众对该事件的关注,并利用媒体层面的利益表达机会参与讨论,形成公共舆论后,针对公共政策的利益表达机会才有可能产生。因此,公众议程设置在议程互动中具有先导性和基础性,但是其利益诉求和对网约车的态度并不是一成不变的,而是随着事情的变化以及在与媒体议程、政策议程互动中渐进调适形成的。

(二)媒体议程设置:基于平台性和包容性的渐进调适

媒体的功能更多地体现在确认事件的主要问题、提供发言平台,以及为各种不同的观点提供对话机会,不论是同一媒体还是不同媒体,都从多个角度对事件进行了报道。一方面这使事件更清晰地呈现在大众视野中,以此扩大媒体的受众,提高对媒体的关注度;另一方面也让公众能深切感受到事件与自身利益之间的关系,促进了公众对公共事件的了解,扩大了公众之间的互动讨论,提升了公众的公共理性程度。从网约车政策出台过程看,无论采用哪种方式、从哪个角度对专车进行报道,媒体从未过分表达对专车的单一态度。由此可以看出,媒体并没有对受众进行单一价值灌输,而是在表达自己观点的同时分享其他角度的看法,让受众在接收足够的信息下做出自己的判断。因此,媒体的立场更接近哈贝马斯提出媒体"中立"的包容性,"公平地接受公众的关切与提议,并根据这些议题和建议把政治过程置于合法化强制和被强化了的批判之下"①。总体而言，媒体议程设置是基于自身的平台性和包容性，根据公众议程和政策议程设置情况来选择并调适自己的报道聚焦点和报道方式。

（三）政策议程设置：基于自主性和被动性的渐进调适

公众议程和媒体议程最终需要和政策议程设置互动才能促进政策形成，这种议程互动才有实际成果。媒体舆论兴起后，中央部门就网约车的性质进行单方面的表态，并制定了《征求意见稿》，这仍属于政府单方面的议程设置。此后，基于公众对网约车事件的关注和参与讨论，经过媒体报道介入后，公众议程和媒体议程开始互动，进一步推动了对网约车政策的深入讨论，政府才逐渐调整政策议程，向公众征求意见，直至《暂行办法》出台，才代表政府决策议程和公众议程互动形成。从这个过程来看，网民和网络媒体方是主动参与，政府方是被动回应，这种模式仍然属于"参与—被动"性回应。究其根源，政府的自主性对政策议程设置有着重要影响。政府自主性是基于对于社会稳定、效率和公平的考虑。需要注意的是，地方政府的自主性和中央政府部门自主性有着区别。地方政府对网约车的禁止态度实际上是为了维护已有的制度秩序，实现地方社会稳定和社会效率。各地网约车政策在"因地制宜"情况下达成政策动机的"殊途同归"。地方政策制定尽管受多重因素的影响，但地方政府在制定政策时的动机主要是满足其城市治理的需要。② 而中央政府部门考虑的是全国范围内整体的、长远的社会稳定、效率和公平，网约车对方便公众出行、促进公平就业、拉动经济增长等方面有重大意义。因此，中央出台相应政策，进行顶层设计，对网约车进行规范。这表明在事关全局性的政策议程上，中央政府部门有时比地方政府更具有推动制度变迁的动力和能力。因此，政策议程设

---

① 〔德〕哈贝马斯：《在事实与规范之间：关于法律和民主法治国的商谈理论》，童世骏译，三联书店，2003，第467页。
② 沈永东、祝子航、杨鸣宇：《"因地制宜"与"殊途同归"：中国地方网约车政策多元化成因分析》，《甘肃行政学院学报》2018年第5期。

置一方面具有自主性；另一方面又必须根据多方利益主体的不同诉求，依据经济效益和社会公平实际价值考量，评估经由媒体报道后公众舆论对社会稳定的影响等因素，基于自主性和被动性渐进地调适政策议程设置的内容和方式。

五　结论

本章从公众议程、媒体议程和政策议程设置的影响因素和互动关系出发，构建了三方互动分析的基本框架，并以"网约车"政策出台为例，对三方议程互动的阶段表现、演化逻辑和主体角色进行了分析。三方议程互动具有渐进性调适的特点，具体体现在如下三个方面。

第一，从议程互动演化的基本路径来看，"网约车"政策制定过程中议程设置的路径并不是政府议程→媒体议程→公众议程单向传递路径，而是事件发生→地方政策议程启动→公众关注→媒体关注→公众议程和媒体议程互动→中央政策议程启动→地方政策议程调整互动的路径。在这个过程中，议程互动方向不是线性的，而是多维和曲折的，三者的互动路径呈现渐进性调适的特点。

第二，从议程互动演化的中介环节来看。媒体不仅是汇聚和传播社会意见的主要媒介，也是公民意见参与的重要平台，推动了社会与国家的良性互动。当然，值得指出的是，媒体议程设置尽管可以影响公众议程设置，但是最终能否推动政策议程设置的转变则取决于公众议程设置定向需求和政策议程设置自主性的调适性程度。

第三，从议程互动演化的主体角色来看，公众议程设置在议程互动中是基于先导性和基础性的渐进调适，媒体议程在议程互动中是基于平台性和包容性的渐进调适，政策议程设置在议程互动中是基于自主性和被动性的渐进调适。

第六章
环保社会组织协商参与的功能及实现：
基于政策过程视角的分析[*]

近年来，我国社会组织步入一个高质量发展的阶段，截至 2018 年，我国共有社会组织 81 万多个，其中在民政部登记的社会组织数量有 2306 个；社会团体有 37 万多个、民办非企业单位有 42 万多个、基金会有 6341 个。[①] 2015 年 2 月，中共中央首次提出了"社会组织协商"概念，强调要"逐渐探索"社会组织协商功能的发挥。党的十九大再次强调要"统筹推进政党协商、人大协商、政府协商、政协协商、人民团体协商、基层协商以及社会组织协商"[②]。从"逐渐探索"到"统筹推进"表明社会组织协商在实践中日益发挥重要功能。在各类社会组织中，环保社会组织（EBGO）在环境治理中所扮演的角色越来越受到政府的重视。环保社会组织通过与各级环保部门合作或自发地在社会上开展了大量以保护环境、维护公众环境权益为目标的环保活动，已成为连接政府、企业与公众之间的桥梁。以环保社会组织协商为研究对象，对探究社会组织协商功能的内涵和类型、实现路径、实现逻辑等问题具有重要价值。本章试图从政策过程视角出发，对环保"嘉兴模式"进行案例分析，对上述问题加以探究。

---

   * 本章部分内容曾公开发表，参见董石桃、刘洋《环保社会组织协商的功能及实现：基于政策过程视角的分析》，《教学与研究》2020 年第 1 期。
   ① 黄晓勇主编《中国社会组织报告（2019）》，社会科学文献出版社，2019，第 2 页。
   ② 《习近平谈治国理政》第 3 卷，外文出版社，2020，第 30 页。

一　社会组织协商功能的内涵与类型:
基于政策过程视角的分析

（一）社会组织协商功能的内涵分析

学术界对社会组织协商概念的界定还存在一定的分歧。康晓强认为，社会组织协商是社会组织成员就内部事务问题、社会组织之间就利益相关问题，以及社会组织与国家政权机关等就经济社会发展的重大问题和人民群众关心的直接利益问题，基于平等、理性、包容、公开等原则理性协商、充分讨论以达成一定共识。[①] 谷玉辉认为，上述界定基本合理，但在范围上还包括社会组织与企业之间的协商。[②] 杨卫敏认为，社会组织协商在广义上属于基层协商的范畴，综合起来可划分为四种类型，即社会组织与政府的协商、社会组织与企业的协商、社会组织与社会组织的协商、社会组织内部的协商。[③] 谈火生、于晓虹对社会组织协商的内涵进行了拓展研究后认为，其一，社会组织内部协商不仅包含内部事务协商，还包括公共议题的协商；其二，社会组织协商的发起主体应限定为社会组织；其三，社会组织协商不附属也不局限于基层协商，而是与政党协商、政府协商、政协协商、人大协商、人民团体协商、基层协商并立的一个独立的协商渠道。[④]

我们认为，谈火生、于晓虹的分析较为深入合理，但其提出的第一和第二点值得商榷。首先，"利益相关"包含直接和间接利益相关，价值问题、公共利益问题属于间接利益相关，仍然是广义的利益相关问题。其次，社会组织协商有两种模式:一是作为发起方或组织方通过搭建协商对话平台吸纳

---

① 康晓强:《协商民主建设:社会组织的独特优势与引导路径》,《教学与研究》2015 年第9 期。

② 谷玉辉:《中国社会组织协商民主研究》,吉林大学博士学位论文,2018,第20 页。

③ 杨卫敏:《关于社会组织协商的探索研究》,《重庆社会主义学院学报》2015 年第4 期。

④ 谈火生、于晓红:《社会组织协商的内涵、特点和类型》,《学海》2016 年第2 期。

社会其他主体；二是作为行动主体直接参与基层协商民主实践，[①] 只要社会组织参与并发挥了重要作用，这部分协商活动仍然属于社会组织协商。综合已有研究成果，我们认为可以将"社会组织协商"界定为社会组织在党的领导和政府依法管理的前提下，就公共利益相关问题或人民群众关心的直接利益问题发起、组织或参与的协商民主活动。

在对社会组织协商内涵进行辨析的基础上，我们可以对社会组织协商功能的内涵进行分析。帕森斯认为相互关联的功能构成功能系统，功能系统包括适应（A）、目标达到（G）、整合（I）、模式维持（L），行动系统都应具有同样的 AGIL 功能。[②] 相比帕森斯，默顿更强调功能的客观属性，认为"功能"这一概念"包括使用、效用、目的、意向、目标、后果"。[③] 国内学者既强调功能的主观能动性，也强调功能的客观效用。赵岐山认为功能内涵核心是"功"，它是"成效和表现成效的事情，是技术和技术修养"。[④] 李秀林等认为，功能是指"事物内部固有的效能"。[⑤] 综合已有研究成果，我们可以将"社会组织协商功能"界定为社会组织在党的领导和政府依法管理的前提下，就公共利益相关问题或人民群众关心的直接利益问题发起、组织或参与的协商民主活动的意向目标、行动过程和由此产生的客观效用。

依据社会组织协商功能的内涵分析，我们可以发现，我国社会组织协商功能具有如下基本特性。一是社会组织协商功能发挥的基本前提是坚持中国共产党的领导和接受政府的依法管理。社会组织协商必须在政治、经济和社会整体制度框架下获得维持其功能实现的基本资源。二是社会组织协商功能的意向目标是就公共利益相关问题或人民群众关心的直接利益问题展开协商，从而提升政府公共政策的合法性和有效性。三是社会组织协商功能的实

---

① 孔祥利：《城市基层治理转型背景下的社会组织协商：主体困境与完善路径——以北京为例》，《中国行政管理》2018 年第 3 期。
② 黎民、张小山主编《西方社会学理论》，华中科技大学出版社，2005，第 148 页。
③ 〔美〕默顿：《论理论社会学》，何凡兴等译，华夏出版社，1990，第 103 页。
④ 赵岐山：《人民政协职能与功能再认识》，《天津市社会主义学院学报》2012 年第 2 期。
⑤ 李秀林等主编《辩证唯物主义和历史唯物主义原理》，中国人民大学出版社，1990，第 230 页。

现必须依赖在公众通过协商取得共识的基础上付诸相应的行动，但基于协商共识的行动并不是"搭便车"式的集体行动，而是公共利益至上和"他者"在场的公共行动。四是社会组织协商功能的最终成果体现为对公共事务治理的客观效用。这种客观效用需要在公众参与公共政策的议程设置、政策规划、政策执行和政策评估中予以具体衡量。

（二）社会组织协商功能类型和实现方式：基于政策过程视角的分析

从政策过程视角出发，以社会利益诉求的偏好转变协调为核心，按照政策问题、政策议程、政策形成和政策执行的维度，我们可以将社会组织协商功能分为意见表达功能、诉求沟通功能、关系协调功能和执行监督功能四种（见表6-1）。

表6-1　社会组织协商的功能类型与实现方式

政策过程	功能类型	实现方式
政策问题	意见表达功能	意见整合
政策议程	诉求沟通功能	诉求传导
政策形成	关系协调功能	关系协调
政策执行	执行监督功能	监督矫正

资料来源：笔者自制。

1.社会组织协商的意见表达功能

社会组织协商的意见表达功能是通过意见整合方式实现的，即社会组织将具有内在联系的个体性意见综合起来，通过协商的方式，使无序的公众诉求表达转变为有序的状态，并最终形成公共诉求，进行政策问题建构。该功能的基础在于：一是相比于政府和公众个体，社会组织具有第三方维度和公益性，在与基层公众的沟通过程中易于获得公众的理解和支持；二是社会组织具有专业化的组织能力，相比于公众个体无序的利益表达，社会组织依靠自身的组织资源可以将具有相同诉求的公众集合在一起；三是社会组织自身具有完善的组织结构，针对不同的诉求会有相应的工作部门进行对接，为有效整合公众的个体诉求提供了人员支持。

2. 社会组织协商的诉求沟通功能

社会组织协商的诉求沟通功能是通过诉求传导实现的，即社会组织在整合社会成员个体意见诉求之后，将社会成员的公共利益诉求传递给政府或相关部门，从而对政策议程设置产生影响。社会组织协商的诉求沟通功能的基础在于：一是社会组织来自群众、服务于群众，在政府和人民群众之间可以发挥桥梁作用；二是社会组织协商可通过组织化方式如座谈会、参政议政等协商民主形式将具体诉求信息传递给政府或相关部门；三是社会组织传递社会诉求，不仅可以凝聚力量、增进共识，还有助于推动科学民主决策的实现。

3. 社会组织协商的关系协调功能

社会组织协商的关系协调功能是通过不同主体的行动和关系协调实现的，即社会组织通过理念和制度化手段对社会组织和公众、社会组织和政府以及社会组织之间的关系进行协调，从而对政策形成过程的利益主体间关系形成影响。一是社会组织对公众加以引导和调整，以期实现公众行为的合理化、合法化和理性化。社会组织协商一方面可以通过外在的制度引导公众参与公共活动时的行为；另一方面可以通过内在理念的引导转变公众参与的态度和偏好。二是社会组织与政府之间的互动协调功能，即社会组织在政策形成过程中与政府进行多样化的互动和协调。三是社会组织间的互动协调功能，即在政策形成过程中，社会组织之间对相互关系进行协调。

4. 社会组织协商的执行监督功能

社会组织协商的执行监督功能主要是通过社会组织对政策执行的监督和矫正来实现的。协商与监督都是协商民主的重要组成部分。社会组织涵盖了改革开放以来的新兴产业、行业和新社会阶层和利益群体，将这股新兴力量融入社会监督过程，将有利于形成社会监督合力，建构和夯实自下而上的民主监督体系。社会组织利用自身的相对独立性、调动社会资源的灵活性、活动领域的专业性、集体行动的组织性，以及监督成本低、监督形式多样、监督覆盖面广等优势，可以有效地监督公共政策的执行情况。同时，社会组织可以整合社会监督力量，增强自身政治影响力和社会公信力，更好地承担起对决策执行监督的责任。

二　环保社会组织协商功能的实现过程：以"嘉兴模式"为例

"嘉兴模式"即嘉兴市环保社会组织参与环境保护过程中形成的"一会三团一中心"机制。一会即嘉兴市环保联合会；三团指市民环保检查团、环保专家服务团、生态文明宣讲团；一中心则是环境权益维护中心。在该模式内，环保社会组织为地方政府的环境决策提供支持，为公众参与环境治理的渠道拓展与机制构建提供了成功的示范。2016 年，"嘉兴模式"被写进联合国环境规划署发布的《绿水青山就是金山银山：中国生态文明战略与行动》，"嘉兴模式"首创后，已经在浙江 11 个地市推广。[①] 本章将以"嘉兴模式"为例，力图描述环保社会组织协商功能实现的基本过程。

（一）环保社会组织协商意见表达功能的实现

1．"点单式督查"协商推动意见的表达

意见的表达是社会组织协商功能实现的起点，"嘉兴模式"创造的实践方式是"点单式督查"。"点单式督查"是社会组织邀请利益相关的公众代表与政府环保部门共同抽查企业的环境保护措施与污染排放情况，根据检查出的问题同企业进行面对面的协商和质询，并提出相应的整改意见。"点单式督查"的程序如下。一是准备阶段。嘉兴市环保联合会邀请社会公众等利益相关群体参与"点单式督查"工作。二是前期培训。嘉兴市环保联合会和环保局工作人员负责向邀请的公众代表和媒体记者等开展《企业事业单位环境信息公开办法》培训，使利益相关群体能够清楚督查的内容和方法，明确督查活动的目的。三是协商选择督查企业。督查企业由嘉兴市环保

---

① 陈文文：《公众参与环保的浙江经验》，《浙江日报》2014 年 9 月 26 日。

联合会（简称"环联"）邀请的社会公众经过民主讨论从全市公布的重点排污单位名单中抽取。四是现场督查。被邀请的社会公众与政府环保部门工作人员共同了解被督查企业信息，详细了解企业的产污途径和污染物种类。五是企业回应。企业负责人需要对现场发现的问题进行直接回复，向开展督查的社会公众和政府环保部门表态，并提出环保整改方案。以2015年嘉兴市开展的协商选择督查企业为例，嘉兴市南湖区环保检查局同嘉兴市环保联合会的6名特约监督员从106家重点排污单位中协商选择了2家企业。首先，特约监督员对抽查企业的选择名单发表了自己的意见，意见的关注点为固体废弃物、废水和废气三类。随后代表们在这三类污染物中进行投票，选择了固体废弃物和废水两类。其次，6名特约监督员在产生固体废弃物和废水的50多家企业中再进行协商选择，最后选定了2家企业。①

2. "圆桌会议"协商推动意见的协调整合

对于分散的意见应如何协调整合呢？嘉兴选择的方式是召开"圆桌会议"。嘉兴市环保联合会以"圆桌会议"的形式邀请利益相关方进行面对面的沟通协商，就环境项目的污染控制、环境宣传教育和环境政策制定形成共识。"圆桌会议"的基本原则为民主、平等、对话和协商，主要的应用领域是污染减排、环境教育和环保政策制定等。"圆桌会议"的程序包括：一是准备阶段，环联通过实地考察和访谈了解公众和社会居民的需求，选定讨论议题，提出初步的环境问题整改方案；二是申请阶段，环联向嘉兴市环保局申请召开环保问题"圆桌会议"，邀请相关部门参会；三是会议讨论，首先由嘉兴市环保联合会邀请的代表围绕讨论议题发表观点，针对被邀请公众提出的具体问题，企业和现场的政府环保部门负责人对能够答复的问题进行当场回应，将不能及时回应的问题进行记录。"圆桌会议"的最终目标是将利益相关方表达的诉求加以整合，通过与政府部门、企业的面对面协商化解矛盾，寻求解决问题的有效办法。比如2016年3月18日，嘉兴市环保联合会

---

① 《嘉兴市南湖区"点单式督查"会议记录》，http://jx.zjol.com.cn/system/2015/07/20/020745858.shtml。

发现附近居民受到污水直排问题的困扰,根据之前的实地考察和居民访谈信息,嘉兴市环联通过召开"圆桌会议"将附近居民对污水治理诉求整合后提出两大建议:一是有关元一柏庄小区污水管道后期维修计划的建议;二是有关污染水域治理方案的建议。在此基础上,环联指出了造成运河水质污染的直接责任方,并建议启动环境公益诉讼。^① 最后在市五水共治办、经开区和相关企业的协助下解决了这一问题。

(二)环保社会组织协商诉求沟通功能的实现

1. "评审团"协商开辟了正式的沟通渠道

2008年,嘉兴市南湖区环保局首次创立南湖区市民环保评审团,市民环保评审团通过集体协商讨论,形成集体评审决议,为环保局做出行政处罚决定提供重要参考。嘉兴市民环保评审团的运行程序包括如下几个步骤。其一,评审员选拔。市民环保评审团由来自不同社会阶层的公众组成,嘉兴市环联在每次评审工作中依据审查需要,以自愿申请、公开选拔的方式选择市民评审员,环联对市民环保评审团成员的个人背景有诸多的限制条件,如学历、年龄、户籍等。其二,前期培训。嘉兴市环联和环保部门工作人员共同指导评审员学习环保法律和政策,提高评审员的专业水平和业务能力。其三,了解听证项目。环保部门工作人员或企业负责人向评审团成员具体介绍听证项目的基本情况。其四,实地考察听证项目。市民环保评审团同环保部门工作人员共同进入评审项目工厂进行考察,询问相关情况,掌握评审项目现场的第一手信息和资料。其五,开展评审会议,市民环保审团参加评审会议,评审团成员在会议中要充分发表个人的观点和意见。其六,评审投票,环保部门工作人员在评审团投票过程中离席,评审团采取不记名的方式对评审项目投票,当场计票确定和宣布评审结果。其七,政府决策,环保部门在评审会议结束后听取评审团的评审结果,并在最终决策中加以考虑。截至2014年9月,嘉兴市南湖区环保局对732件环境案件进行了行政处罚,市

---

① 《嘉兴元一柏庄小区污水外排整治现场会会议记录》,嘉兴19楼网,http://jiaxing.19lou.com/forum-778-thread-102461456359286256-1-1.html。

民环保评审团对其中 80 个案件的处理提出了异议，南湖区环保局采纳了 54 个，采纳率达到 67.5%。

2. 社会网络提供了非正式沟通渠道

嘉兴市环保联合会下设 12 个地区（专业）委员会，各级环保联合会在区环保局的管理下开展工作。嘉兴市环保联合会与政府有关部门保持沟通的渠道和优势还包括以下几点。第一，获得嘉兴市环保局的业务指导和大力支持，具有将社会组织意见传导至政府部门的社会资源优势。第二，嘉兴市环保联合会会长一般由曾在政府部门任职的人士担任，具有一定的政府联络沟通资源，为环保联合会同政府协商提供了非正式渠道。第三，嘉兴市环保联合会成员社会网络资源丰富。环联下属的环保专家服务团中有 64% 的成员就职于党政机关和科研院所等单位,[1] 具有联系各个行业和领域的优势，使环联既能了解和吸纳社会意见诉求，又能够利用自身的联络资源沟通社会政府部门。

（三）环保社会组织协商关系协调功能的实现

1. "环保主题沙龙" 等活动推动社会组织和公众关系协调功能的实现

嘉兴市环保联合会经常根据自身组织活动的需要和国家环境政策的变化选取不同的主题开展沙龙活动，目前已经组织了四次环联主题沙龙活动，起到了良好的公众关系协调效果。以 2016 年 4 月 "我对治水治气有话说" 的沙龙活动为例，该沙龙活动邀请了政府代表、企业代表和公众代表参与。在沙龙活动中，通过平等协商和对话，部分代表对废水、废气的治理提出了自己的看法。如川原机械有限公司执行董事李某认为，环保要勇于创新，要用创新科技方式治水，用天然方式、环保方式解决水污染问题，避免二次污染，并分享了生物接触氧化在河道治理中的应用。[2] 普通市民张某认为：

---

① 《全市首批 106 家重点排污单位须信息公开》，嘉兴市环保局官网，http：//www.jepb.gov. cn/News/NewsDetail.aspx？ID=2205。

② 《嘉兴环保联合会第二次沙龙活动会议记录》，嘉兴环保联合会，https：//mp.weixin.qq. com/s/g2A4sxMDLZB2-lsHbSMs8Q。

"需要在日常生活中和社区朋友间宣传增强民众的环保意识,当然最主要的是自己要做好模范。"① 此外,嘉兴市环保联合会还与市环保局、教育局合作举办"优秀环保志愿者"评选、"优秀生态环境小卫士评选"等环保活动,扩大公众参与,进一步增强公众的环保意识。

2. "大环保""联动化"协商推动社会组织间关系协调功能的实现

第一,努力实现内部社会组织间的联络协调。2010 年前,嘉兴市环保社会组织包括环保志愿者服务总队、市民环保检查团、环保专家服务团、环境科学学会、环保产业协会、市民环保评审团等多种平台。2010 年,为了更好地促进不同环境保护社会组织的协调联动,嘉兴市环保局组织成立嘉兴市环保联合会,将市民环保检查团和环保专家服务团整合起来,实现社会组织间功能的协调,以环保专家服务团为支撑,树立"大服务"理念,参加县(市、区)环保部门组织的区域环境整治调研、污染源企业环保技术指导、建设项目"三同时"验收以及突发环境事件的调查活动等。以生态文明宣讲团为依托,广泛开展环保宣讲活动;以环境维权中心为保障,维护公众和社会的环境权益。第二,充分重视与外部社会组织的联络协调。2018 年,嘉兴市环保联合会正式成为中华环保联合会理事单位。2019 年 1 月 12 日,嘉兴市环保联合会和中华环保联合会共同主办了"2018 中华环保社会组织可持续发展年会",来自全国的 NGO 研究专家学者、国内环保 NGO 代表、媒体和企业行业协会代表、环保志愿者 200 余人齐聚嘉兴,共同探讨了推进环保公众参与、凝聚社会力量、发挥环保社会组织在政府部门与社会公众间的桥梁作用、促进环保社会组织的可持续发展等重大问题。②

3. "环保公益诉讼"推动社会组织与政府关系协调功能的实现

环保公益诉讼是环保社会组织为了保护生态环境,与相关的利益主体进行协商的一种途径,它不仅可以提升环保社会组织在协商活动中的影响力,

---

① 《嘉兴环保联合会第二次沙龙活动会议记录》,嘉兴环保联合会,https://mp.weixin.qq.com/s/g2A4sxMDLZB2-lsHbSMs8Q。

② 《"2018 中华环保社会组织可持续发展年会"在浙江嘉兴举办》,http://www.msweekly.com/show.html。

同时也可以降低环保冲突的协调成本，解决长期被搁置的公众环保诉求问题。2013 年 6 月 5 日，浙江省高级人民法院确认了嘉兴市环联可作为当地环境污染公益诉讼案件的起诉主体。[①] 2015 年，嘉兴市环联首次参加市环保局召开的行政复议听证会。此后嘉兴市环保局分别与市民政局、市检察院出台了《关于鼓励发展群众性环保组织的指导意见》《关于环境保护公益诉讼的若干意见》。以环保公益诉讼为基础，嘉兴推动社会组织和政府协商合作关系不断深入。2019 年 7 月 26 日，嘉兴市检察院和嘉兴市环保联合会签订环保公益诉讼合作协议，双方协商建立案件线索移送机制、推进诉中办案协作等合作机制。环保联合会发现案件线索，及时移送检察机关；检察机关通过出具《支持起诉书》、协助调查取证等方式支持环保联合会决定提起的公益诉讼。双方还将加强对环境保护公益诉讼案件的宣传，营造全民参与环保建设的浓厚氛围。近几年，嘉兴市环保联合会和政府部门协商合作，推进环境保护取得了较大的成效。如联合嘉兴市检察机关，以医疗废水排放、"守护海洋"等公益诉讼专项行动为抓手，在生态环境和资源保护领域立案 173件，发出行政公益诉讼诉前检察建议 163 件，向法院提起诉讼 10 件。[②]

（四）环保社会组织协商执行监督功能的实现

环保社会组织协商的民主监督主要包括两大方面：一是监督环保部门是否依法履职到位；二是监督每个污染源是否合法排污。自 2007 年以来，嘉兴市先后成立了市环保志愿者服务总队、市节能减排志愿者先锋服务队、市民环保检查团、环保专家服务团等志愿者组织，在志愿者中挑选了 20 位行业内的专业人士，分别编入"环境特约监察员"和"环境特约监督员"队伍。为防止市民参与环保检查"走过场"，嘉兴市先后出台《嘉兴市环保志愿者服务队工作章程》《嘉兴市民环保检查团组织管理办法》，建立了定期

---

① 《浙江省高级人民法院关于确定嘉兴市环保联合会作为环境污染公益诉讼案件起诉主体的请示的复函》，嘉兴治水网，http://www.zsw.jiaxing.gov.cn/news/shownews.php? lang=cn&id=984。
② 《市检察院和市环保联合会签订合作协议》，嘉兴市人民政府网，http://www.jiaxing.gov.cn/art/2019/8/7/art_ 1592736_ 36457425.html。

监督、定期例会、定期活动、定期讲评"四定"制度。"环境特约监察员"和"环境特约监督员"既可以开展针对环保部门和排污单位的"双督察"活动，也可以嘉兴市民环保检查团的身份参与环境执法检查、稽查、巡查以及环境信访调处、建设项目验收、"黑名单"企业"摘帽"、重要生态环保规划评审等活动。

2007 年，嘉兴市出台《环保信用不良企业公示管理试行办法》，建立环保"黑名单"制度。嘉兴每年公开发布四批环保企业"黑名单"，并在信贷、评奖评优评先等方面对"黑名单"企业进行一票否决；"黑名单"企业必须通过严格整改，经检查合格后才能"摘帽"。截至 2018 年，嘉兴市共有 458 家企业被列入环保"黑名单"，已经完成整改摘帽的有 395 家，还有 63 家正在整改。① 嘉兴市民环保检查团的主要任务就是参与对需要完成期限整改任务的环保信用不良企业、环境污染违法较重企业和重点整治污染企业的"摘帽"验收。在嘉兴市民环保检查团成立前，嘉兴市环境污染的监督和环保行政处罚主要由职能部门完成，公众对环保信息的获取和环保工作的检查参与有限。市民环保检查团成立后，市民通过市民环保检查团参与对环境污染企业监督的活动不断增多。仅 2017 年，嘉兴市环保联合会配合嘉兴市环保局在环境执法领域开展公众参与监督活动 16 次、监督污染企业活动 18 次，共有 3000 多名市民参与了环保检查和监督的活动。

三　环保社会组织协商功能实现的基本逻辑和影响因素

环保社会组织协商的上述功能何以能实现呢？总结分析"嘉兴模式"，我们可以发现其背后有三大影响因素，即公众参与意识、社会组织自身结构完善以及政府的支持。

---

① 《环保"黑名单制度"成为嘉兴规范企业环保行为的"紧箍咒"》，嘉兴在线新闻网，http：//old3w. cnjxol. com/Industry/content/2018-10/18/content_ 4150410. htm。

（一）公众参与意识是环保社会组织协商功能实现的根本基础

公众参与意识薄弱会导致公众不愿参加社会组织协商活动，从而使社会组织无法有效了解公众的利益差别，进而影响对公众的利益诉求开展整合工作。具有较高参与意识和参与能力的公众不仅能够向社会组织积极表达个人诉求，同时也可以有效参与社会组织协商活动。根据嘉兴市环保联合会的实践，我们发现实现社会组织协商意见整合功能的基础在于获取足够丰富的公众意见信息，而具有较高参与意识的公众参与实践的经验比较丰富，在一种协商方式无法满足公众自身利益诉求时，公众会主动选择其他的协商渠道，充分地表达自身的诉求。2014 年，浙江省环境保护厅关于嘉兴公众参与意识的调查显示，在回答"遇到企业非法排污的行为时会采取何种行动"这一问题时，有 43.2%的市民选择向环保部门投诉，26.8%的市民选择在网络上发帖，18.4%的市民选择找新闻媒体曝光；在政府对公众环境污染举报未有回应后，有 27.7%的市民选择向新闻媒体举报，26.4%的市民选择向上级环保部门投诉，19.93%的市民选择在网络上发帖。[①] 可以看出，嘉兴市民大都具有积极参与环保的良好意识，这是嘉兴市环保社会组织协商功能发挥的根本基础。

（二）社会组织自身结构完善是环保社会组织协商功能实现的关键因素

帕森斯结构—功能理论认为，社会行动依赖一定的结构运转，实现其功能相互关联的结构通过组织化的方式对系统整体发挥相应的功能，通过互动建立共同价值体形成均衡的行动秩序。[②] 考察嘉兴市环保联合会发展的历史，我们发现社会组织结构完善对于社会组织协商功能的实现具有重要的影

---

① 《2010~2016 浙江省生态环境质量公众满意度调查数据》，浙江统计信息网，http：//tjj．zj．gov．cn/。

② 〔澳〕马尔科姆·沃特斯：《现代社会学理论》，杨善华等译，华夏出版社，2000，第 154 页。

响。我们将嘉兴市环保联合会组织结构的发展分为两个阶段。第一阶段,环保联合会将市民环保检查团和环保专家服务团整合为一个环保机构。2008年2月,市民环保检查团成立。2009年2月,嘉兴市环保专家服务团成立。2010年,为了更好地管理嘉兴市环保社会组织,嘉兴市环保局组织成立了嘉兴市环保联合会,将市民环保检查团和环保专家服务团整合起来,其组织架构见图6-1。在第一阶段中,嘉兴市环保联合会承担的主要功能有两项:一是社会组织协商的意见表达功能;二是社会组织协商的诉求沟通功能。市民环保检查团负责对辖区内的环保信用不良企业的限期整改任务完成情况进行审核,验收嘉兴市环境污染重点企业的"摘帽"工作。环保专家服务团主要任务:一是推广宣传一批生态环保的典型案例;二是帮助解决一批环保方面的突出问题;三是加快推进一批重点项目的建设;四是积极引进和培育一批环保产业项目。

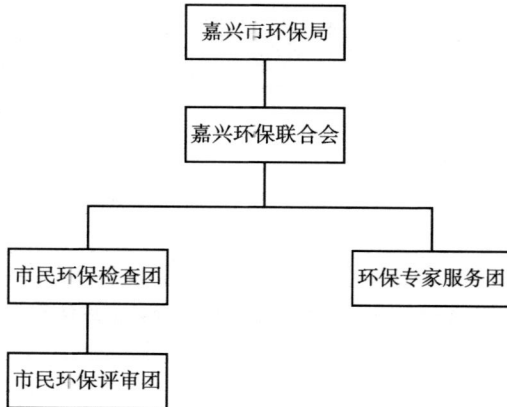

图 6-1 2010 年嘉兴市环保联合会组织结构

资料来源:笔者自制。

第二阶段,嘉兴市环保联合会开始新设生态文明宣讲团和环境维权中心。2011年10月,嘉兴市生态文明宣讲团成立。2011年11月,嘉兴市环保联合会同浙江国奥律师事务所、浙江百家律师事务所和浙江子城律师事务所共同组建嘉兴市环境维权中心(见图6-2)。生态文明宣讲团承担环保理念和可持续发展理念的推广工作；环境维权中心承担宣传环境权益维护知识，接受环境法律、政策咨询、非诉讼环境法律事务代理和环境诉讼代理四项工作。在第二阶段中，嘉兴市环保联合会不仅实现了社会组织协商的意见表达功能和诉求沟通功能的运作，还通过法律服务介入推动了社会组织协商的关系协调功能建设，同时通过加强环境特约监督员和环境特约监察员建设，强化了环保社会组织协商的执行监督功能。

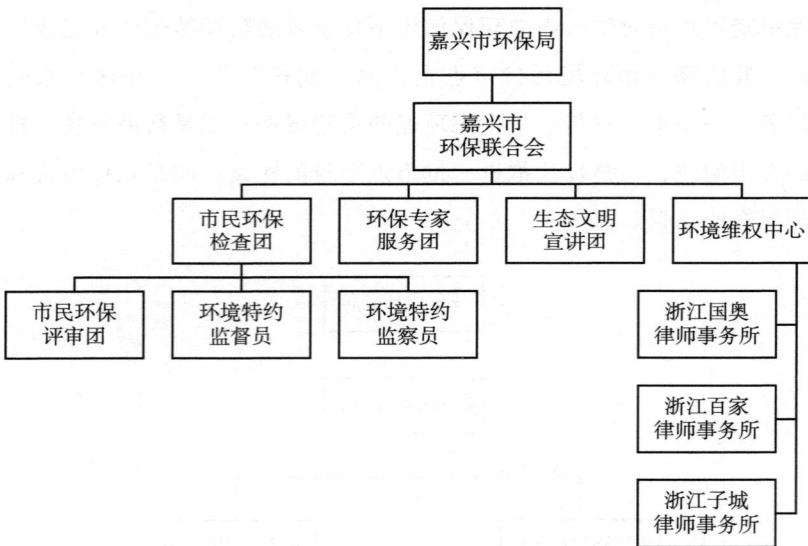

图 6-2　2011 年嘉兴市环保联合会组织结构

资料来源：笔者自制。

（三）政府支持是环保社会组织协商功能实现的基础

政府支持是社会组织最重要的资源支撑，郁建兴、滕红燕的研究表明，政府对社会组织的支持主要有两种模式：一种是政府直接资助社会组织提供公共服务；另一种是政府通过设立独立运作的公共基金、资助支持型社会组织等方式配置一部分资金，以间接模式培育发展社会组织。与政府主导的直接支持模式相比，间接模式具有明显优势，在组织系统层面，以支持型社会组织为主导的间接模式能够获得更多的资源支持，扩大社会组织的生态容量，公共服务供给模式也会更多样化。[①]"嘉兴模式"是一种间接支持模式，嘉兴市政府对环保社会组织协商功能的支持主要从两个方面开展。第一，提供政策和制度支撑。嘉兴市政府和环保局制定了大量的相关法律法规，规范和保障社会组织协商功能的实现。嘉兴市环保局依据我国《宪法》《环境保护法》等法律，结合当地的实际情况，制定了诸多鼓励和保障社会组织参与环境监察和环境保护的地方条例（见表6-2），从而有效地引导和规范了社会组织协商功能。

表 6-2　2007~2014 年嘉兴市政府有关环境保护社会组织参与规范性文件

政策名称	发布时间 （年份）	发布单位
《嘉兴市环保局行政处罚公众评审员管理办法（试行）》	2011	嘉兴市环保局
《关于进一步加强环保公众参与工作的若干意见》	2011	嘉兴市环保局
《关于成立建设项目公众参与团的通知》	2011	嘉兴市环保局
《关于开展"关爱自然普及环保知识"志愿服务活动的通知》	2012	嘉兴市环保局
《关于印发〈嘉兴市环境保护局行政处罚自由裁量权执行规定（试行）〉的通知》	2013	嘉兴市环保局
《关于切实加强环境影响评价公众参与的意见》	2013	嘉兴市环保局
《关于进一步规范环保严重违法企业"戴帽"和"摘帽"工作的通知》	2014	嘉兴市环保局

资料来源：嘉兴市环境保护局网，http://www.jepb.gov.cn/。

第二，提供基础条件支持。这种基础条件支持包括信息资源、资金支持等。在信息资源上，嘉兴市政府和嘉兴市环保局通过公开环境数据信息，为社会组织协商功能的实现提供信息保障。嘉兴市环保局在官网上公布嘉兴市每日的空气质量指数等信息。对于人口并不密集的北部地区，嘉兴市环保局采取每周公布的方式为公众提供信息。同时规定要将工厂的环境监测情况和环境影响评估结果也公布在相关的官方网站上。嘉兴市环保局发挥政府在信

---

① 郁建兴、滕红燕：《政府培育社会组织的模式选择：一个分析框架》，《政治学研究》2018年第6期。

息技术上的优势，接受社会组织、公民个体对环境污染问题的投诉。嘉兴市
环保联合会的市民环保检查团、市民环保评审团、环保专家服务团各项协商
活动的开展都是以环保信息为基础。社会组织的运作需要大量资金的维持，
嘉兴市环保局每年都会给嘉兴市环保联合会提供 20 万元的行动资金，近年
来嘉兴市环保局通常采用非现金的方式资助环联的发展。当然，政府有必要
进一步加大对环保社会组织支持的力度，不断提升其协商参与的能力。

第七章
公众参与和社区协商治理利益表达：
基于 XD 社区维修基金维权过程的考察 *

一　问题意识和文献回顾

社区治理是国家治理的基本环节。习近平总书记在党的十九大报告中明确指出："加强社区治理体系建设，推动社会治理重心向基层下移，发挥社会组织作用，实现政府治理和社会调节、居民自治良性互动。"① 政府治理和社会调节、居民良性互动的实质是国家与社会的互动，社区在这个过程中发挥着不可替代的作用。社区治理的主体是多元的，每个参与主体所追求的利益与价值都存在一定差异，常会出现利益冲突，引发利益表达活动。利益表达具有三个基本要素：利益表达主体、利益表达客体和利益表达途径。社区治理利益表达首要主体是社区居民，因为社区首先是居民的；与传统意义上的表达客体不同，社区利益表达客体一般为国家机关；社区利益表达途径是多元化的，整体可分为体制内表达途径和体制外表达途径。那么，社区协商治理中利益表达发生机制是如何形成与实现的？面对多元表达途径，社区居民是如何选择的？利益表达的政府回应机制又是如何运作的？我们试图以 XD 社区维修基金维权过程为例，探讨社区协商治理过程中利益表达的发生机制、利益表达途径的传导机制和利益表达的政府回应机制，以期厘清社区与国家的互动逻辑。

（一）社区治理研究文献回顾

整体来看，国外社区治理的研究主要集中在如下几个视角。

＊　本章主要完成者为龙贤晓。
①　习近平：《决胜全面建成小康社会，夺取新时代中国特色社会主义伟大胜利——在中国共产党第十九次全国代表大会上的报告》，人民出版社，2017，第49页。

1.公民权利视角

被称为"社区组织之父"的 Saul D. Alinsky 认为，社区组织的实质是通过民主化的组织形式把追求民主的公众联合起来的群众组织，是居民自己的组织，能够在互动中实现居民的利益表达，即社区组织是社区居民利益表达的代理。[①] 利益表达是社区居民享有的权利，同时也是社区居民对自身权利认知的过程。社区组织存在两大弊端：一是传统社区组织只关注社区中的某个问题，却往往忽视问题的关联性，将问题独立化；二是把社区看作社会、政治和经济的实体，或多或少将其从综合性的社会国家中分割出来，将社区孤立化。[②] 社区业主一般通过社区组织来实现社区共同利益的发展目标，以及管理社区公有财产和私有财产，这是社区业主行使自身权利的重要体现，也是社区业主维护自身权益的有效途径。

2.社会资本视角

社会资本是"与行动者拥有的持久性网络相关的现实和潜在资源的集合，……能够促进行动者有效合作以追求共同利益和分享目标的网络和规范"[③]。社会资本是对人价值观的高度认识，其属性是描述人与人之间的关系，且其基本特征即信任、互惠和网络等，这与社区的"共同体"内涵在一定程度上相似，因此，社区治理能够更好地凸显社会资本中良好治理的一面。一方面，社区将注意力集中在居民所做的事情而不是居民所拥有的东西上，能够解决个别行动或市场和政府无法处理的某些问题，是善治的一部分；另一方面，社区治理能够承担更多的责任，其优越性体现在依赖多边监督和风险共担上，而社区独特的治理能力又需要法律和政府等的支持。

3.市民社会视角

社会组织能够引导个人自愿参与，进入合作领域，使公民能够在公

---

① Saul D. Alinsky, *Reveille for Radicals*, London：Vintage, 1969, pp. 47-50.

② Saul D. Alinsky, "Community Analysis Organization", *American Journal of Sociology*, Vol. 46, No. 6, 1941.

③ 石勇：《社会资本的属性及其在集体行动中的运作逻辑——以一个维权运动个案为例》，《学海》2008 年第 3 期。

共领域发挥作用，是一个能使公民向强势力的机构表达其偏好与要求的组织平台，即能够使公民畅通地表达利益诉求，从而推动政体与公民达成有价值的广泛共识。业主组织的兴起促使社区"邻里政治"新领域的产生。从邻里民主的视角出发研究社区组织，可以发现影响社区治理效果的因素不仅是社区规模、共同利益和不满情绪三要素①，还应包括个人关系网、领导者能力、资源可用性等因素。行动过程中的冲突不仅阻碍业主共同目标的实现，还威胁业主的团结。② 中国业主协会可以促进社区治理和人民民主的发展，因为中国业主协会一般采取积极动员居民的方式解决日常社区问题，这种动态互动足以推进实现地方民主。社区面临的复杂问题不能由任何一个人或部门单独解决，社区治理需要各方协作。

国内社区治理研究成果的主要视角可分为"国家与社会关系""治理理论""社会资本理论"三类。③ 其中，"国家与社会关系"研究视角认为行政权力实际上主导着社区治理，社区治理客观上存在"国家主导"色彩浓厚的社会参与特点，即政府主导型社区治理。④ 政社分离成为社区自治、避免行政权力主导的关键点，但由于基层管理体制及基层管理实施存在缺陷，社区自治未能形成真正意义上的政社分离的社区治理。⑤ 越来越多的学者趋向于研究社区主体关系的合作型社区治理，这对于建设创新型全民共建共享

---

① Benjamin L. Read, "Assessing Variation in Civil Society Organizations: China's Homeowner Associations in Comparative Perspective", *Comparative Political Studies*, Vol. 41, No. 9, 2008.

② Kevin Lo, "Approaching Neighborhood Democracy from a Longitudinal Perspctive: An Eighteen-Year Case Study of a Homeowner Association in Beijing", *Urban Studies Research*, No. 1, 2013.

③ 马全中：《中国社区治理研究：近期回顾与评析》，《新疆师范大学学报》（哲学社会科学版）2017 年第 2 期。

④ 朱健刚：《城市街区的权力变迁：强国家与强社会模式——对一个街区权力结构的分析》，《战略与管理》1997 年第 4 期；杨敏：《作为国家治理单元的社区——对城市社区建设运动过程中居民社区参与和社区认知的个案研究》，《社会学研究》2007 年第 4 期；卢学晖：《中国城市社区自治：政府主导的基层社会整合模式——基于国家自主性理论的视角》，《社会主义研究》2015 年第 3 期。

⑤ 朱健刚：《论基层治理中政社分离的趋势、挑战与方向》，《中国行政管理》2010 年第 4 期；姚华、王亚南：《社区自治：自主性空间的缺失与居民参与的困境——以上海市 J 居委会"议行分设"的实践过程为个案》，《社会科学战线》2010 年第 8 期。

的治理格局具有重要意义。以郑杭生、杨敏的"社会互构论"① 和李友梅等
的"制度—生活"② 为基础，钱志远等提出了"互构型"社区治理③，强调
制度主体与生活主体间的互构共变，由于社区治理的主体多元，其利益矛盾
等亦是多元化的，需要经过多重的互动才能逐渐建构良性互动的社区治理。
陈伟东、陈艾则认为社区治理实际上是居民主体性培育过程，具体分析了多
元行动主体关系的重构与居民自我激活行动要素的基本逻辑，彰显社区治理
中居民主体的特殊性与重要性。④ 社区治理的生活主体是社区居民和社区组
织，面对利益受损的情况，生活主体所采取的解决措施并不是单一的，但共
同点是或多或少需要经过国家机关的介入与帮助。

（二）利益表达研究回顾

在政治学领域，戴维·伊斯顿认为利益表达是政治系统的重要组成部
分。⑤ 阿尔蒙德等将利益表达解释为"政治要求"⑥，杰克·普拉诺将利益
表达定义为向政治系统提出要求⑦。这些解释与定义都将利益表达视为向政
治系统输入的过程，都是从结构与功能的视角研究利益表达，我国不少学者
沿用这一概念界定。在社会学领域，多数学者在"集体行动""社会运动"
等框架下研究体制外的表达行为，认为法律不完善、社会不公平、体制内利
益表达机制不通畅等，使得公众特别是弱势群体选择通过体制外的利益表达
途径向国家机关表达其诉求。⑧

---

① 郑杭生、杨敏：《社会互构论：世界眼光下的中国特色社会学理论的新探索——当代中国
"个人与社会关系研究"》，中国人民大学出版社，2010，第 30 页。
② 李友梅等：《中国社会生活的变迁》，中国大百科全书出版社，2008，第 40 页。
③ 钱志远、孙其昂、李向健：《"互构型"社区治理——以一个城市社区的停车位事件为例》，
《城市发展研究》2017 年第 5 期。
④ 陈伟东、陈艾：《居民主体性的培育：社区治理的方向与路径》，《社会主义研究》2017 年
第 4 期。
⑤ 〔美〕戴维·伊斯顿：《政治生活的系统分析》，王浦劬等译，华夏出版社，1999，第23页。
⑥ 〔美〕阿尔蒙德等：《比较政治学：体系、过程和政策》，曹沛霖等译，上海译文出版社，
1987，第 199 页。
⑦ 〔美〕杰克·普拉诺：《政治学分析辞典》，胡杰译，中国社会科学出版社，1986，第6页。
⑧ 侯健：《利益表达与公权行为：公民如何影响国家》，复旦大学出版社，2015，第2~5页。

利益表达途径作为利益主体与国家机关间的重要媒介,不是单一的,而是多元的,多数学者将其大致分为两类,即体制内的表达途径和体制外的表达途径,亦称制度化表达途径和非制度化表达途径。体制内的表达途径一般包括符合宪法规定的集会与游行示威、信访、通过人大代表和政协代表反映,以及听证会、座谈会、选举、司法诉讼等。在这个意义上说,我国的体制内利益表达途径虽然较多,但事实上管用的较少。[1] 换言之,弱势群体所掌握的可利用的组织资源、经济资源和文化资源不多[2],加上体制内的表达途径除了信访,其他途径所需成本往往高于其预期收益,所以不少利益主体不得不"被迫"选择体制外的表达途径。研究发现,体制内的表达途径存在以下制约因素。第一,政府回应度不高。政府有关部门在接到公众的利益诉求后,处理不及时、服务态度差等,使得公众不得不无限期等待,耗费公众大量的时间成本。[3] 回应反馈机制的不完善,如信访得不到有效处理、听证会的结论难以影响决策等[4],迫使公众选择体制外的利益表达途径。第二,利益表达主体自身因素限制,如其权利失衡、意识不强等。如农民工的人大代表率逐年下降,这种权利失衡是农民工群体缺乏话语权的根本因素。民主表达意识不足,使得公众的利益表达途径时常出现非理性化与非常态化问题。[5] 公众在缺乏话语权、表达意识不足的情况下,只能转而选择体制外的表达途径。第三,多元利益表达途径体系不完善。信访是我国利益表达机制的重要途径,但有些地方政府认为信访不利于社会发展,常常会采取截访、强制接访等措施,甚至有些信访者会受到打击报复。[6] 体制内表达途径在某些地方难以正常发挥作用,因此利益主体往往放弃这一途径,而选择体制外表达途径。整体来看,目前国内学术界对于社区治理利益表达

---

① 徐道稳:《社会政策过程中的利益表达》,《学术论坛》2006 年第 7 期。

② 侯健:《利益表达与公权行为:公民如何影响国家》,复旦大学出版社,2015,第 42 页。

③ 丘文荣、王晓:《社会管理创新视角下新生代农民工利益诉求表达机制研究——以南宁市为例》,《中共南宁市委党校学报》2014 年第 6 期。

④ 侯健:《利益表达与公权行为:公民如何影响国家》,复旦大学出版社,2015,第 42 页。

⑤ 毕宏音:《试论诉求表达机制的完善路径》,《天津社会科学》2009 年第 4 期。

⑥ 侯健:《利益表达与公权行为:公民如何影响国家》,复旦大学出版社,2015,第 42 页。

的过程、内在逻辑，以及政府回应在社区治理利益表达过程中的影响研究还较少。

二 社区治理中的利益表达：一个分析框架

社区治理包含三层含义：一是社区主体的多元化，多元的主体有着不同的利益要求与治理期望；二是治理方式既涵盖传统的管理，又包括协商与合作；三是社区治理的主要内容是处理社区公共事务和提供社区公共服务。总体而言，社区协商治理是指社区利益相关者按照人们自愿认同与接纳的社会秩序、法律法规，通过协商、合作等方式来共同管理社区公共事务和为社区居民提供公共服务，从而维护或增进社区居民的共同利益，推进社区发展的过程。

利益表达机制主要包括利益表达主体、利益表达客体、利益表达途径。利益表达机制就是利益表达主体运用一定的手段，通过某种途径，向有关客体表达自己的利益要求，以求影响有关客体行为的一种互动过程及运行方式。"人们奋斗所争取的一切，都同他们的利益有关。"[1] 利益成为人类社会活动的动因。国家作为配置社会资源的权力系统，影响其管辖范围内每个人利益实现的效果，国家自然而然成为利益表达客体。

社区治理强调多元主体参与，不同的主体在各自立场上发挥作用，但由于各自的价值与利益不同，在实践过程中时常会出现利益冲突。利益冲突意味着利益要求的产生。尽管社区治理主体多元化，但是其最终服务的对象始终是社区居民。社区是居民的，居民是社区治理的根基和土壤，只有维护好居民的主体性，解决好社区居民的利益表达要求，才能更好更快地建设社区治理体系。因此，社区治理利益表达的主体是社区居民。

综上所述，可以认为，所谓社区协商治理利益表达机制，是指社区居民对涉及社区共同利益的公共事务和公共服务或者与自身利益相关的事务，通

---

[1] 《马克思恩格斯全集》第 1 卷，人民出版社，1956，第 82 页。

过一定的途径向政府提出利益要求，以求影响政府行为的一种互动过程及运行方式。

（一）社区治理利益表达的基本类型

社区治理过程中，社区居民的利益表达要求可按照客观对象不同分为三大类：经济类要求、政治类要求和自治权利类要求（见表 7-1）。经济类要求是社区居民最常见和最关注的利益要求，社区居民在社区内一般遇到无法解决的问题，如自身合法权益受损和与物业开发商发生经济纠纷时，往往会请求政府提供帮助、补偿或者给出合理说法；政治类要求是指社区居民在社区治理过程中的政治价值要求，是社区居民对自身参与权、知情权、表达权和监督权等权利的要求；自治权利类要求一般是涉及社区居民对社区事务民主选举、民主决策、民主管理、民主监督等自治权利的要求。

表 7-1　社区治理利益表达的类型分析

社区治理利益表达类型	具体内容
经济类要求	物业服务内容及其费用问题 社区公用部位的设施、场地缺乏或被挪占 房屋质量、虚假广告、延期交房等问题 公益金、维修基金问题 水、电、网络、电梯等问题
政治类要求	参与权 知情权 表达权 监督权
自治权利类要求	业主委员会的成立与选举 物业公司的聘用与解聘 对社区环境等公共事务的管理

资料来源：陈文《城市社区业主维权：类型与特点探析》，《贵州社会科学》2010 年第 4 期。

（二）社区治理利益表达的基本途径

在利益表达途径方面，体制内成员能够通过低成本的方式影响政府决策，而非体制内成员却没有这样的能力与途径。因此，非体制内成员只能通过三种方式来影响政府决策：一是设法加入现有体制；二是改变现有体制以便进入体制内；三是打破现有体制，即形成社会运动。① 查尔斯·蒂利所提出的非体制内成员的利益表达途径成本极高，而且容易造成动乱，不符合中国国情，中国非体制内成员会选择比社会运动更为缓和、更容易被政府接受的方式来进行利益表达。综合已有研究成果，可将表达途径分为体制内利益表达和体制外利益表达两种途径，详情如图7-1所示。

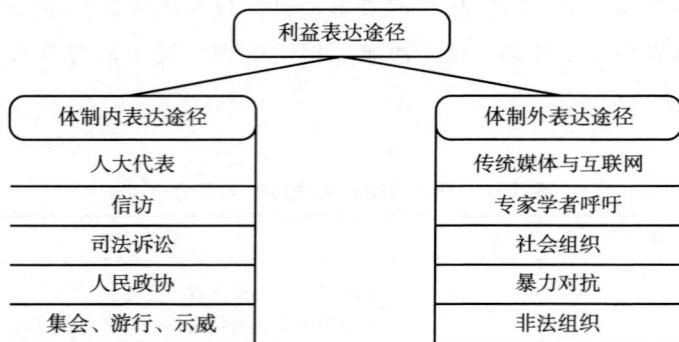

```
              利益表达途径
          ┌────────┴────────┐
    体制内表达途径          体制外表达途径
      人大代表            传统媒体与互联网
       信访               专家学者呼吁
      司法诉讼             社会组织
      人民政协             暴力对抗
   集会、游行、示威          非法组织
```

图7-1 两种利益表达途径

资料来源：笔者自制。

（三）社区协商治理：一个分析框架

在一个多元化的社会，其多元利益与价值间不可避免地会产生分歧或发生冲突。在公共领域中，只有在广泛理性对话的基础上完善自主交往的公共伦理，公众才能抵制和克服因利己主义对特殊利益的追求而导致的片面的价

---

① Charles Tilly, *From Mobilization to Revolution*, Mass.: Addison-Wesley, 1978, p. 67.

值观念;只有通过与国家机构的理性对话,公众才能将多元化的利益要求和价值观念传达给政府,使政府能够及时调整政策,并接受社会监督。[①] 这不仅明确了公共领域的重要性,而且强调了公众利益表达的前提与目的。利益表达就是利益主体向利益客体提出利益要求的过程,而这一过程既包括自下而上的过程,即利益主体利用一定途径将利益要求传导给国家机关;又包括自上而下的过程,即国家机关回应利益主体的要求。显然,利益表达过程与哈贝马斯双轨制模式的本质是一致的。因为国家通过强公共领域这一轨道来获得公众的政治意见与认同感,而公众则通过弱公共领域这一轨道来发表政治意见和参与政治。强公共领域侧重于政治系统的输入,弱化政治系统的输出功能,加之弱公共领域的沟通主要是单向的,就更强化了政治系统"中心阀门"的功能,而政府回应恰恰可以弥补这些短板。政府回应是公众与政府部门的双向互动,既重视公众对政府部门提出要求的互动,又强调政府部门对公众要求做出回应的互动,并且注重公众反馈的作用。

综上,本章将社区协商治理利益表达机制的运行过程分为三个实现机制:一是社区协商治理利益表达的发生机制;二是社区协商治理利益表达的传导机制;三是社区协商治理利益表达的政府回应机制(见图 7-2)。

1. 社区协商治理利益表达的发生机制

首先,要有支持利益表达的社会环境,这是利益表达发生的前提。在社会环境根本不允许的情况下,社区居民提出的任何利益要求都是无效的。其次,利益要求的产生,这是利益表达发生的重要基础。通常情况下,社区居民的利益要求分为经济类要求、政治类要求和自治权利类要求三类。再次,利益表达的成本,这是关键步骤。只有在表达预期成本低于表达预期收益时,社区居民才会有表达的意愿。最后,利益表达资源整合。社区居民通过对自身资源的整合,提升利益表达的话语力量。

2. 社区协商治理利益表达的传导机制

在社区协商治理过程中,社区居民可以通过体制内表达途径和体制外表

[①]　王新生:《市民社会论》,广西人民出版社,2003,第 303 页。

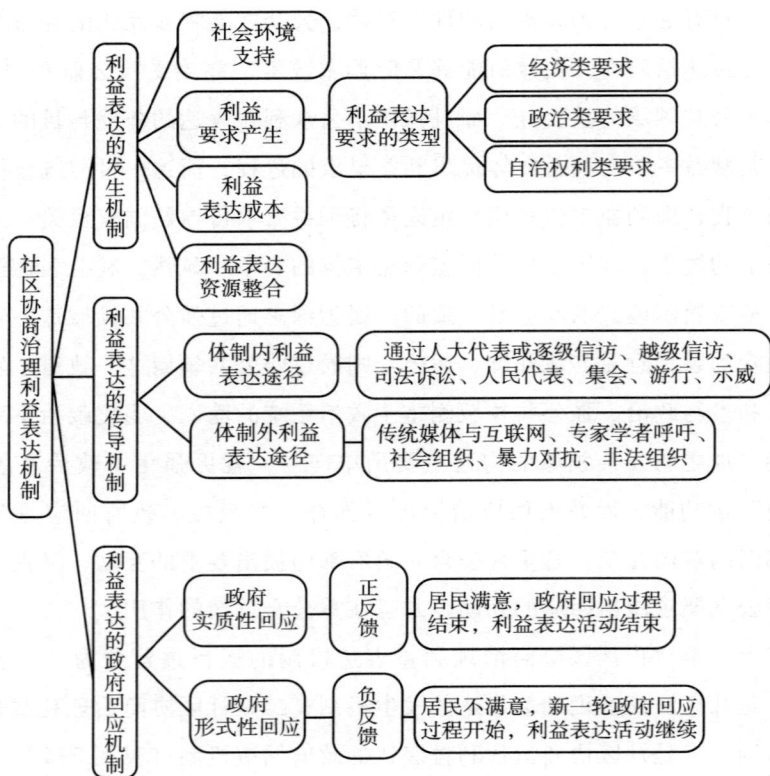

图 7-2　社区协商治理利益表达机制

资料来源：笔者自制。

达途径将利益要求传导给国家机关。社区居民可以根据自身情况选择表达途径，可以选择一种或多种途径进行利益表达，这与政府部门的回应性密切相关。

3.社区协商治理利益表达的政府回应机制

对社区居民而言，最愿意得到政府实质性回应，最不希望收到政府形式性回应。政府实质性回应能够满足居民的利益要求，从而对政府的回应行为与结果表示满意，给予政府正反馈。居民的正反馈意味着利益表达活动得以结束。政府形式性回应则很难如居民所愿，其利益要求依旧未能得到解决，居民对政府回应结果表示不满，给予政府负反馈，预示着新一轮利益表达活动的开始或者新的甚至更高的利益要求的出现。

三　社区协商治理利益表达的过程分析
——以 XD 社区维修基金维权为例①

社区维权是社区协商治理中典型的利益表达方式。社区维权行动可分为三类：第一类是社区居民与市场参与主体之间的冲突，其中以社区居民与开发商、物业公司之间的冲突最为显著，这也是社区维权行动最常见的表现形式；第二类是业主与以业委会为代表的社会参与主体的冲突，该类型的业主维权行动日趋增多；第三类是业主与以政府为代表的参与主体之间的冲突，一般为与居委会、街道办事处以及房管局间的冲突，该类冲突的程度较轻，却是社区维权难度系数最大的。② 总体来看，社区居民的利益表达与市场参与主体关系最紧密，与政府参与主体关系最复杂，与社会参与主体关系矛盾最大。

（一）社区协商治理利益表达的发生

1. 利益认知的形成

XD 社区位于 XT 市 YH 区 CC 乡 XD 北路旁，属于典型的"定销商品房"社区，是 XT 大学专属的配套基础设施，主要购房客户是该校的教职员工，由 XT 市 ZT 房地产开发有限公司投资开发，于 2003 年建设并逐渐投入使用，住户多达 1400 余户，80% 以上的居民是 XT 大学教职员工或者退休人员，据统计，2016 年已入住 4000 多人。XD 社区是该市创建"两型示范社区"示范点和"资源节约垃圾分类"的唯一示范点，也是该省唯一的"两型示范社区"。2003 年，XT 市市长莅临 XT 大学指导工作，明确了市政府的总体构想：XD 社区的运营模式是市场运作，政府出面按照职称、档次、面积给予适当补助，由此，XD 社区虽曾是 XT 大学的配套基础设施，但已不属于 XT 大学管理，而是社会化的商品住宅社区。XD 社区的物业服务最初由 ZT 房地产开发有

---

① 遵照学术惯例，将案例相关的人名、地名、社区名等进行对应的技术处理。
② 吴晓林：《房权政治：中国城市社区的业主维权》，中央编译出版社，2016，第 77~78 页。

限公司所属的物业管理公司提供，2011 年 11 月，DW 物业公司接管了该社区。

按照社会阶层来看，XD 社区应属中上阶层社区，社区居民的文化资源、经济资源和政治资源较为丰富，XD 社区居民的利益意识和权利意识较强，有明确的、不易妥协的利益要求和不易动摇的表达意愿，若 XD 社区出现损害社区居民合法权益的情况，社区居民会积极进行维权。社会环境因素也支持该社区居民进行利益表达。

2. 利益表达诉求的产生

（1）不满情绪积累——漏水事件

2011 年 12 月，XD 社区的自来水出现严重的漏水情况。居民在交水费时发现 DW 物业公司接管后总水表显示的用水量与分水表显示的用水量总和不对等，总表用水量高于分表总和，而且社区内经常不规律地停水，严重影响社区居民的日常生活。居民上缴的水费总和无法填补与总水费的误差，这些差额先由 DW 物业公司垫付。DW 物业公司为了尽快收回差额，自 2012 年起，采取每户分摊多余水费的方式，此措施实施了 11 个月后便无法持续。尽管物业尽责不断维修，但水资源流失问题依旧不能彻底解决，而且水费越欠越多，居民与物业公司都无力承担，物业公司只能采取限时供水的措施，居民苦不堪言。直到 2015 年，在人大代表的呼吁和帮助下才达成协议，即 400 多万元的地下管网维修费用由 XD 社区开发商、居民的共有维修基金、财政、市水务局等多方共同承担，最终成功完成了 XD 社区内地下管网的改造，解决了社区居民饮水问题。[①] 尽管已经解决了漏水问题，但是居民对 DW 物业公司私自采取限时供水的做法非常不满。居民一旦与 DW 物业公司发生冲突，DW 物业公司就习惯性地采取停水策略以逼迫居民妥协让步。物业公司这一停水策略在居民维权期间的使用率普遍高于居民维权前。[②]

（2）XD 社区居民的利益表达要求

第一，经济类要求。2017 年 2 月 27 日，XD 社区居民递交了一封《违

[①] 《教师公寓供水管网大改造　4000 名居民告别用水难》，https://news.xtu.edu.cn/info/1001/3753.htm。

[②] 有关 XD 社区的数据均来自课题组对该社区所做的调查和访谈笔记，以下不再标注。

法违纪犯罪报案书》,正式开始了维权行动。XD 社区居民发现自己的维修基金被挪用是其发起维权行动的直接动因。XD 社区个别居民于 2017 年初发现,其名下的维修基金被清零,而且这不是个别现象,其他居民随后也陆续查询自家的维修基金,查询结果显示大部分的维修基金已经清零或者余额很少。居民根本不清楚自己的维修基金用在哪里,又是什么时候被动用的;有的居民清楚地记得自己没有报过维修,但其名下的维修基金被清零。XD 社区的 200 多户居民经核实后表示,在他们不知情的情况下被假冒签名同意使用维修基金。社区维修基金总额原本约 500 万元,而当时有 100 多万元不翼而飞。经居民查实,套取居民维修基金的侵权主体主要为以李某、郭某和罗某为代表的业主委员会成员,物业公司经理周某和以朱某、周某为代表的房产管理局的工作人员。追回被套取的维修基金是居民的经济类要求。由于侵权主体分别是业主委员会、物业公司和房产管理局的工作人员,居民的经济利益表达不仅面临强大的市场参与主体和社区内部的社会参与主体,还要面对具有管理权限的政府参与主体,追回维修基金的难度很大。但这一诉求主要是由利益受到侵害引起的利益表达诉求,因此仍被提出。

我们发现 6 组侵权主体涉嫌犯罪的证据,1. 故意制作虚假的《物业专项维修资金使用外勘报告》。B5 栋、C8 栋等房屋屋顶根本不需要维修,没有业主报修,也没有维修;E10 栋 1 单元没有业主报修屋顶,也不需要维修屋顶,更没有业主参与勘验。该虚假外勘报告由周某等人制作。2. 故意制作假冒业主签名的虚假"业主意见签名表"。经业主核对,该"业主意见签名表"中大部分签名是虚假签名,已经确认有 169 个签名是假冒签名。"业主意见签名表"中大部分签名是同一个人的笔迹,如 E10 栋 1 单元 12 户、E10 栋 2 单元 10 户、E12 栋 1 单元 12 户、D5 栋 1 单元 10 户、B7 栋 4 单元 6 户等房屋的业主意见签名全部是假冒业主签名。该业主意见签名是李某、周某等人以"XT 大学教师公寓业主委员会""XT 市 DW 物业管理有限公司"的名义制作。3. 制作虚假造价鉴定报告"X 国造咨字(201X)第 148号"。该鉴定报告虚报的维修面积达 2 倍以上,虚报维修金额也超过实际金额 2 倍。其中 E10 栋 1 单元屋顶面积总共只有 282 平方米，其实际的维修面积是屋顶防水卷材面积 68.19 平方米、铺油面积 113.4 平方米，而"X 国造咨字（201X）第 148 号"报告书中的虚报的面积是屋顶防水卷材面积 291 平方米、铺油面积 291 平方米。该报告书是 XT 市房产管理局的朱某、周某与李某等制作。4. XT 市房产管理局的朱某等明知 XT 大学教师公寓没有召开过业主大会，没有设立过招投标程序，仍要求业主委员会和物业公司提供虚假的"会议记录"。5. XT 市房产管理局的朱某、周某等明知施工人员是违法挂靠 HNFD 工程有限公司，还要求业主委员会将其变更为挂靠 HNTY 建设有限公司。6. XT 大学的教师发现 2016 年 1 月 7 日维修基金被套取769446.13 元的问题，于 2016 年 4 月向 XT 市房产管理局维修资金管理办主任反映了套取维修资金的问题后，该局的朱某、周某与其他等人从 2016 年6 月起又套取了 415740.73 元的维修基金。

第二，自治权利类要求。解聘 DW 物业公司，这是 XD 社区居民对自治权利的利益表达要求，同时也是从居民在追回维修基金的经济类要求中衍生的要求。DW 物业公司受聘于 2011 年 11 月，合同期限为 5 年，至 2016 年11 月到期，意味着 XD 社区居民委员会与 DW 物业公司的合同已终止，需要公开招聘新的物业公司。若 DW 物业公司想续约，则须通过居民大会经过大多数居民同意和居民委员会同意才可续签合同。然而，居民委员会没有公开招聘，直至 XD 社区居民提出利益表达要求时，DW 物业公司仍延期留在XD 社区，而且不停地催促居民缴纳 2017 年以后的物业管理费。同时，居民不满该物业公司的服务，公开了六项 DW 物业公司的违约问题：一是绿化带绿化草死亡的原因是物业公司未能及时浇水；二是对部分居民的违章建筑、占用绿化带的情况视而不见；三是治安问题，无保安巡逻以致社区内盗窃事件时有发生；四是不履行维修义务；五是故意侵权行为，如通过故意停水、拆水表等威胁部分居民；六是不管理乱停车问题。大部分居民不愿意缴纳2017 年后的物业管理费有两个原因：一是尚未追回维修基金，必须给 DW物业公司施加压力以支持居民维权利益表达；二是 DW 物业公司的合同已经到期,无权收取居民的物业管理费。

XD 社区律师智囊团给出了解聘意见:DW 物业公司提供的保安服务、保洁服务、绿化维护服务、维修服务等均不符合物业管理合同的约定。小区内有多处违章建筑,摩托车、电动车、单车、笔记本电脑等被盗案件多发,小区大门形同虚设,绿化带部分花草死亡等事实证明 DW 物业公司违约在先。物业合同早已到期,王某、胡某、曾某等居民不同意 DW 物业公司继续提供物业服务。王某、胡某、曾某等居民提出 DW 物业公司存在违约问题,不应该交纳物业费等,有事实依据并有权提起诉讼。

业主委员会换届也是 XD 社区居民自治权利利益的表达要求。业主委员会本该是居民履行对社区公共事务知情权、参与权、表达权、监督权等权利的保障。但是 XD 社区业委会的成立具有特殊性。XD 社区业委会不是由全体居民开会选举产生的,而是由 XT 大学工会组织成立的。据说当时地方政府不承认该业委会,而且该业委会成立后学校工会没有参与日后的管理工作,XT 大学工会未对业委会进行管理并做好监督工作,工会在实践中的不作为使社区居民很不满意,而且业委会主要成员李某、郭某等人是 XT 大学工会职员,却利用业委会委员的身份谋取私利,纵容 DW 物业公司违反物业服务管理条例,未经全体居民多数同意,擅自提高物业管理费、套取物业费,他们还为 DW 物业公司"作掩护"。利用职务之便,以虚假谈判的方式迷惑居民,不公布维修基金使用情况,不按程序使用维修基金,以虚假签名报送房产局,对居民提出维修基金问题不予理睬,等等,已经严重侵害居民的合法权益,业委会本应是居民行使权利的最大保障,XD 社区业委会却成为居民行使权利的最大障碍,亟须选举产生新一届真心实意为居民服务的业主委员会。

2018 年 3 月 19 日我们接到通知说可以进行业主委员会的换届选举工作,需要成立"XT 大学教师公寓业委会换届选举领导小组"来进一步落实业委会换届选举工作。领导小组需要 7～11 人，为此，我们积极推荐王某、胡某、曾某、彭某等人为领导小组成员，并且我们都踊跃到 XD 社区办公室填写推荐表。但是，办公室的工作人员态度不好，说他们不管这事。居民彭某说："我给他们看了通知，他们才拿出一张纸让我写推荐人的名字。"何某说："我们也去了，他们说是自荐，不是推荐，还说我们没看懂通知。"杨某说："这明明是故意为难，不知葫芦里卖的什么药。"到目前为止，业委会换届选举工作没有了下文。

上述利益的要求是 XD 社区利益表达发生的动力渊源。在这一阶段，居民开始认识到自己的合法权益受到侵害，但不是每个受损权益都能推动维权行动的发生，这需要有一个爆发点。XD 社区居民的经济类要求直接引发了 XD 社区居民维权表达行为的发生，是自治权利类利益表达行为的触发点。经济类要求是社区利益表达行为的主要推动力。加上自治权利类要求的叠加，大大增强了 XD 社区居民利益表达的意愿。

3. 利益表达的成本收益分析

XD 社区的居民处于社会中上层，大多数居民拥有较高且稳定的收入，物质条件殷实，而且文化资源丰富，在自身利益受损的情况下，对于 XD 社区居民来说，利益表达所产生的成本不会成为其利益表达发生的制约因素。尽管居民利益表达所支付的时间、精力、财力等成本难以计算，但是，居民维权所带来的收益应该会超过明知被侵权而不行动的价值，而且在 XD 社区居民看来，维权成本在他们可接受的范围内，社区维权不仅能捍卫自身权益，而且能够实现自我价值、增强社区凝聚力等，这些预期收益大于预期成本，居民的利益表达动力越足，越能促进更多居民采取利益表达行动。

4. 利益表达主体的资源整合

厘清了利益表达成本和收益后，为了加大预期收益实现的可能性，XD 社区居民开始整合自身所掌握和所拥有的资源（见图 7-3）。

第一，利益表达的认知整合，即提升社区内居民对自我利益受损的认知。XD 社区居民通过日常接触交流和互联网互动，将"原子化"的居民联合起

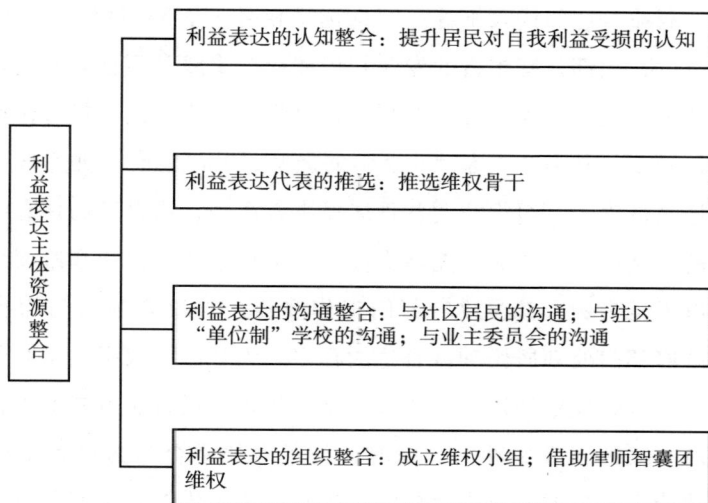

图 7-3　利益表达主体资源整合的路径

资料来源：笔者自制。

来，成立维权小组。联合居民的首要步骤就是利益受损认知整合。XD 社区的居民利用 QQ 社交平台建立 XD 社区维修基金 QQ 群，通过"滚雪球"方式将知道自己维修基金被套取或还未知情的居民拉进 QQ 群。在 QQ 群的公告上多次公布维修基金查询方法供居民查询自己名下的维修基金，而且多次公示居民维修基金不翼而飞、在自己不知情的情况下被冒签文件、召开居民不知晓也未参加过的所谓居民大会等的证据；在群内多次呼吁居民查看自己是否被假冒签名，并建议被假冒签名的居民到居民维权代表处签名认证，以便日后维权。为了让居民知道情况的严重性与危害性，维护自身利益，在社区内张贴维权公告，并提议每栋楼推选一位楼代表，以将社区内因同一利益或相似利益受损的居民动员团结起来。尽管每位居民维修基金被套取的金额不同，但性质是相同的——权益受损，进而使社区居民在这一基础上达成共识，努力将社区内的人员资源进行整合。QQ 维权交流群还可以将一些因工作忙而无法直接参与维权行动的居民整合起来，得到他们的支持，将居民力量最大化地凝聚起来参与维权。利益表达资源整合过程实际上也是利益表达的组织化过程。

第二，利益表达的代表推选，即推选维权骨干。XD社区多数居民的职业是教职员工，大都具有丰富的专业知识和社会实践，而且具有较强的正义感和奉献精神，王某、曾某等9人都是自愿为社区服务的，被XD社区居民推选为维权骨干。其中7人是XT大学的老师，2人是政府机关官员，他们心甘情愿地当带头人，组织协调各种居民维权活动，用自己的休息时间处理各式各样的复杂信息，让居民能够直接明了事件本质，以便在维权思想上达成共识。以王某为例，其在政府部门工作多年，与政府各部门均有合作交流，熟悉政府部门处理居民利益表达的程序，为社区维权提供了有价值的维权意见，其充分合理地利用个人资源，既能带领居民合法有效的维权，又能避免与政府有关部门发生冲突。同时，为了方便整合与协调各个居民的利益，每栋楼选出一名楼长作为承接员。这些楼长、维权骨干都是自愿为社区维权服务的，得到社区居民的认同与信任。

一讲到XD社区维权，社区居民第一时间会想到王某等维权骨干，他们尊敬并认可这些维权骨干，每次维权骨干在QQ群中的发言都会得到群成员的积极回应，他们是群内公认的群主。利益表达的骨干能够增强社区的情感归属与凝聚力，这实际上是文化资源的整合，具有言辞的感染力和论证的说服力功能。

第三，利益表达的沟通整合。沟通是解决利益冲突的首选办法。XD社区维权主体的沟通整合主要有三点。第一是维权骨干与社区居民的沟通。XD社区的维权骨干本身也是受害方，他们以自身经历与身边的居民进行沟通或在QQ群中相互交流，更容易唤起居民的权利意识和维权勇气，达成捍卫切身利益的共识，为社区居民集体利益表达做好充分思想准备。网名为XM的居民在QQ群里反映了一个问题："市里面美化房屋都是刷走廊墙壁和地板，且一直刷到顶楼，为什么我们这里只刷到二楼，而且不刷楼梯墙壁，这笔钱到哪里去了呢？"许多居民积极响应该话题，有的提出要搞清楚市里是否有拨款，为什么别的社区有拨款而物业公司说XD社区没有；有的提出刷墙工程太过敷衍了事，应唤醒更多居民维护自己对社区内公共事务的知情权，使更多居民加入维权队伍。社区内退休人员较多，而且年纪较大，他们接触网络媒体的机会少，对于 QQ 维权群交流的消息知之甚少，但是一些热心的老教授和老领导自发组织起来，与维权骨干进行交谈，表示也愿意加入维权活动，而且举办退休干部大会，让更多的退休人员相互交流。这些日常沟通使得维权居民群体的覆盖面更广，而且老年群体的见识面更宽广、人际关系网更全面，为社区居民的利益表达行动提供了更多专业咨询。第二是与驻区"单位制"的学校沟通。由于 XD 社区的居民多数是教职员工，一方面他们是教师，需要顾及学校与职业形象，而且维权活动耗时较多，有可能影响教学工作；另一方面，有些侵权者本身就是学校工会的职员或学校退休职员，也需要学校出面解决这些问题。因此，维权居民向学校递交《请求处理李某等人的违法违纪行为》申请书。校领导和纪委约见了维权居民，维权骨干将维权的难处向校领导反映，并承诺在不影响日常教职工作的情况下进行维权，希望得到学校领导的体谅与支持。第三是与居民委员会的沟通。为了弄清楚为什么会出现假冒居民签名、虚报维修面积等问题，主动与李某为代表的居民委员会进行会谈，要求其回答居民关心的问题。这些沟通能够方便居民获取多方信息，增加了居民维权的力量。

第四，利益表达的组织整合。

一是组织成立维权小组。随着网络媒体的快速发展，面对自身合法权益受到侵害，XD 社区的居民利用 QQ 社交平台建立 QQ 维权交流群，在群里推举一些积极的维权分子组成维权小组，并在社区公示。维权小组的成员一般均具有高学历，有些甚至是法律方面的专家、学者，能够提供专业的理论指导，为社区居民利益表达输送系统性知识，从多角度剖析利益受损情况，对现实维权行动有较为实在的洞悉与把握，并不断更新维权策略。一个精明能干的维权队伍是维权行动成功的巨大助力，这是利益表达主体资源整合的结果。

二是借助律师智囊团维权。为了更好地实现维权，XD 社区居民积极寻求法律援助，为此，XD 社区的法律老师和 XT 大学学生会成立了专门的维权律师智囊团以提供法律咨询服务。其只是向 XD 社区居民维权参与者提供咨询服务，并不直接参与维权行动。律师智囊团免费传授诉讼技巧，让居民了解司法程序，树立司法维权信心，这是 XD 社区居民合理利用社区外部资源维权的重要体现。

尽管律师智囊团未直接参与居民的维权活动，却给予居民很多的帮助。一方面，他们为居民维权运动提供了情感上的支持和专业化的法律建议，对居民维权行动的发展起到正面的激励与促进作用；另一方面，专业的法律建议在一定程度上规范了居民的维权行为，即帮助其在法律允许的范围内提请诉求，不会踩踏法律的"红线"，使维权合法化。在律师智囊团的帮助下，XD 社区居民的维权行动变得更为理性化和策略化，不仅最大限度地动员了居民参与，而且避免了与政府的正面冲突，削减了维权阻碍。

（二）社区协商治理利益表达的传导过程

在 XD 社区业主利益表达需求发生并决定进行利益表达时，XD 社区业主便进入表达途径的选择与实施阶段。

1. XD 社区居民体制内利益表达途径与实现

（1）信访维权

信访因成本低廉、无受案范围的限制、程序简单易懂、易于掌握和运用、灵活性强、弹性大等特点被社会基层群众广为接受。XD 社区维权小组在确定进行维权时，第一时间选择向 XT 市委和 XT 市公安部门报案并以递交报案书的方式进行维权，这一过程实际上就是信访的一种方式。尽管第一时间向 XT 市纪委递交了举报信，但是市纪委将这个问题委托给 XT 市 YH 区公安局经稽支队办理，由于未查到行贿受贿的证据，经稽支队决定不予立案，即这次信访未见成效。紧接着维权小组向驻区单位 XT 大学的领导与纪委递交处理李某等人违法违纪行为的报告信，最终得到校领导的回应，支持其维权，而不是限制其教职工的维权行为，此次信访初见成效。

（2）诉讼维权

以司法方式维权主要是指居民运用相关法律法规起诉侵权方或以有关法律条文为筹码制约侵权方，以期通过法院判决的形式或法律的权威性和强制力解决有关纠纷的维权方式。XD 社区维权小组在信访结果不如意的情况下，开始组织社区居民分批向 YH 区人民法院就 DW 物业公司经理周某和业主委员会委员李某、郭某、罗某等人套取居民维修基金一事提起诉讼,要求追究其刑事责任和民事责任。为了能够打赢官司,XD 社区维权小组先是咨询了律师智囊团,知晓了讨回维修基金是自己的合法权利,并接受律师智囊团的意见,持续收集证据,让居民核实在维修基金使用验收名单上的签名是不是自己的字迹;请专业测量机构来测量维修面积,测量结果与物业公司和业委会提供的数据有较大出入,但在测量时没有政府相关人员在场,缺乏三方代表和政府专业测量机构的参与,故在法院审议中该证据不予成立。由于司法诉讼的程序较多,时间较长,维权小组在等待结果的同时向市房产管理局所在地 YT 区人民法院提起诉讼,追究 XT 市房产管理局职员周某、朱某、刘某等人的民事责任与刑事责任,这实际上是社区居民起诉政府官员,即民告官,诉讼过程实属不易。由此维权小组听从律师智囊团的意见:根据谁主管谁负责、谁审批谁负责的原则,XD 社区涉嫌被套用的 1185186.86 元维修基金的审批人就是这些职员,理应对此事负责,因此,维权小组努力收集被告涉嫌犯罪的证据。到目前为止,这一"民告官"的诉讼已被 YT 区人民法院受理。

我们可以看到,依法维权的观念已经深入社区居民人心,维权小组与律师、法院接触的过程既是一个维权的过程,也是一个学法、懂法、用法的过程,在此期间所培养的对法律的认同感正在一点一滴地改变居民对于权利的认知。权利不再是抽象的平等自由,而是真实存在于生活的方方面面,在追回维修基金的过程中,维权小组还需要应对 DW 物业公司反告的名誉侵权。维权小组因为有律师智囊团的帮助,也得到法律的支持,最终作为 DW 物业公司名誉侵权被告的维权小组胜诉。在法律面前,居民与抗争对象地位平等,受到同等的制约,其中任何一方都可以以法律为武器,规范对方的行为,为自己辩护。由此可见,运用法律的手段进行维权,不仅维护和保障了居民的合法权益,并且提高了居民的权利意识,为法治社会的发展提供了动力支持。

值得注意的是,诉讼维权不能以 XD 社区全体居民的名义进行,而需要分楼与分区进行。这种行为可能会减弱居民的凝聚力,耗费更多居民的忍耐力。即使 XD 社区居民赢了官司，维权成本也过高，所以这条路并不好走，即一场司法诉讼所耗费的时间漫长，时间拖得越久，社区居民资源整合度越低，社区居民选择司法途径进行维权的意愿也越低。市场参与主体拥有强大的财力支撑，即使知道官司的赢面不大，也会选择司法途径，以耗费居民的时间与精力来降低社区居民利益表达的博弈能力。

（3）越级信访维权

XD 社区维权小组尽管首选信访与诉讼维权的体制内利益表达途径，但是在短时间内得不到较大进展，政府有关部门的回应虽然及时，却未产生实质性的帮助，与 XD 社区维权小组的预期收益有较大出入，维修基金的追回迟迟未有进展，追究侵权者的民事责任与刑事责任的政治利益诉求与经济利益诉求均未能实现。因此，在得到社区居民的支持和上级政府部门重视的情况下，2017 年 8 月 9 日，XD 社区维权小组代表 XD 社区 200 多户居民向有关方面写信反映情况并请求依法处理，信件于 8 月 14 日被国家信访局签收。

这种联名写信的越级信访能够极大提升社区居民维权的积极性，但是越级信访即便由上级政府部门批示同意，最终落实的部门仍是基层政府，其效果更偏向形式性，表面上利益诉求得到重视，实际上问题仍得不到根本性的解决。但是 XD 社区居民还是愿意选择该方式进行维权，他们认为这起码会促使基层政府加以重视，这也是社区居民偏向于此类传导途径的理由。越级信访能够增大基层政府的压力，即使最后结果不是那么理想，但还是会有些实质性的帮助，这比长时间等待诉讼结果和信访回复更容易些，同时也不会太损耗社区居民的积极性，能够维系一定的资源整合度。

2. XD 社区居民体制外利益表达途径与实现

（1）网络维权

随着信息化时代的到来，社区居民的利益表达已经在社会上引起广泛关注。在电视、网络快速发展的环境下，居民开始意识到维权行动也可以动员这些社会资源，不仅能增强自身的实力，而且能减少自己在维权中所支付的成本。XD 社区居民利用网络平台，主要是以微博、微信、论坛等为平台，诉说追回自己维修基金过程的艰辛与心得，希望得到更多人的关注，但只有较少的居民在这些平台上发布信息，由于信息时代更新速度快，不是一些特别吸引眼球的标题多数人只会一扫而过，很难形成舆论焦点，因此该方式未能引起有关部门的关注，居民的利益表达要求得不到满足。

同时，XD 社区居民也利用 XT 大学校地共建中心网站和政府服务网站进行维权，但是效果也不佳。XT 大学校地共建中心网站转载 2017 年 3 月 8 日中共 XT 市委文件《中共 XT 市人民政府关于进一步推进驻 XT 市高校与地方经济社会深度融合发展的实施意见》。尽管这一文件在 2017 年就已发布，但是只有少数居民在 2018 年 12 月才知道这个有机制保障的网络平台，因而利用这一平台进行利益表达的居民很少。

（2）新闻媒体维权

XD 社区居民在维权行动过程中利用了 XT 电视台，希望通过该电视台的新闻报道制造社会舆论。XD 社区维权小组每次采取维权行动都欢迎新闻媒体的参与，希望将维修基金的问题公之于众，从而引起利益主体和上级政府的注意，给物业公司和房产管理局的个别官员施加强大社会压力，但是，新闻媒体很少参与 XD 社区居民维权行动，在新闻媒体中很难看到有关 XD 社区居民维权的情况。笔者在网上各大媒体中搜索有关 XD 社区居民维权的新闻，却找不到相关记录。XD 社区维权小组通过新闻媒体提升广大居民维权士气的效果不佳，而且根本无法引起政府的关注。

我也是政府工作人员，知道怎样做才能将表达效果扩大化。新闻媒体的报道当然有用，但是我们也不想把事情闹得那么大，新闻媒体比较敏感，引起政府相关部门的不满，对我们影响也不好。我们知道维权程序，选择相应的渠道。有时我们还会去别的部门串串门，打听打听相应部门的态度，这样能够避免浪费与扑空，可以省点力气。我们也有自己的策略，就是"耗"——不定期地去找相关负责人，这样能使相关工作人员不会遗忘我们的诉求。

（3）规避非理性维权

XD 社区居民维权行动从 2017 年初开始，历时一年多，未出现过暴力对抗维权的情况。尽管在后期时部分居民的情绪有些激动，但由于 XD 社区居民大部分处于中上阶层，即使不忿也不会采取暴力行为，有时气急了会与物业公司的工作人员或个别委员发生言语冲突，但未出现过肢体冲突。

XD 社区居民维权利益表达过程基本都处于理性维权状态，利益表达的过程都是合法的，包括利益表达要求的合法化和利益表达途径的合法化，这样能够为居民维权争取更多话语权。

（三）社区治理利益表达的政府回应

面对 XD 社区居民选择不同的利益表达途径进行维权，政府部门的利益表达处理亦有所不同。

1. 政府形式性回应——居民负反馈

面对居民选择的司法与信访维权渠道，市纪委、公安分局等政府部门的回应对居民来说没有实质性的帮助。加上司法与信访维权渠道的程序较为烦琐，效果不佳。市委认为 XD 社区居民的利益表达不属于其职责范围，因而将居民的利益要求转送到辖区公安分局，这一过程是政府部门间的传递过程。其中，市纪委回应了社区居民的利益诉求，但对于居民来说，这只是减少了一个可以表达的对象，之前的努力随之报废，得不到有利的帮助，市委做出了形式性回应。辖区公安分局通过审查未发现有行贿受贿犯罪行为后给予不立案的决定。这间接表明公安分局拒绝了 XD 社区居民的利益诉求，对辖区公安分局来说，XD 社区的利益要求已不属于其职责范围；对居民来说，之前收集侵权主体证据的行为无疑是白用功，利益要求依旧没有得到受理与解决，公安分局以拒绝的形式做出回应。

当 XD 社区居民认为政府的回应都是形式性的而无实质作用时，XD 社区居民表示对政府部门的处理结果不满，从而选择其他途径进行维权，不再选择信访渠道等体制内途径。居民负反馈的方式就是继续进行维权，而且偏向于选择体制外的利益表达途径。面对居民的负反馈，政府部门能否重新考虑进入回应议程要取决于是否有来自上级的指示精神、是否有来自政府系统各职能部门反馈的意见和要求。[①]

2. 政府实质性回应——居民正反馈

面对社区居民联名写信的越级信访行为，政府回应的目标是消除引发群体性事件的诱因，维护社会的和谐与稳定。较之逐级信访，越级信访加大了基层政府的压力。因为越级信访会影响基层政府的绩效，甚至某些官员会因此而受到处分。作为越级信访的表达对象，上级政府通常会将问题转回下级有关部门。一般情况下，下级有关部门会重视上级转发下来的群众利益诉求。XD 社区居民联名写信的对象是国家信访局，越过省政府直达中央政府，这使基层政府不得不重视 XD 社区居民的维权行动，有利于居民的维权。同时，国家信访局在规定的工作日内给 XD 社区居民回信，其受理 XD 社区居民的利益表达要求，并给予了一个满意的答复，这对 XD 社区维权小组来说是一场"及时雨"，表明其诉求得到了政府实质性回应。

在 XD 社区维权小组为了维修基金事件起诉 DW 物业公司时，DW 物业公司反诉维权小组名誉侵权，为了应对这场官司，维权小组做足准备，经历了 3 次开庭，人民法院做出公正裁决，维权小组胜诉，这为维权小组日后提起诉讼积累了经验，而且对 XD 社区居民来说，司法机关公平公正公开的处理是对居民的实质性回应，证明司法诉讼是实现利益诉求最公平有效的表达途径。

XT 市委书记来 XT 大学组织会议时，接见了维权小组人员，并听取了维权小组的情况汇报，了解了他们的维权困境，当场表示支持居民的利益表达要求，承诺会处理好相关问题，严办侵权行为，严查不作为的官员与部门。这代表维权小组争取到了政府的支持，减小了维权行动的阻力。这也表明政府实质性的回应会激励居民选择合法的体制内利益表达途径。

[①]　李严昌：《政府回应过程研究》，中国社会科学出版社，2018，第 149 页。

四 社区协商治理利益表达机制的运行困境

（一）社区协商治理利益表达发生机制的基本困境

XD 社区维修基金维权案例表明利益表达发生机制主要包括社会环境支持—利益要求产生—利益表达成本—利益表达资源整合四个环节。但利益表达发生过程中仍然存在一些困境。

1. 利己主义的阻滞

社区协商治理中，经常会有一些居民秉承"各人自扫门前雪，休管他人瓦上霜"的观念，对利益表达事件置若罔闻，亦不发表任何意见，这便是利己主义的特征。利己主义者坚信"人类的行为目的只能是利己的道德原则和道德理论"，即一切行为的标准就是对自己有利。任何人的生存都离不开社会环境，利己主义者也不能脱离社会环境，在同一个生活环境下，不同个体的利益诉求及其利益表达意愿程度不同，主要取决于个体的价值观、生活态度、个性与能力等。当不同个体面临同一项利益诉求时，首先考虑的是其自身偏好，居民是其利益最深切的体会者和最忠实的维护者，[①] 这便是利己主义的特征。在现实中居民或多或少都会存在利己行为。如在 XD 社区，一些居民的维修基金没有被套取，便不参与该次维修基金维权行动，甚至一些居民在得知自己的维修基金被套取时，出于一些私人原因，既不发表自己的观点，也不进行利益表达。不容否认，居民有权决定是否进行利益表达，这无关对错。但是，对发生在自己身边的事都不予理睬，难免有利己主义的嫌疑。在组织化利益表达过程中，如果利己主义的居民占据多数，那么利益表达发生机制就会被扼杀在摇篮中。

2. 公民意识与公民参与不足的阻滞

公民意识指公民的主体意识、权利意识、法治意识、责任意识等，属于

---

① 侯健：《利益表达与公权行为：公民如何影响国家》，复旦大学出版社，2015，第 14~24 页。

公民的政治价值理念;① 公民意识还包括道德意识,② 这也是公民身份的主要特征。公民勇气是指"为了信念而不惮于行动,即使冒着为其信念支付高昂代价的风险"③。在社区协商治理利益表达过程中,居民公民意识和公民勇气的不足影响利益表达的发生。首先,公民意识不足易导致利益表达的参与率低。公民意识不足的居民受传统宗法观念等思想影响,当自身利益受到侵害时,多数会选择忍气吞声,无表达参与意识,也不会参与社区组织化的利益表达。其次,公民的勇气不足易导致利益表达活动的搁浅。公民的勇气体现在不畏强权,为了信念敢于付之行动。但公民的勇气不足,面对实力强势的表达客体时,该类型的公民容易放弃表达。XD 社区有部分居民在明知维修基金被挪用的情况下,依旧放任不管,通过访谈维权小组成员得知,这些居民主要是责任意识薄弱,存在"搭便车"的心理,或者有些居民觉得在与政府博弈过程中所付出的代价太大,不值得继续维权而放弃利益表达,这些都不利于利益表达发生机制的生成。

3.利益表达能力不足的阻滞

居民利益表达能力缺乏是利益表达发生机制止步的又一诱因。居民表达能力是以理性为主,以心理、情感、价值观等因素为辅综合而成的。而利益表达能力主要取决于其拥有的政治资源、经济资源、文化资源等可用资源的多寡。居民的表达能力越强,越清楚自己的处境与利益要求,越容易忽略对利益表达所产生成本的分析,因为他们可以轻松地负担这些成本。对于这类利益主体,利益表达所带来的收益远超其所承担的成本,他们愿意动员处于相同处境的人员一起进行利益表达,利益表达发生机制便易生成。XD 社区居民的社会经济地位较高,是中高收入人群,属于中上阶层,掌握丰富的文化资源,居民的利益表达能力较强。在社区维权过程中,XD 社区没有公用

---

① 刘春泽:《农民工政治参与与社会主义政治文明建设——关联、制约及顺应》,《前沿》2011 年第 3 期。

② 郭于华、沈原、陈鹏主编《居住的政治:当代都市的业主维权和社区建设》,广西师范大学出版社,2014,第 99 页。

③ Richard Swedberg, "Civil Courage (*Zivilcourage*): The Case of Knut Wicksell", *Theory and Society*, Vol. 28, No. 4, 1999, pp. 501–528.

的维权基金，维权所产生的费用由维权小组成员自付，即使部分居民提议成立维权基金会，平摊维权费用，但维权小组成员特别是维权骨干仍表示不需要居民平摊费用，因为他们完全有能力承担这些费用，加上维权小组认为，维权所产生的费用金额不大，没有成立维权基金会的必要。另外，与被套取的维修基金金额相比，维权成本可以忽略不计，预期维权成本远低于预期维权收益，XD 社区居民的维权表达动力大，利益表达行为也就势在必行。反之，利益表达能力弱者，其情绪管理能力与意识思维能力等也较弱，表达行为多为非理性。一般而言，社会阶层越低的利益主体，其表达能力越弱，面对同样的表达成本，更看重成本与收益之比。对于这类利益主体，当利益表达的预期收益大于预期成本，而且差距越大时，利益主体采取利益表达行为的动力越大；反之，采取利益表达行为的可能性就小，更别说预期收益低于预期成本了，利益主体会直接放弃利益表达行为。当他们面对强大的利益冲突主体时：一是容易妥协或被说服，还未表达自己的利益要求就受其影响而放弃利益表达；二是容易出现偏激行为，与冲突主体发生激烈争吵甚至发生肢体冲突。由此可见，居民利益表达能力缺失阻碍了利益表达发生机制的发展。

（二）社区协商治理利益表达传导机制的运行困境

当利益表达发生机制这一过程完成时，利益表达主体将面临选择如何将利益诉求传导给政府部门的问题，也就是公众进入政治系统的"输入"过程，这一过程指的是利益传导机制。只有通过传导机制，利益表达主体的利益要求才能传送到政府部门，政府部门才有可能就利益表达主体的利益要求做出回应。但这方面也存在运行困境。

1. 限制措施过多的阻滞

我国利益表达途径多元，能够满足不同阶层的表达需要。但尽管利益表达途径多元化，实际效果却不佳，甚至出现表达途径的限制措施多于保障措施，有些表达途径虽具有合法性但在实际中却不可利用。居民尽管享有集会、游行、示威的自由，但这些都是有约束性条件的，对这一自由施加的限制措施较多,使这类途径几乎流于形式。若居民采取这种途径进行表达,表达行动有可能"踩线越线",非但不能对居民的利益表达产生实质性帮助,还有可能引发政府的不满与触犯法律。XD 社区居民大多是教职员工,见识面广,只要合法合理表达,不会对官员产生潜在畏惧心理,况且一些居民本身就是政府官员,熟悉政府行政程序,有利于避开限制措施多于保障措施的表达途径,选择合适的途径进行维权。

2.表达途径效能的阻滞

利益表达途径的效能指的是在传导利益主体利益要求方面的效率、效果,主要体现为传导速度、准确度、到达数量和信息容量。① 传导速度表现为利益主体的利益要求传导到有关政府部门的时间长短。利益主体希望其提出的利益要求能够快速有效地传递给有关政府部门,时间越短,其利益要求得到处理的机会越大;准确度是指利益主体的利益要求与政府所理解的利益要求之间存在的偏差程度,偏差程度越小,越有利于利益要求的实现;到达数量指的是最终到达政府的信息数量,信息容量指的是表达途径可同时容纳的信息数量。一项利益要求可能经过多种途径才能传导到有权处理的政府部门,这便是效能不佳的表现。XD 社区居民的主要利益要求是追回其维修基金,为了这一利益要求,以不触犯法律为准则进行维权,且首选体制内利益表达途径。从信访途径开始,然后通过向人民检察院举报违法违纪行为、向人民法院提起诉讼等途径向有关部门表达其利益要求。市委、市委书记、公安分局、驻区单位回复结果与实际结果存在落差,迫使利益主体选择越级信访等体制内途径。XD 社区维权小组通过各种体制内利益表达途径进行维权仍得不到一个满意的结果,维修基金问题依旧成谜,无法对涉嫌主体进行依法惩处。因此,XD 社区维权小组选择越级信访的途径进行维权,这次得到国家信访局的回应,对 XT 市信访局产生一定影响,相关部门表示会认真处理其利益要求,但至今为止,XD 社区维修基金问题依然未解决,足见传导途径的效能不高。

---

① 侯健:《利益表达与公权行为:公民如何影响国家》,复旦大学出版社,2015,第 196~198 页。

3.诉讼风险与成本的阻滞

诉讼风险是指作为利益主体的当事人，"在诉讼活动中可能遇到的一些争议事实以外的因素，影响案件审理和执行，致使其合法权益无法实现的风险"①。对于利益主体而言，诉讼风险可以简单理解为"败得起"，即承受诉讼失败所带来的损失的能力。诉讼成本不仅包括金钱的消耗，还包括时间、精力的消耗。法律经济学的研究表明，诉讼成本是法律活动必须考虑的因素之一，这能够判断利益主体的表达行为是否具有效能。利益主体在选择司法诉讼途径进行表达时，须承担一系列诉讼成本：诉讼费、律师费、检测费、交通费、误工费等以及时间与精力的消耗。司法诉讼意味着利益主体需要做好"长期备战""耗得起"的思想准备，所带来的风险与成本无疑加大了利益主体的经济压力与精神压力。与其他利益表达途径相比，司法诉讼途径所消耗的成本和所承受的风险较高，属于额外支出，并不是每一个利益主体都承担得起，因而，经济条件和社会地位较弱的利益主体在选择利益表达途径时，一般不会优先选择司法诉讼途径。XD 社区维权小组尽管表示其维权过程中未成立维权基金，小组成员有能力承担司法诉讼的经济成本，但面对时间与精力的消耗，一些年老的居民表示"耗不起"，其身体条件不允许，有一些居民则因工作等没有过多的时间与精力参与诉讼维权。

（三）社区协商治理利益表达政府回应机制的运行困境

利益表达的结果取决于政府回应。政府回应过程中，政府部门会对利益表达主体的利益要求进行简要分析：一是判断这些要求是否符合其职责范围或是否与其职权相关；二是如果符合其职责范围，那么对利益表达主体的利益要求是支持还是限制，对利益要求是承认还是不承认等。这一步骤决定政府的回应是形式性的回应还是实质性的回应。因为这涉及政府及其官员的利益。对于政府官员来说，"其权力行使行为的准则是自身利益的最

---

① 郭于华、沈原、陈鹏主编《居住的政治：当代都市的业主维权和社区建设》，广西师范大学出版社，2014，第175页。

大化"①。因而在考虑是否承认利益表达主体的利益要求时首先会考虑自己的成本与收益,如考虑制度规定、领导的态度、监督机构的监督力度、利益表达者与相关利害人的关系等,这些因素不是一成不变的,这些因素决定了政府回应的动力。

1.权责利脱节的阻滞

政府回应动力来自政府自身的动力和公众舆论的压力。政府利益是政府回应的主要动力,但也是滋生腐败与不公的原因,容易导致责权利三者的脱节。趋利避害是人的本性,政府亦不例外。政府在回应过程中,越是符合政府利益,而且成本越低越容易实现的利益要求,政府越容易给出实质性回应。面对那些不符合政府利益甚至侵犯政府利益的要求,政府的回应则倾向于采取拖延时间、消极应付或者相互推诿等形式性的回应。这表明政府更多地是在推脱中淡化责任,将政府利益摆在首位,忽视了公众利益。在 XD 社区维权过程中,市纪委与公安分局的回应可以说是在推诿中淡化责任。以繁杂的行政程序与僵化的行政回复手段做出回应,不仅浪费行政资源,还有损政府形象,这实际上就是利用责任规定来规避责任追究;同时有些政府官员为巩固和追求自身权益,往往会枉顾公众的利益表达要求,引发公众对政府回应机制的不信任。

2.政府回应力不足的阻滞

政府回应力欠缺表现为回应不及时、回应方式不当和回应不透明等②,这容易导致利益主体对政府的信任感降低,从而损害政府的公信力。政府回应不及时体现在有关政府部门在有效工作日内未能对利益表达主体的利益要求做出回应,利益要求难以得到及时处理,利益表达主体的怨气日积月累,对政府的不信任感加深,矛盾逐渐激化,利益表达活动容易变成冲突性群体事件。回应方式不当主要表现为或态度强硬或回避推脱等;回应不透明主要体现在信息垄断或失真,利益主体的政务信息等知情权受阻,引发一些

---

① 侯健:《利益表达与公权行为:公民如何影响国家》,复旦大学出版社,2015,第 25 页。
② 陈路芳:《地方政府应提高对公民需求的回应力——对我国频发群体性事件的反思》,《理论探讨》2009 年第 3 期。

"小道消息",不明真相的利益主体有可能由此而产生非理性情绪,影响社会稳定。政府回应力不足一般出现在只有形式性回应而无实质性回应时。政府回应力不足是"体制性迟钝"①的主要表现,而资源有限性和权利重要性的失衡又致使政府回应力度不足。由此,政府回应力欠缺被看作"民主政治遭遇合法性危机的重要根源之一"②,结果有可能导致利益主体的政治冷漠。XD社区居民的维权行动已历时许久,其追回维修基金的利益要求至今未能得到实现,而且得到政府形式性回应的次数多于实质性回应,部分居民觉得维权无望,对政府的信任度降低。XD社区维权小组的成员王某(公职人员)曾表示,其若有空便去有关部门看看政府回应的进度,顺便催催有关部门,以便减少政府回应力不足等现象的出现。

3. 僵化的稳定思维的阻滞

自改革开放以来,利益表达机制建设的基本原则是保证社会稳定。邓小平同志多次提及稳定:"中国人这么多,底子这么薄,没有安定团结的政治环境,没有稳定的社会秩序,什么事也干不成。稳定压倒一切。"③从政府利益视角出发,政府及其官员以公众权利最小化和政府权力最大化的行动准则,压制各种利益表达;从公共利益或社会整体效益的角度出发,即个体利益和局部利益必须服从公共利益和社会效益,甚至以牺牲公正为代价,这意味着将利益表达与社会稳定对立起来,陷入了一种僵化的稳定思维。"稳定压倒一切"是邓小平同志在特殊的情势下提出的,并不是任何时候都适用,需要对稳定理念进行反思。④但是,就这种僵化的稳定思维带来的结果而言,各级政府将大量的人力、物力、财力用于维稳,却陷入"越维稳越不稳"的怪圈中,很容易失去政府的公信力。

---

① 郝宇青:《当前中国"体制性迟钝"原因剖析》,《探索与争鸣》2008年第3期。
② 〔德〕哈贝马斯:《在事实与规范之间:关于法律和民主法治国的商谈理论》,童世骏译,三联书店,2003,第486页。
③ 《邓小平文选》第3卷,人民出版社,1993,第331页。
④ 侯健:《利益表达与公权行为:公民如何影响国家》,复旦大学出版社,2015,第117~124页。

五　社区协商治理利益表达的优化路径

（一）推进利益表达的有序化

在利益表达实践中，经常会出现无组织的群体性表达行为，如在社区内挂横幅、静坐，或者围堵物业公司、开发商、居委会等，以期来表达其利益要求，如解聘物业公司的利益要求。这些无序现象较多，而且越是无序表达，其利益要求越难实现，甚至因此而触犯法律，被公安部门以寻衅滋事罪或扰乱社会治安罪等刑事拘留，无序表达只会给利益表达主体带来更大的伤害。因此，利益表达只有合法合理有序进行，才能更好地实现利益要求。非理性表达不仅不利于诉求的解决，有时甚至会被视为暴力分子，诉求不成反而有牢狱之灾。只有在法律允许范围内有序地进行利益表达，利益表达才有可能得到完善的解决。

（二）增强利益表达的合法性

利益表达主体的利益要求是利益表达发生机制的核心环节。利益主体的利益要求合法化能够促进利益的深化。所谓利益的深化，就是利益主体对自身利益的再认识与升华。利益的深化能够帮助利益表达主体再次整合其利益要求与资源，以此来择优选择其利益表达途径，加大对政府回应动力中公众舆论压力的砝码，以期政府做出实质性回应。利益主体向政府有关部门提出利益要求时提交足够的证据与理由，以便相关部门加以认同和及时回应。这些理由与证据说明利益主体是依据"合法性渊源"来合法化利益要求，能够促使权力机关承认其利益要求的正当性。合法性渊源大致分为"制度意义上的渊源和观念意义上的渊源。前者包括法律、政策和通行做法、先例或成规等，后者包括官方意识形态、主流伦理道德、思想理论、公平正义观等"①。

---

① 侯健:《利益表达与公权行为:公民如何影响国家》，复旦大学出版社，2015，第 76 页。

（三）培育利益表达的主体意识

公民主体意识不仅包括身份意识、权利意识、责任意识、参与意识，还包括平等意识和法治意识。培育公民主体意识，需要转变公民意识的教育理念，突破传统政治文化的藩篱，特别是在社区协商治理过程中，培养社区居民对社区的认同感和归属感，使社区居民能够自我觉醒、自主表达需求，并逐渐提高其表达能力，强化居民对其身份意识、权利意识、责任意识和参与意识的认同，"公民身份意味着积极承诺，意味着责任。公民身份意味着一个人在社区、社会和国家中有某种影响"[①]。通过政府宣传教育，公民主体意识增强了，参与利益表达的意愿会更强烈。

（四）优化利益表达组织化的制度建设

每个利益主体都有权选择是自行直接表达利益要求，还是通过组织机构表达要求。其选择依据一般与利益主体的表达能力和所拥有的可利用资源有关。总体而言，面对同一利益要求，利益主体通过组织化的方式进行表达比个体表达的效应高。利益表达组织化对利益主体和政府部门都有利，对利益主体而言，不仅可以降低利益主体的表达成本，还可以提高利益表达能力，特别是提高弱势群体的表达能力。对政府部门而言，一方面可以提高政府部门信息处理的质量，减少不必要的浪费；另一方面有可能避免极端事件的发生。但是，利益表达组织化也存在一定的风险，如产生"搭便车"困境或是引发贿赂行为。因此，必须重视利益表达组织化的制度建设。首先，在宏观层面健全现行的法律制度。利益表达主体按照其意愿结成一定的组织形式进行表达，这需要法律赋予合法权益，而不是一味地加以限制、约束，应适当给予管理和肯定。其次在微观层面完善监督管理方式和救济措施。特别是对弱势群体应当给予一定的救济手段。

---

① 〔美〕彼得·德鲁克：《社会的管理》，徐大建译，上海财经大学出版社，2003，第186页。

（五）完善基层公众信访机制

信访是利益主体使用率最高的利益表达途径，但是与庞大的信访数量相比，信访的回应效率不高。信访从一个部门转向另一个部门，最后利益要求也许在不停地转交中被忽略，迟迟得不到处理。因此，信访需要一个预警机制，对信访内容及其信访过程所引发的一系列问题进行评估与监测，尽量将信访诱发因素化解在萌芽状态，避免越级信访引发的各种问题。由于全国各地的信访预警机制有所不同，从实际出发，借鉴信访预警做得好的地方通常有信访风险评估机制、信访工作关口前移、舆情监测与分析机制、领导干部下访接访机制、矛盾问题排查机制等。在这个基础上逐渐形成信访预警机制，只有符合中国国情的信访预警机制才能快速回应利益表达主体的利益要求。对于同样是传导机制的利益表达途径，利益表达主体应尽量避开限制措施过多和效能不高的表达途径，因为实践证明这类途径不利于利益表达的顺利进行。利益主体需要选择合法合理的方式进行利益表达。同时，政府需要不断完善相关法律制度，特别是限制措施多于保障措施的利益表达途径，以保障利益表达主体的合法权利。

（六）提升政府回应的有效性

政府回应关系到利益表达者的利益要求是否能够实现。政府给予实质性回应对利益主体而言是好消息，因为政府承认其利益要求，并向其说明有关利益要求的受理、传递或者决定情况。但这只是利益要求实现的第一步，还需要落实到位才能真正实现利益表达主体的利益要求。但在现实中，许多利益表达主体拿着政府的书面回应文件，要求有关部门和相关冲突主体执行时，由于缺乏相应监督机制，相关部门或相关冲突主体却常常不予理睬或者先答应却不采取行动，致使利益表达主体的利益要求一直未能得以实现。因此，需要政府有关部门加大监督力度，亟须重视政府回应的执行过程，不然利益表达者会认为，即使政府承认其利益要求，却依旧不能解决其诉求，由此慢慢对政府失去信心。社区协商治理利益表达机制是利益表达发生机制、传导机制和政府回应机制三个重要部分共同构成的动态联系系统。其中，作为利益表达主体的社区居民，利益表达发生机制是其利益要求的首要步骤，传导机制是利益表达机制的核心环节，政府回应机制决定利益表达的结果。

六　总结

通过对 XD 社区维修基金维权过程分析可知，社区协商治理利益表达发生机制的主体是居民。多数居民重视利益表达发生机制的生成，这一过程发生在维权行动的前期，居民的参与程度较高。但是在维权行动后期，维修基金问题一直未得到解决，居民参与的积极性大大减弱，特别是在接到政府形式性的回应之后，只有小部分居民还在坚持维权。由此看出，尽管发生机制运作很顺利，但在传导机制和政府回应机制过程中受到阻碍，特别是接二连三地收到形式性回应后，问题拖的时间越久，居民的利益要求越难得到解决，居民利益诉求越容易落空。我国具有多元利益表达途径，但就现实而言，不管是体制内利益表达途径还是体制外利益表达途径都存在表达效能不高的弊端，体制内利益表达途径甚至存在限制措施多于保障措施的端倪，而司法诉讼途径存在诉讼成本与诉讼风险过大的弊端，这些问题加大了居民利益表达的难度。利益表达回应机制的主体是政府，而政府对多维利益的考量又是其做出回应的重要影响因素，这与责权利脱节、政府回应力不足和僵化的维稳思维有关。

第八章
公共决策过程中的央地
协商机制及其完善[*]

各国在重大公共决策过程中都面临一个难题——央地利益及其协调。联邦制国家主要通过宪制等司法权限制度来规范央地关系，中国作为单一制国家，在制定具体政策的过程中是如何协调央地利益的呢？对中国而言，"中央和地方的关系也是一个矛盾"，1956 年，毛泽东在《论十大关系》中就指出："我们的国家这样大，人口这样多，情况这样复杂，有中央和地方两个积极性，比只有一个积极性好得多。"[①] 尽管中央政府和地方政府分别代表整体和局部利益，二者地位并不对等，但是，在公共决策过程中，中央并不能简单地运用中央权力或者司法手段强制性地做出决定，原因很简单，整体和局部是相互依存的，在一些政策领域中央和地方必须相互妥协以取得利益均衡，这很有必要。因此协商民主或者"商量着办"同样适用于中央和地方关系的协调。

毛泽东曾强调："我们要提倡同地方商量办事的作风。党中央办事，总是同地方商量，不同地方商量从来不冒下命令。"[②] 这成为央地协商机制建立的重要思想渊源。经过社会主义建设的探索，尤其是改革开放以来地方自主性的发展，以灵活性说服为原则、以寻求共识为目标的央地协商机制逐渐成为中国公共决策体制的重要组成部分。习近平指出："在我们这个人口众多、幅员辽阔的社会主义国家里，关系国计民生的重大问题，在中国共产党领导下进行广泛协商，体现了民主和集中的统一。"[③] 学术界尽管有学者提

　＊　本章主要完成者为龙贤晓。
　①　《毛泽东文集》第 7 卷，人民出版社，1999，第 31 页。
　②　《毛泽东文集》第 7 卷，人民出版社，1999，第 31 页。
　③　《习近平谈治国理政》第 2 卷，外文出版社，2017，第 293 页。

出了"行为联邦制"①、"共识型决策"②、"央地共治"③、"央地互动"④ 等解读中国央地互动的模型，但是对央地互动的具体协商机制和运行逻辑的研究还不够深入。本章力图全面归纳分析我国央地协商机制的基本内涵、基本形式和基本动因，并通过"分税制改革"中中央和广东省协商互动的案例分析，来厘清央地协商机制的运作逻辑，在此基础上提出相应的优化建议，以期推动中国中央地方关系的制度化发展。

一　央地协商机制的基本内涵和内在动因

（一）央地协商机制的基本内涵

"央地协商"的基本内涵是指中央政府和地方政府（主要是省级政府）以对话沟通为形式、以利益妥协互惠为基础，通过交换意见、寻找利益的结合点，从而达成共识为目标的公共决策过程。这里所说的"央地协商"不能理解成政治"讨价还价"或契约性市场交易模式，而是要将其看成公共利益责任支配的程序。协商机制强调以民主平等的方式解决双方利益矛盾，以符合央地政府的要求，协商机制的有效运行使中国的政策制定成为一个充满沟通协商的央地互动过程。央地协商机制的基本内涵可以从协商机制运行领域、运行特征、基本形式几个方面来把握。

1. 央地协商机制的运行领域

并不是所有的领域都适用于协商，有些领域是不适用协商原则的，其决

---

① 郑永年：《中国的"行为联邦制"——中央—地方关系的变革与动力》，邱道隆译，东方出版社，2013，第12页。

② 鄢一龙、胡鞍钢、王绍光：《中国中央政府决策模式演变——以五年计划编制为例》，《清华大学学报》（哲学社会科学版）2013年第3期。

③ 闫帅：《公共决策机制中的"央地共治"——兼论当代中国央地关系发展的三个阶段》，《华中科技大学学报》（社会科学版）2012年第4期。

④ 苏利阳、王毅：《中国"央地互动型"决策过程研究——基于节能政策制定过程的分析》，《公共管理学报》2016年第3期。

策权必须由中央政府独占，而有些领域则是专属于地方政府的，也无须协商。专属于中央政府的权力：一是必须体现中央权威的领域；二是中央已经明确规定的制度环境政策。因为"中央政府的角色是规定制度环境，地方政府则在这个设定好的制度环境中行动"①。还有一些其他事务则专属于地方支配的领域，比如地方的安全、公路建设和学校建设等；有一些专门的经济事务，如一定限额下的国外直接投资和对外投资等也无须与中央协商。

央地协商适用的领域主要在于中央和地方分享权力的领域，通常是中央制定的政策，但必须由地方来执行，因而，中央政府在制定这方面政策时会与地方政府商议。如果央地政府在这些政策领域不进行充分的协商，是很难制定并落实好这些政策的。央地协商政策内容既包括政策的地方落实操作问题，也包括全国性重大决策的制定与实施，即不只是政策操作问题，还包括政策本身。同时，随着政策协商的空间变大，每项政策可协商的余地也在增大，即协商的强度与幅度大大增加。② 自分权改革后，央地协商的内容与领域不断拓宽。中国各省域之间存在巨大的差异，中央政府很难制定一个适用于所有地区的具体政策。因此，省一级政府在全国政策的制定和实施上有着重要的甚至是关键性的话语权。

2. 央地协商机制的运行特征

（1）协商主体的独立性

协商主体的相对独立性是协商的前提。协商主体的独立性包括平等性与自治性。"协商的核心是非强制性地提出和接受合理的观点，以资源平等为条件，协商需要可提出说服性观点的平等能力。"③ 协商是一个相互影响与控制的过程，协商主体会根据自身实际情况和需要进行独立思考并做出决策，从而说服或反驳对方，而不应该受到对方权力或者其他因素的影响，这

---

① 郑永年：《中国的"行为联邦制"——中央—地方关系的变革与动力》，邱道隆译，东方出版社，2013，第 12 页、58 页。

② 郑永年、吴国光：《论中央—地方关系：中国制度转型中的一个轴心问题》，牛津大学出版社，1995，第 21 页。

③ 〔美〕杰克·奈特、〔美〕詹姆斯·约翰逊：《协商民主需要什么样的政治平等》，转引自陈家刚选编《协商民主》，上海三联书店，2004，第 241 页。

意味着协商主体必须有平等地位和独立意志。协商一般发生在"等级相近的领导人、同等级的人员或直属上下级之间"[①]。中国地方政府的相对独立性首先来自法律。"地方政府的权威直接来自宪法，地方政府与中央政府之间的关系是对等的"，同时"地方政府权力的法律基础来自中央政府，地方政府从属于中央政府，但并非完全依附中央政府"[②]。其次，地方政府的相对独立性来自经济改革的政府间放权。改革开放以来，中央将经济决策权下放给地方政府，地方政府的权力基础发生了重大变化，中央—地方关系变得高度相互依赖。中央和各省域之间相互调整关系，导致了国家结构的变化，产生了阿瑟·马斯所称的"平面民主"（areal democracy）[③]，因此，各省不仅有权力处理地方事务，还有能力影响国家层面的决策。

（2）协商过程的灵活性

协商过程的灵活性体现在协商程序的灵活性和协商方式的多样性。一是协商程序的灵活性。在协商过程中，只要协商双方同意，便可随时交换意见、陈述观点和表达诉求，而且对孰先孰后无硬性要求，一般是按各自准备情况灵活定夺。二是协商方式的多样性。协商方式不只有一种，而且不必局限于固定的时间与空间。在具体方式上，可以通过信函、各种会议、高科技通信技术等方式进行协商。虽然协商过程的灵活性能够促使高效率协商和协商顺利进行，但是灵活性也可能成为阻碍协商顺利进行的不利因素。灵活的程序和方式容易激起协商主体的不满情绪，有可能导致非理性的思考与决策，甚至导致协商的中断。

（3）协商结果的互惠性

协商的目的是解决双方矛盾或冲突并且推动达成共识，互惠性一直是我国央地关系处理的一个重要原则。毛泽东曾指出："处理好中央和地方的关

---

① Kenneth G. Lieberthal, David M. Lampton, *Bureaucracy, Politics, and Decision Making in Post-Mao China*, Berkeley: University of California Press, 1992, pp. 33-58.

② 金太军、赵晖等：《中央与地方政府关系建构与调谐》，广东人民出版社，2005，第116~117页。

③ 郑永年：《中国的"行为联邦制"——中央—地方关系的变革与动力》，邱道隆译，东方出版社，2013，第40页。

系，这对于我们这样的大国大党是一个十分重要的问题。……我们历来的原则，就是提倡顾全大局，互助互让。"① 协商双方通过不断的信息交流，运用资源利用等不同手段相互影响，不断修正协商目标、调整协商策略，力求在互动过程中说服对方，以期达成一个双方均可接受的政策，这为日后积极执行政策减少了不必要的阻碍，同时还避免了"上有政策，下有对策"的现象。协商的过程不仅是一个竞争过程，也是一个合作过程，最终目的是达成共识、追求"共赢"。中国是单一制国家，中央必须保持统一性和一定的控制性。在政治结构上，地方政府从属于中央政府，因此，在一些必须由中央决策的领域，地方必须服从中央，向中央看齐，在这种情况下，中央和地方的互动带有一定的强制色彩，这主要体现在中国的政治等级结构和干部任命制度中。但是强制命令并不排斥协商互动，比如干部制度方面，尽管中央掌握着省级领导的最终决定权，但是干部考察过程蕴含着丰富的协商民主因素。更为重要的是，在利益协调方面，中央和各省都承认通过协商可以解决一些重大决策中的冲突，并促进共同利益的实现，在当前的中国政治过程中，协商逐渐成为公共决策中中央—地方关系协调的重要形式。

3.央地协商机制的基本形式

（1）协商主体："单独协商"与"集体协商"②。

"单独协商"是指中央与地方政府单独就两者的矛盾或冲突进行相对的协商，是我国中央与地方间进行协商的一种最常见并具有很强针对性的方式。由于我国地域辽阔和地区较多，加上各地方的差异很大，因此在一些决策方面，如果该决策与某些地方利益关联紧密，中央就需要与各地方进行单独协商，以期与地方达成共识。由于各地方的经济发展和资源优势不同，各地方与中央协商谈判的能力也不同。一般来说，较为富裕和拥有独特资源的地方愿意选择"单独协商"的方式。当然资源不仅仅局限于

---

① 《毛泽东文集》第 7 卷，人民出版社，1999，第 32～33 页。

② "单独协商""集体办商"是相对于郑永年的"个别谈判""集体谈判"而提出的。参见郑永年、吴国光《论中央—地方关系：中国制度转型中的一个轴心问题》，牛津大学出版社，1995，第 22 页。

经济资源，有些省份虽然没有较强的经济实力，但是可以将一些区域资源或政治资源转化为协商的基础，比如少数民族聚居地区或特别贫困的地区，当地经济相对落后，因此需要就扶持政策或转移支付政策与中央沟通协商。

"集体协商"是指中央与两个或两个以上的地方政府一起就共同关注的问题或利益矛盾进行协商，一般地方政府间也会加强协调，旨在提升与中央协商的谈判能力与地位。"集体协商"的内容一般集中于经济领域，比如较为贫困的地区和缺乏独特资源优势的地区更愿意选择"集体协商"的方式与中央进行协商。近年来，随着区域经济发展速度加快，"以大城市为核心，通过强化大城市与中小城市的交通和网络联系构建城市群的城市化"①发展的模式日渐增多，在跨制度、跨省市（区）的合作共商共建区域发展战略决策中，与城市群相关的地方政府为了优化经济发展模式、整合资源，一般会采用"集体协商"方式和中央政府进行协商，从而最终形成城市区域发展战略规划，典型的如有关粤港澳大湾区发展战略规划的决策。

（2）协商形式：会议协商与书面协商

会议协商是指协商主体通过面对面的方式，以各种类型的会议就协商主体的利益问题进行沟通、商量与谈判。央地的会议协商主要有以下几种方式：一是座谈会，这是一种央地间常见的协商方式，比如20世纪90年代中央与广东省就分税制的协商就选择了座谈会的方式；二是研讨会，这种会议的参与主体是央地政府研究机构的专家，专门针对某一协商主题进行意见交流、讨论和商议；三是工作会议，特别是各种经济工作会议，多为央地解决经济利益冲突的协商沟通会议；四是人大与人民政协会议，这两种会议的参与主体多、会期较短、议程多，但缺乏针对性，难以达成共识；五是书面协商，是指中央与地方通过公文的方式进行协商，一般分为自上而下和自下而上两种书面协商方式，即中央下达公文、地方上书中央（通常以各种形式的请示、报告等为主要形式）两种方式。无论哪种方式，首先，需要中央

---

① 《刘鹤的学术思想和政策意涵》，http://pit.ifeng.com/a/20160516/48779238_0.shtml。

与地方就协商问题进行深入的调查研究，才能客观地了解实际情况，掌握更全面的信息资料；其次在时间上要求反馈及时，必须将协商的意见和建议等及时反馈给对方，才能减少各种误解，加速达成共识。

（二）央地协商机制的内在动因

1. 中央政府的动因

自新中国成立初期开始，我国历代中央领导人越来越趋向于通过协商方式来处理全国性的重大决策问题。其一，中央深刻认识到决策的最终落实必须依靠地方政府，否则，再完美的决策也只能成为留在纸面上的文字。因此中央政府不能简单采用单一命令方式处理与地方政府的关系，而应尽量采取协商与合作的方式。比如，1986 年中央政府制定了"价税财联动"方案，明确了要实施"分税制"的思路，但是如果得不到地方政府的支持与配合，该方案就会成为一纸空文。其二，任何决策都必须符合实情。我国是一个幅员辽阔的大国，中央政府不可能比地方政府更清楚当地的实情，中央掌握的信息很多是由地方政府提供的，所以中央政府倾向于与地方政府进行沟通协商，以便掌握更多的信息来制定更符合实际的决策，同时也能让地方政府更放心地落实决策。其三，为了推动资源和发展的平衡。在我国政治环境中，"公平"是央地政府的共同价值，而"协商存在公平"[①]，这有助于树立中央政府所提倡的公平、民主等社会核心价值。同时中央政府认为，与地方政府加强沟通协商是一个互利互惠的"双赢"过程，可以弥补等级命令机制方式的不足，打破央地关系零和博弈的局面。

2. 地方政府的动因

其一，追求地方利益的需要。地方利益是影响中央与地方利益关系稳定与否的直接因素，也是地方政府经常与中央政府进行协商的根基。我国地方政府虽然是整个国家的组成部分，需要服从中央，但是地方也有自己

---

① David M. Lampton, "A Plum for a Peach: Bargaining, Interest, and Bureaucratic Politics in China", in Kenneth G. Lieberthal and David M. Lampton, Bureaucracy, Politics, and Decision Making in Post-Mao China, Berkeley: University of California Press, 1992, pp. 39-40.

的相对独立性。地方利益既是整体利益的组成部分，也与基层人民群众的利益直接相关，满足辖区内人民群众的基本要求和维护其利益是地方政府的基本职责。其二，地方政府拥有一定基础的自主权。改革开放前，我国经历了两次较大规模的分权活动，唤醒了地方政府的自我意志，地方政府开始拥有自主权。改革开放后，地方政府的自主权不断加强，地方政府成为相对独立的政治主体。从政策输入的角度讲，地方为推动中央制定符合自己诉求的政策，必须积极策划，努力使自己的策划被中央政府采纳，进而转变为中央决策。其三，地方政府拥有相对独立的资源。这是地方政府与中央政府协商的基本保障。央地协商机制的运行需要央地政府利用各自的资源相互影响，而每个地方政府都或多或少地拥有独特的地方条件和资源，这也成为地方政府与中央政府协商的前提和基础。

当然，必须明确的是，1998年中共中央明确了由中央直接考察和管理所有副省级以上的干部、地方主要正局级岗位的干部均须向中央备案的政策规定。地方政府核心领导都需要对中央负责，这是保证中央权威、防止地方主义过度发展从而干扰全局利益的重要途径。下管一级的干部人事权力使地方政府又可以在辖区内任命（在中央批准下）不属于中央直接任命的官员担任职能部门的重要职位，从而确保层层负责的政府责任体制。当然，地方政府也要向辖区内的人民群众负责，群众路线的工作方针和人民主体地位的凸显又使央地政府的根本目标是一致的。从这一点看，地方与中央的关系是部分与整体的关系，两者相互依存，相辅相成。因此，在利益发生冲突时，央地政府都愿意选择用协商的方式来解决争议。

二　央地协商机制的运行过程与逻辑：基于"分税制改革"的案例分析

接下来，我们基于"分税制改革"中中央与广东省协商互动的案例来分析央地协商机制运行的内在逻辑。我们选择"分税制改革"作为分析央地协商机制的典型案例，原因如下。第一，分税制改革具有制度变迁的

"关键转折点"（critical juncture）意义。克拉斯纳认为，制度变迁可以分为发生根本性转变的关键转折点和由此形成的新制度在新的路径下存续的时间。[1] 而分税制改革在中国的财政制度改革上具有重要的节点意义，它在某种意义上开启了中国近 24 年财政制度运行的基本模式，对当前中国的央地关系也同样具有制度性的影响，其典型性强于最近任何单一政策领域的案例。第二，"分税制改革"的研究资料逐渐丰富。随着时间的推移，研究资料的政治敏感性逐渐淡化，学术研究的客观性和独立性逐渐确立。此外，比较重要的是随着领导人讲话、文集、回忆录的出版，研究资料越来越丰富，为案例研究提供了较好的资料条件。第三，一切历史都是当代史，"分税制改革"作为中国改革的历史事件，对于我们反思中国中央和地方制度改革仍然具有重要价值。当然，值得指出的是，我们这里侧重分析的是央地之间的单独性协商案例（中央和单一省份间的协商）。

（一）"分税制改革"中中央和广东省的协商过程

1.协商议题的确立：中央提出与确定

"分税制改革"的方案刚刚提出时受到广东省政府的抵制，原因在于在旧有的"包干体制"下，广东省拥有"特殊政策、灵活措施"[2]，因而广东经济发展迅速，经济实力雄厚。中央"分税制改革"方案的提出让广东省政府意识到其既得利益将受到冲击，广东省迅速做出回应。首先是广东省省长与省委书记联名上书中央，"要求广东省将包干制维持到 2000 年"[3]，随后又由主要负责人与中央政府进行商谈，将广东省的忧虑反馈给中央，以期得到中央政府认真对待。[4] 中央政府首先坚持"既有收入分配格局不变，关键是

---

[1] Stephen D. Krasner, "Sovereignty：An Institutional Perspective", *Comparative Political Studies*, Vol. 21, No. 1, 1988.

[2] 刘仲藜等：《1994 年财税体制改革回顾》，《财政科学》2018 年第 10 期。

[3] 陈俊凤主编、中共广东省委党史研究室编《广东改革开放决策者访谈录》，广东人民出版社，2008，第 512 页。

[4] 赵忆宇：《我国分税制决策背景历史回放》，《瞭望》2003 年第 3 期。

先把制度建起来"的原则,① 依据中央的决定:"根据党的十四届三中全会的决定……从 1994 年 1 月 1 日起改革现行地方财政包干体制,对各省、自治区、直辖市以及计划单列市实行分税制财政管理体制。"② 其次,考虑到广东省的实际情况,中央政府提出了协商议题即介绍与解释最新改革方案和细算广东省实行分税制税收后的账目。国务院相关负责人来到广东并明确表示:"是来向同志们传达、介绍党中央和国务院关于财政体制、金融体制、投资体制等方面的改革内容,同时与广东同志一起就落实改革方案进行商量,一起算账。"③ 就央地协商的议题确定而言,中央明确了就"分税制改革"与广东省协商的内容和范围。

2. 寻求共识的过程:双方的反应与选择

这主要涉及两方面:协商主体内部的协商与协商主体之间的协商,即中央政府内部的协商、地方政府内部的协商和央地政府间的协商三个过程。协商主体内部的协商是主体之间协商的基础,有时甚至决定了主体之间协商能否继续进而影响协商的结果。

(1)广东省内部协商

中央定调后,中央的"分税制改革"已势在必行,而且中央已经明确了协商议题,因此广东省只能就方案的具体细节内容与中央进行协商沟通。由于中央对广东省的实际信息掌握不足,先前的核算结果与广东省的实际情况不符,中央很难就"分税制改革"方案与广东省达成共识。而起初广东省对中央"分税制方案"了解的信息同样不充分。为了更好地收集和整合本省的信息资源,以便在与中央协商时不会处于被动状态,时任广东省委书记谢非召集核心领导班子进行内部协商,让内部人员各抒己见,以期商讨出更好的方案来说服中央。④ 时任广东省经济体制改革委员会主任易振球结合

---

① 杨红伟:《分散与重构:中央与地方权力关系的制度化研究——以中国分税制的产生为对象》,复旦大学博士学位论文,2007,第 145 页。

② 《国务院关于实行分税制财政管理体制的决定》(国发〔1993〕第 85 号)。

③ 赵忆宇:《我国分税制决策背景历史回放》,《瞭望》2003 年第 3 期。

④ 陈俊凤主编、中共广东省委党史研究室编《广东改革开放决策者访谈录》,广东人民出版社,2008,第 528 页。

国家财政发展的整体形势，向谢非书记提议："不能再坚持财政包干了，因为财政包干是强化地方格局的经济制度，是与建立市场经济背道而驰的，市场经济不能搞这个。现在我们要争取的是，实行分税制以后广东得到的自主财力不能缩减，在这个前提下，中央可以多拿一块。"① 广东省在较为充分和全面地掌握中央和本省的信息后，明确了可与中央协商的前提和可能争取的政策空间，从而确立了广东省和中央协商的策略。广东省决定派出能够胜任此次协商的代表官员向中央提出新的意见。

（2）中央内部协商

中央在了解自身对广东省"顾虑在什么地方、困难在什么地方、问题在什么地方"② 的认识不全后，时任国务院总理朱镕基召集主要领导者进行内部协商，重点是将广东省的财政情况摸清楚，弥补之前的信息不足，也解决中央内部对于"分税制改革"方案推行后果的担忧，即会不会因"分税制改革"而影响广东的开放和追赶"四小龙"的发展战略目标。但在商讨税收基数到底以 1992 年的数字还是以 1993 年的数字为准时，中央内部出现了分歧：朱镕基同意广东省以 1993 年的数字为税收基数的建议，但财政部刘仲藜和项怀诚表达了不同意见，他们认为 1993 年的决算还未开始，财政从未有过以未发生的数字为基数的先例，担心动态基数难以预测。③ 但朱镕基的考虑是："只要广东同意搞分税制，分开征税这一条定下了，有些地方做些妥协有好处，大家思想愉快，不然改革搞不好。"④ 朱镕基认为有必要打破财政部的传统，因为墨守成规只会阻碍改革大局的发展。刘仲藜和项怀诚为了最大限度地争取广东省对"分税制改革"的支持，最终认可了朱镕基的意见，因此，中央内部相关部门通过协商，对"分税制改革"的方案和在广东推行的策略达成共识。

---

① 中国经济体制改革研究会编《与改革同行——体改战线亲历者回忆》，社会科学文献出版社，2013，第 134 页。

② 朱镕基：《朱镕基讲话实录》第 1 卷，人民出版社，2011，第 357 页。

③ 刘仲藜等：《1994 年财税体制改革回顾》，《财政科学》2018 年第 10 期。

④ 朱镕基：《朱镕基讲话实录》第 1 卷，人民出版社，2011，第 364 页。

（3）中央与广东省之间的协商

协商主体之间的协商过程一般以信息沟通为中心而展开，即协商双方发出、接收、调整与反馈信息的循环过程。通常协商过程中的信息内容取决于对信息的"内化"程度和信息量，这一过程必须区分与选择"有效信息"。[①]

其一，地方政府率先发出信息。广东省首先提出本省愿意妥协让步的条件：一是要求"分税制改革"以 1993 年的数字为税收基数；二是基础设施的还贷问题，一年还贷需 30 多亿元。广东省自改革开放以来，由于缺乏建设资金，大部分基础设施是通过贷款来完成，这些贷款由政府通过税收来还，一旦分税制实行，广东省的还贷就成为问题；三是外贸补贴问题，广东省每年要拿出大约 11 亿元来补贴外贸，中央收回广东的外汇，广东省就无法实行外贸补贴，广东的外贸必受影响；四是在同一种税制下，另外核算广东省上缴的部分数额。[②]

其二，中央接受和内化地方政府的信息。中央对于广东提出的要求在研究的基础上进行了理性协商。何椿霖、李剑阁等建议朱镕基考虑广东省的提议，中央最终统一了妥协让步的范围——只同意广东提出的两个条件。[③]

其三，中央信息调整与再表达。中央经过仔细研究，最终放弃了原有的计划方案，选择以最小的利益牺牲来换取整体利益的最大化，调整"分税制改革"方案——同意广东省的两条要求。一是同意广东省要求以 1993 年为基数的建议；二是同意广东省要求中央对重点建设一视同仁。中央并未同意广东提出的其他要求，中央认为，税制改革后，国家建设的是一个全盘财政机制，增值税分成比例全国必须统一，任何省市都不能另立比例，广东省也不例外，不同意按广东收入增长率来确定返还数这一建议。[④] 同意关于原

---

① 胡平仁、杨夏女：《以交涉为核心的纠纷解决过程——基于法律接受的法社会学分析》，《湘潭大学学报》（哲学社会科学版）2010 年第 1 期。
② 陈俊凤主编、中共广东省委党史研究室编《广东改革开放决策者访谈录》，广东人民出版社，2008，第 529~530 页。
③ 陈俊凤主编、中共广东省委党史研究室编《广东改革开放决策者访谈录》，广东人民出版社，2008，第 530 页。
④ 朱镕基：《朱镕基讲话实录》第 1 卷，人民出版社，2011，第 364 页。

有对企业减免税政策保留的要求，"但是有两个限制条件：一是过渡期三年，不能无限期；二是减免税政策以省级文件为准，市、县的文件不认账"①。在原则性问题上中央没有退让，但是这并不代表中央没有协商的灵活性。

其四，广东省信息接收与反馈。广东省的意见虽未被中央全部采纳，但考虑到实际情况，广东省最终选择同意此次的新方案。在"分税制改革"方案的选择过程中可以看出，中央与广东省以双方的信息和利益沟通为主来进行协商。央地政府每一次决策方案的提出都依靠双方掌握与分享的信息和利益的考量，协商的过程反映了央地双方的协商信息发出、接收内化与反馈过程，其过程如图 8-1 所示。

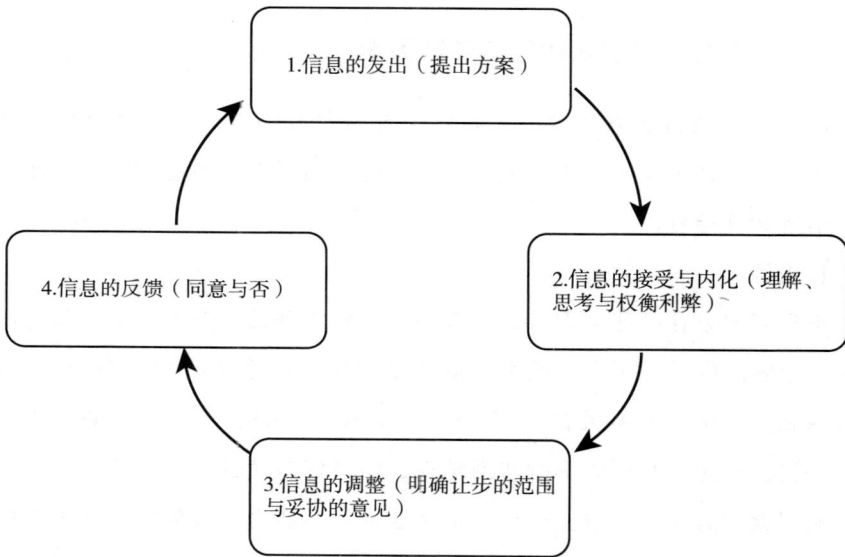

图 8-1　央地协商过程的基本环节

资料来源：笔者自制。

3. 达成共识：分税制改革方案的确立

在最后阶段，中央与广东省在互利互让中达成共识，广东省最终同意中

---

① 刘仲藜等：《1994 年财税体制改革回顾》，《财政科学》2018 年第 10 期。

央提出的新分税制方案。一是肯定财政包干对广东省发展的作用，对于一些历史遗留问题，秉承全国统一规范的税制原则，又适当兼顾原有政策的连续性，广东省可以在中央的指导性意见内根据实际情况研究决定。二是为了顺利推行分税制，减小政策出台阻力，中央可以对广东省包干制企业在原定的承包期间实行征税后给予返还的政策。三是税收基数延迟到 1993 年，既保护广东省的既得利益，又兼顾中央的利益格局。① 中央与地方的协商使得中央与地方的利益关系得到较好平衡，中央与地方都在一定程度上得到益处，中央与"分税制改革"进程中最大阻力的省份——广东省——达成共识，"分税制改革"突破口的打开为中央和其他省份的政策协商奠定了基础和积累了经验。

（二）央地协商机制运行的影响因素

基于"分税制改革"中中央和广东省的政策协商互动案例分析，可以总结出重大公共决策过程中央地协商机制的影响因素主要包括三个方面：资源、信息和领导者。

1.资源

中央与地方在某些方面常会拥有各自的资源基础，中央并不能简单依靠行政命令解决问题，于是，政策协商机制在央地关系中的意义愈来愈凸显。从资源和协商结果的关系看，"资源与战略能给协商产生相当大的压力"②。也就是说，资源本身可以影响协商结果，经济资源尤其是央地协商的一个重要影响因素。若是一方资源缺乏，那么通常协商能力会被削弱，这种协商容易沦为单方主导性协商；若是双方的资源实力相当，那么双方的协商在谈判与沟通过程中就会存在较大的妥协空间。比如，在"分税制改革"中广东省拥有得天独厚的资源，即特殊的地理位置与历史文化、财力雄厚、在改革

---

① 朱镕基：《朱镕基讲话实录》第 1 卷，人民出版社，2011，第 358~371 页。

② Kenneth G. Lieberthal, "Introduction：'The Fragmented Authoritarianism' Model and Its Limitations", in Kenneth G. Lieberthal and David M. Lampton, Bureaucracy, Politics, and Decision Making in Post-Mao China, Berkeley：University of California Press, 1992, p. 10.

中先行先试的政策优势等，这增强了其与中央协商谈判的能力，并使其最终在与中央的政策协商中达成共识。

2. 信息

信息是中央协商机制不可忽视的重要因素。"在改变制度的过程中，信息的意义格外重大——不同决策主体的行为选择及其含义、人们的利益、对利益的认识和期望、变革目标的一致和妥协空间的发现——所有这些信息的取得、整理和交流，影响到变革是否顺利和成功。"① 中国拥有 34 个省级行政区和 1 个属于国务院计划单列的省（部）级单位，加上各地发展不平衡，中央不可能掌握地方的所有信息并直接管理。同时，中央所需信息通常经过地方报送，或者从其他途径得来，在一定程度上，地方的"一手信息"优于中央的"二手信息"，信息不对称是协商机制失调的主要因素。信息优势方在协商机制上往往占主动地位，信息劣势方多数处于被动状态。信息劣势方必须快速做出调整才能缩小地位差距，进而扭转不利局面。广东省与中央关于分税制的政策协商过程中，双方所掌握的信息都并不全面，甚至存在某种程度的失真。在中央将"分税制改革"方案详细信息与广东省分享后，加上广东省对自身发展信息十分清楚，弥补了广东省在协商中的信息不足，有利于促进双方的妥协，使双方最终通过政策协商达成共识。

3. 领导者

领导者是央地协商机制不可或缺的重要因素，特别是作为关键决策的领导者，除了正式的职位性权力，领导者还可以在央地协商机制中发挥一种纵向的非权力性个体影响力。领导者的政治网络、有限理性、观念和话语权等因素均可在主客观上影响央地协商的推进。兰普顿在观察我国政治改革过程中曾发现，在协商谈判中，领导者的政治关系有助于推动协商的成功。由于每个领导者的理性与认识都是有限的，在协商过程中难免出现情绪化，个人观点可能出现一定的偏差，致使协商时间延长或协商终止。一般来说，资深领导者的话语权高于一般领导者，中央的资深领导者本身就是一种权威象

① 周其仁：《信息成本与制度变革》，《经济研究》2005 年第 12 期。

征，中央的资深领导者对于中央的权威有着强化作用，它促使地方政府把尊重中央权威作为央地协商的重要前提，从而避免地方主义的冲动。当然，省一级地方政府中也有资深领导者，相对而言，省一级资深领导者的话语权可以提高省级政府在央地协商中的对话能力，另外，省一级资深领导者的政治网络资源还可以起到润滑作用，或者充当某种协调者的角色，在双方协商出现僵局时，省一级资深领导者可以起到缓和冲突、促进共识达成的作用。当然，结果的好坏还取决于领导者谋求的目标和采用的方法。

三 公共决策过程中央地协商机制的优化路径

（一）完善央地协商的信息协调机制

信息沟通的及时性对于协商来说非常重要，能够使协商主体在第一时间掌握最新信息，以便调整沟通策略来与对方协商，同时可以避免不必要的误解，缓解紧张关系。我国地方政府掌握的主要是一手信息，在与中央的协商中有一定的信息优势，而地方政府具有双重性，在利益受损或者有受损倾向时，地方政府在自利倾向的驱使下会对信息进行有选择的传递，使中央在决策中不能完全掌握真实信息。因此，建立与完善央地间的信息协调机制非常关键。中央与地方需要设置一个信息双向沟通平台，将关乎国家经济、政治、文化、社会等各个领域的内外部信息集中于一个网络平台，同时对信息进行分门别类的整理，需要设立一个专门的机构或小组来完成这一工作。

（二）构建央地协商的利益协调机制

从央地关系博弈分析看，央地利益矛盾是其冲突的根源，政策协商机制能够较好地调整央地利益格局，从而形成与政策协商信息激励相容的利益协调机制，协调央地利益关系，实现央地利益均衡。第一，从重视地方利益的视角出发，中央需要根据不同地方的特点灵活地考虑地方的利益需求，从而减少不必要的利益冲突，节省更多的人力、物力、财力，将其运用到国家治理当中。第二，建立央地利益分享和补偿机制，特别是"正义的补偿"。在央地政策协商中，中央在原则上倾向于保护贫困地区或少数民族地区的利益，特别应对因中央政策实施而导致利益受损的地方给予一定的利益补偿，即需要中央对地方特殊利益的关照。第三，地方政府要克服过度自利性的地方本土观念，基于国家整体利益和地方局部利益进行利益表达和要求时，中央在政策协商中优先考虑关乎国家的改革、发展等具有重大意义的利益问题，以免造成无谓的冲突，影响央地正常的协商互动。

（三）完善央地协商的法律法规

法律制度是各种制度中最刚性的一种，它是社会发展过程中不可或缺的一种稀缺资源，明确的法律法规有助于减少摩擦和冲突，降低交易成本，减少改革的代价。[①] 央地政策协商机制具有非正式化的特征，这使央地政策协商过程存在一定的不确定性。据此，立尽快将央地协商纳入法治轨道。同时，我们认为需要构建以法律形式确定的政策协商问责制。政策协商决策问责制主要针对央地政府在协商过程中形成的决策出现失误后的责任追究，旨在事中和事后全面追究协商决策的失责行为，以实现对其决策的监督和对协商行为者的约束。而协商决策问责制必须既具备标准化又具备程序化的制度安排。[②]

---

① 黄晓军：《论公共政策制定和实施中的利益均衡》，《唯实》2002 年第 Z1 期。
② 参见谷志军《政府决策问责：理论与现实》，浙江大学出版社，2016。

第三部分　模式

第九章
参与的认知模式:
公民参与的价值认知及其发展[*]

在当前世界和当前中国,公众在公共行政过程中的参与作用日益增强,公民在许多重要领域如社区发展规划、社区犯罪预防、公共交通、环境保护等领域参与政策制定与执行已日益合法化。但这并不意味着公共行政过程中公民参与的一般理论已完全得以澄清和确定。公民参与公共行政过程的价值和可能的发展途径有哪些这个问题仍是理论界和实践界一直延续争论和探讨的重要问题。深化这一问题研究的一个重要路径是思想史的考察,本章借鉴以斯金纳为代表的"剑桥学派"的研究方法,从知识世界中考察这一问题本身的结构和前提,由此来帮助我们重新思考。① "思想即行动""观念不是公共事件的结果而是原因",② 观念的变化导致现实的变化,思想史的考察蕴

---

*　本章部分内容曾公开发表,参见董石桃《公民参与的价值认知及其发展——基于西方行政思想史的考察》,《中国行政管理》2013 年第 7 期。

①　〔英〕昆廷·斯金纳:《自由主义之前的自由》,李宏图译,上海三联书店,2003,第 2 页。

②　Franklin L. Baumer, *Modern European Thought: Continuity and Change in Idea, 1600 - 1950*, New York and London: Macmillan Publishing Co. Inc. , 1977, p. 2.

含着对实践历史的考察。本章从行政思想史的角度，考察行政理论对公民参与价值认知及其发展的过程，以期为当前中国的公民参与实践提供一定的启示。

一　传统公共行政学时期：公民参与价值认知的遮蔽

传统公共行政理论家对公民参与行政过程采取了一种明显的敌视态度，威尔逊在其经典著作中写道："对日常政府工作细节的监督和政府日常管理措施的选择直接施加公众批评，这无疑是一种愚蠢的妨害。"[①] 威尔逊和其他早期理论家试图使公共行政管理远离当时甚嚣尘上的政党分赃政治制度的政治影响。传统公共行政理论将效率作为基本价值，强调非人性化和客观化的理性效率，它所追求的是一个有效、经济和协调的行政系统。这种价值追求在某种程度上遮蔽了对公民参与价值的认知。

（一）效率价值至上对公民参与价值的遮蔽

在公共行政学研究的早期，效率的价值被置于最突出的地位。威尔逊曾在《行政学研究》中明确提出："行政学研究的目标在于了解：首先，政府能够适当地和成功地进行什么工作；其次，政府怎样才能以尽可能高的效率及在费用或能源方面用尽可能少的成本完成这些适当的工作。"[②] 在这里威尔逊不自觉地确立了早期公共行政研究的主导价值——效率。在威尔逊看来，"行政管理的问题并不属于政治问题，虽则行政管理的任务是由政治加以确定的，但政治无须自找麻烦地去直接指导行政管理机构"[③]。"政治是'重大而且带着普遍性的事项'方面的国家活动，而在另一方面，'行政管理'则是'国家在个别和细微事项方面的活动。因此，政治是政治家的特

---

① 〔美〕伍德罗·威尔逊：《行政学研究》（中译文），《国外政治学》1988 年第 1 期。
② 〔美〕伍德罗·威尔逊：《行政学研究》（中译文），《国外政治学》1988 年第 1 期。
③ 〔美〕伍德罗·威尔逊：《行政学研究》（中译文），《国外政治学》1988 年第 1 期。

殊活动范围，而行政管理则是技术性职员的事情。'"① "行政管理作为政治
生活的一部分，仅在这一点上与企业办公室所采用的工作方法是社会生活的
一部分以及机器是制造品的一部分是一样的。"② 在威尔逊看来，以效率价
值为核心构建的行政管理模式主要关注行政组织体系内部的问题，而对政府
公共行政而言，更为关键的与外部社会环境的互动关系并不是重点。威尔逊
甚至对广大普通公众的能力充满疑虑，他认为对于效率来说，公众因素有时
是一种阻碍，"对于民主国家来说，组织行政管理要比君主国家困难得多。
正是我们以往最心爱的政治成功的完美性本身困扰着我们"③。在民主国家，
"统治者是许多人，是人民，并没有我们可以与之说话的单一的耳朵，他们
是自私、无知、胆怯、固执或者是愚蠢的，并且这是一种由数以千计的人群
所构成的自私、无知、固执和胆怯——尽管其中有数以百计的人是聪明
的"④。威尔逊之后，效率价值至上在公共行政的理论体系中得到了较为广
泛的认可，正如迪莫克指出的，威洛比对公共行政的制度性定义起到了确认
威尔逊和其他早期学者古典定义的作用——他们认为政府行政与任何组织的
管理是相同的，效率是其首要的目标。接着人们认为公共行政领域可以从企
业管理领域中学到很多东西。威洛比认为："政府立法机构的运作就相当于
一个经营企业的董事会。"这一观点当然与威尔逊的早期观点一致，但它来
自弗里德里克·克利夫兰的这一观点："民主制度实际上与私人企业制度是
一样的……因而可以采用相同的组织形式。"正是这一观点，即公共行政与
私营管理本质上是一样的，在 20 世纪二三十年代为一些研究组织和管理问
题的学者所接受。这个时期公共行政理论的主要特征就是关注组织效率问
题，这在科学管理理论家泰勒的著作中反映得尤为明显，泰勒认为，最好的
管理就是一种真正的科学，它建立在明确的法则之上。这种科学的基础是仔
细研究个体劳动者的行为效率，以便最大限度地提高他们的效率。总体来

---

① 〔美〕伍德罗·威尔逊：《行政学研究》（中译文），《国外政治学》1988 年第 1 期。
② 〔美〕伍德罗·威尔逊：《行政学研究》（中译文），《国外政治学》1988 年第 1 期。
③ 〔美〕伍德罗·威尔逊：《行政学研究》（中译文），《国外政治学》1988 年第 1 期。
④ 〔美〕伍德罗·威尔逊：《行政学研究》（中译文），《国外政治学》1988 年第 1 期。

说,在早期公共行政理论之中对"效率"价值的追求将公共行政视为组织内部管理的技术性问题,与社会公众无关,公民参与的价值被视为不必要的,公民的主体地位是缺失的。

(二)理性化组织原则对公民参与价值的拒斥

韦伯的官僚制理论给予公共行政中对"独立性"及"中立性"更深入的论证,其立论的基础是理性化的组织原则。这种理性原则同样着重思考行政组织内部的问题,因而从组织理论研究角度拒斥了公民参与的价值。在韦伯看来,随着工业资本主义的发展,理性化必然渗透社会生活的各个领域,其核心含义是"把一种技术性的算计态度延伸到越来越多的活动领域,它是科学程序的典型体现,并且在专门知识和科学技术对现代生活发挥越来越多作用的现实中得到体现"。① 这种理性化的发展对公共行政来说,就是将传统封建社会的组织改造成现代的"合理化—合法化组织"。现代官僚制是一种以分部—分层、集权—统一、指挥—服从等为特征的组织形态,其目标仍然是通过理性化、非人格化、专业性、层级分工来提高公共行政的效率。韦伯甚至认为人民意志实际上是不存在的,他曾写道:"对我而言,真正的人民意志已经不存在了,它们是虚幻的臆造。所有意在取消人支配人的思想都是乌托邦。"② 人民的意志不仅是虚幻的,而且是危险的。"'群众'本身(在具体情况下,由哪些社会的阶层组成群众是无关紧要的) '只想到后天';因为正如这种经验告诉我们一样,群众总是处于现实的纯粹感情和非理性的影响之下。"③ 韦伯之后,理性化组织原则的发展体现在将这些科学管理原理拓展到所有的生产活动领域。泰勒的科学管理方法为管理者本身确定了一个新的角色,即管理者要能够进行技术设计和试验。威洛比首先将科

---

① 〔英〕戴维·赫尔德:《民主的模式》,燕继荣译,中央编译出版社,1998,第203页。

② Paul Edward Gottfried, *After Libertism*: *Mass Democracy in the Managerial State*, New Jersey: Princeton University Press, 2001, p.48.

③ 〔德〕马克斯·韦伯:《经济与社会(下卷)》,林荣远译,商务印书馆,1997,第810~811页。

学原理的关注点扩展到公共行政学领域，其实质就是运用实证主义的客观方法来研究公共行政学，排除规范的价值分析，推动公共组织管理的理性化和技术化。此后，斯腾的研究更是扩大了这种趋势，他力图为行政科学的经验研究寻求一个理性的基础，行政科学的研究就是为公共组织提供行动指导，以追求效率。除此之外，民主行政虽然必要，但其只是用来保证主要信息传播的一个手段。总之，理性化的公共行政组织和非理性的公众必须保持适当的距离，而不能与公众直接进行参与式互动。

（三）封闭式决策模式对公民参与价值的忽视

传统公共行政学是一种内向式决策模式理论，即关注决策者本身的理性程度及决策组织的内部程序问题。当然这种"理性"仍然延续早期韦伯所阐述的"工具理性"——通过实践的途径确认工具（手段）的有用性，从而追求最大价值的功效，为人的某种功利的实现服务。[①] 这种工具理性实质仍然强调对效率价值的追求，其途径是有关本身的专业性和科学性以及组织程序的严谨性，因而公民仍然被遗留在行政过程之外，公共行政过程中公民意见的影响及公民与政府的互动并不会被关注。此阶段决策模式理论的代表是西蒙的决策模式理论。基于理性概念是西蒙决策模式理论的一大特色，这种理性仍然推崇工具理性，即对效率价值的强调，西蒙认为："所谓好的或正确的行政行动在本质上就是指有效率的行政行为，而决定效率程度最简单的办法就是看行政组织中每一个人决策的理性程度。"[②] 为此西蒙强调，要提高决策理性化程度就需要注重决策的技术性、程序性："行政活动是用多数人的力量去完成某种工作的活动，要用多数人的力量去完成工作，就必须发展出一种运用组织力量的技术方法，即所谓行政程序。"[③] 西蒙认为行政决策以客观理性为准则，即最大限度地提高决策的实

---

① 〔英〕尼格尔·多德：《社会理论与现代性》，陶传进译，社会科学文献出版社，2002，第23页。
② 〔美〕赫伯特·西蒙：《管理行为》，杨砾等译，北京经济学院出版社，1988，第19~20页。
③ 〔美〕赫伯特·西蒙：《管理行为》，杨砾等译，北京经济学院出版社，1988，第19~20页。

际功效和科学性，为此，他建议在时间分配上，行政管理人员应该用大部分时间"调查经济、技术、政治和社会形势，判别需要采取新行动的新情况"；用较大部分的时间"独自或者是跟他的同僚们一起去创造、设计和制定可能的行动方案，以应付需要作出决策的形势"；"用较少的时间来选择他们为解决已确认的问题而制定的而且对其后果也已做过分析的抉择行动"。① 西蒙的决策模式仍然将"行政中立性"或"独立性"作为预设的前提，仍然是一种理性主义的内向决策模式，它将政策科学的理性崇拜推向新高度。

二　新公共行政学时期：公民参与价值认知的发展

20世纪60年代，民众对于行政管理实践者政策实施的偏见和有失公正多有指责，对行政管理者的批判也日益普遍化。西方国家的公众认为，行政管理者是弱势群体的敌人，是精英而不是大众的仆人。外来批判的刺痛和公共政策改革的刺激，促使公共行政理论开始了一段精神和灵魂的探索时期。"新公共行政"学的发展使公共行政包含了更多应让公民参与行政管理过程的思想，代表了对公民参与行政过程价值认知的发展。

（一）公平理念对公民参与价值的推崇

新公共行政学理论旨在为公共行政研究提供一种不同的或至少是补充性的基础。在新公共行政学提出的各种替代中，社会公平是其核心的概念。与传统公共行政理论不同，新公共行政学认为公共行政的核心价值在于社会公平，在于尊重公民社会所拥有的以社会公平为核心的基本价值。新公共行政学者受当代政治哲学家罗尔斯影响较大，比较认同罗尔斯"公平的自由"的观点。就含义来说，公平包括平等感和正义感；具体地说，公平的重点就在于纠正现存社会价值和政治价值分配过程中的不平衡。比如，弗雷德里克

---

① 〔美〕赫伯特·西蒙：《管理行为》，杨砾等译，北京经济学院出版社，1988，第19~20页。

森认为，公平价值可以弥补传统公共行政未曾顾及社会性公平分配的缺点。与所谓对所有人同等待遇不同的是，公平强调的是应对那些处于最不利地位的人给予更多的福利；与效率观点不同的是，公平特别重视民众的回应和参与。此外，新公共行政运动主张公平的概念除了适用于行政、立法、司法等部门的活动，还同样适用于行政活动。这种对公平概念的理解导致了对公共行政理论定义的重新界定。例如，与威洛比或怀特等人对公共行政理论的早期定义不同，明诺布鲁克会议的与会学者拉波特就认为："各个组织的目的就是帮助那些组织内和组织外的人，减少他们在经济上、社会上和精神上的痛苦，并且提高他们的生存机会。"① 新公共行政学者哈特则指出，现行的公共行政伦理标准是"不偏不倚的行政"，主张政策应该平等地适用于每一个人，而不考虑具体的环境和条件；而社会公平认为，应该承认不同的人具有不同的需求和不同的礼仪，所以不同的人应该得到不同的对待。如何才能实现公平呢？新公共行政学认为一个重要的途径便是扩大公民参与。弗雷德里克森认为："新公共行政对回应性和社会公平的承诺蕴涵着参与。"② 他引用普赖斯的观点说，当前公共行政"问题在于：我们怎样才能在不破坏民主参与和负责任的价值前提下使政府有能力又有权威"③。新公共行政学所主张的公民参与，既包括组织内部参与，也包括政府决策制定过程中的公民参与。就内部参与而言，公务员参与和影响其工作效能的积极效应已在经验上得到了证实；而决策过程中公民参与既受到地方政府治理研究者的推崇，也是许多从事地方政府管理实践的人所主张的。

（二）组织人本主义对公民参与价值的彰显

20 世纪 60 年代以来，另一种组织理论模式对上述理性主义组织模式提

① Laporte Todd, "The Recovery of Relevance in the Study of Public Organization", in Frank Marine, eds., *Toward a New Public Administration*, *The Minnowbrook Rerspective*, Scranton：Chandler Publishing Co., 1971, p.211.
② 〔美〕H. 乔治·弗雷德里克森：《新公共行政》，丁煌、方兴译，中国人民大学出版社，2011，第 1 页。
③ 〔美〕H. 乔治·弗雷德里克森：《新公共行政》，丁煌、方兴译，中国人民大学出版社，2011，第 2 页。

出了挑战，并产生越来越大的影响，这便是组织人本主义模式理论。巴纳德的非正式组织理论最早体现了人本主义的色彩，他认为，个人可以被看作社会世界发展过程中的积极参与者，人的需要、意图和自我的价值在决定人类事务的过程中发挥着主要作用。在这里，个人不再被简单地看作环境中起作用的社会力量的结果，而是发挥着更加积极和有创造力的作用。霍桑实验的广为传播，使人们开始重视组织中人际协调方法，以提高工人的满意度来提高组织的生产力。麦格雷戈的 X 理论和 Y 理论则出色地证明：一种更加开放和更具参与性的管理方式不仅会提高工人的满意度，同时也能提高他们的生产能力；让组织的低层工作者（甚至包括组织的顾客）参与管理，将推动组织的重建和复兴；个人在日益组织化的时代维持自己的自由和责任感，这一点本身就应该受到鼓励。① 组织理论家戈尔姆比斯基最早开始关注公共部门组织中管理控制和个人自由的问题，推进了组织人本主义在公共部门组织中的发展。新公共行政学派则进一步发展了早期组织人本主义理论的成果，1971 年，明诺布鲁克会议的与会学者科瑞森明确提出："公共行政并不仅仅是执行公共政策的手段，它也是公众如何理解世界——尤其是政治世界——以及如何理解他们自己在这个世界中的地位的决定性因素。"② 这就是说，尽管官僚体系或许只是执行行政部门和遵循立法部门旨意的工具，但是现代社会中的公共官僚体系可以在很多方面影响政治系统。官僚体系并非仅仅在体系内部决定重要决策，公共组织还可以引导公众的注意力，并且在设定公共事务的议程中扮演重要角色，同时也帮助树立社会的价值观。怀特认为，在追求能代表各方面利益的政策和政策制定过程中，机关工作人员和当事人团体之间积极主动和连续的互动是非常重要的。克利夫兰则提出，今天信息已经变得比物质资源重要得多，秘密很难得到保持，而所有权、特权以及地理位置这些因素对取得具有价值的目标影响越来越小，领导对层级体

---

① 〔美〕H. 乔治·弗雷德里克森：《新公共行政》，丁煌、方兴译，中国人民大学出版社，2011，第 8 页。

② 转引自罗伯特·B. 登哈特《公共组织理论》，扶松茂、丁力译，中国人民大学出版社，2003，第 102 页。

系作用的依赖也越来越少，而更多地涉及权力的分享和参与。① 也就是说，公共行政的研究必须从狭窄的行政过程的研究中脱离出来，转向更广泛地关注民主社会中的政策规划、合法化和控制、吸纳公众参与公共行政过程，由此，组织人本主义从组织理论的角度为扩大公民参与公共行政奠定了重要基础。

（三）开放式决策模式对公民参与价值的重视

从林德布罗姆和阿利森开始，公共决策的研究超越了以西蒙等为代表的封闭系统方法，提倡开放式的决策模式。与封闭式决策模式相比，开放式决策模型更加注重决策的环境因素。詹姆斯·汤普森认为，现代公共组织多属于复杂组织，作为一个自然系统，"复杂组织是相互依赖的诸多部分组成的统一整体，每个部分都为组织这个整体的形成创造了条件，同时也从组织整体中获取自身发展的因素，从而使组织整体与更大的环境系统相互依存"②。在公共行政领域，至少有两个重要案例研究强调了组织与环境之间的关系，塞尔兹尼克对田纳河领域管理局基层政策的研究和考夫曼对美国林业管理局的研究证明了公共决策和外部环境互动的重要性。对这种决策和环境互动进一步的深入研究则推动了政策执行问题的发现——正如政策不能凭空产生一样，政策也不能凭空执行，政策的执行明显地受到一组复杂环境的影响。普雷斯曼和怀尔达夫斯基最早关注政策执行的问题，他们发现，即使那些相当简单的计划仍包含许多明显而且相互竞争的利益。新公共服务理论家登哈特则强调，在政策形成过程中就要考虑执行问题，即在政策制定时就必须考虑其受众问题，而不仅仅是出于决策者自身理性水平的高低。如果将公共政策执行视为政策制定中的关键部分，就必须突出公民的主体地位，因为公共政策执行的焦点是公民参与和社区建设。公民参与并不局限于确定优先考虑的事项，事实上，应该为了增进和鼓励公民参与政策制定和执行过程中的各个方面和各个阶段而管理公共组织。通过这个过程，公民"逐渐把自己视为

---

① Harlan Cleveland, "The Twilight of Hierarchy", *Public Administration Review*, Vol. 45, No. 1, 1985, pp. 185-195.

② James D. Thompson, *Organication in Action*, New Jersey: Transation Publishers, 2003, p. 6.

行政国家的公民……而不是把自己视为行政国家的顾客、当事人和受害人"。公民不只是要求政府满足他们的短期需要,而且希望自己也能参与治理。与此同时,组织则成为"这样一个公共空间,其中,具有不同观念的人们(公民和行政官员)为了公共利益而一起行动。正是这种与公民的互动和接触才使公共服务有了目标和意义"①。公共政策的执行问题研究证明,公民不能被视为妨碍"正确地"执行的角色,他们也不能被当作降低成本的工具;相反,公民参与应该被视为民主政体中政策执行中恰当而且必要的组成部分。

三 反思与启示:公民参与价值认知的深化和中国公民参与的发展

综上所述,传统公共行政学家以他们的热情力图保护行政管理免受政治的侵扰,但他们也可能造成行政管理者与其所管理的公民相互隔绝。新公共行政学的发展反映出行政学对公民参与价值认知的发展,即认为公民参与是十分有益并且是可行的。在中国的语境中,公民参与的价值和发展也得到了充分的重视,党的十七大报告就将社会主义民主政治的核心和本质清晰地定位为"人民当家作主",强调要努力实现人民依法直接行使民主权利,重申了公民参与对维护和保障自身政治权益的重要意义。但是,这并不意味着中国行政过程中公民参与的价值认知和发展难题已得到了很好的解决。就中国而言,仍然有必要反思西方公民参与认知历史的规律和发展方向,以期为中国特色社会主义体制下公民参与的发展提供借鉴。我们认为,西方公民参与价值认知及其发展的历史至少对中国公民参与的发展具有如下启示。

(一)坚持公民参与中效率和公平价值间的平衡

公民参与在理论和实践中遇到的首要难题在于效率和公平价值间的平

---

① 〔美〕罗伯特·B.登哈特:《公共组织理论》,扶松茂、丁力译,中国人民大学出版社,2003,第102页。

衡，这是深化对公民参与价值认知需要首先解决的问题。从效率的角度来说，新公共行政对效率本身含义的理解加以拓展。新公共行政区分了两种不同的效率——机械性效率和社会性效率。机械性效率指用具体数字表示的投入和产出之比率，它强调的是以最少的投入获得最大的产出。社会性效率指以社会价值观念为目标规范地衡量效率，也就是说，效率必须与公共利益、个人价值、平等自由等价值目标结合起来才有意义。[①] 新公共行政学对效率含义的拓展表明，效率和公平并不必然是矛盾对立的，二者有相互统一的一面。从某种意义上来说，社会性效率和公平价值本身甚至可以说是相重合的，这就为整合效率和公平价值提供了可能。公民参与的价值就体现在它有助于社会性效率的提高，登哈特认为："公共利益最好被视为社区对话和参与的一个过程。这个过程既可以使人们了解政策制定的情况，又可以培育公民意识。……事实上，在确立社会远景目标或发展方向的行为当中，广泛的公众对话和协商至关重要。"[②] 因此，从公共行政的长远发展来看，公民参与是整合效率和公平价值的重要途径。而在中国的语境中，当前政府最重要的使命是从推动短期的经济增长效率转向推动社会公平性的发展，政府必须重视公民参与过程中反映的利益诉求，使公共服务产品分配趋向公平。中国行政体制改革在效率方面更为重视社会性效率的取得，平衡效率与公平问题。当然，在公民参与的具体实践中，这种整合还需要解决许多的难题和障碍，主要包括如下两个方面：一是公民参与的成本问题，在具体的公共管理实践中，成本问题是无法回避的难题；二是公民参与的代表性问题，这个问题解决不好有可能妨碍公平价值。这些都是中国行政体制改革中平衡效率和公平价值要解决的问题。

（二）实现公民参与和组织理性主义、人本主义的整合

从公共组织建设的角度来看，公民参与面对的本质问题在于如何保持

① 〔美〕罗伯特·B. 登哈特：《公共组织理论》，扶松茂、丁力译，中国人民大学出版社，2003，第 102 页。
② 〔美〕珍妮特·V. 登哈特、罗伯特·B. 登哈特：《新公共服务》，丁煌译，中国人民大学出版社，2010，第 88、89 页。

理性主义和人本主义的融通。理性主义的危险在于沃尔多所说的人们毫无保留地接受理性主义公共组织理论的观点意味着对民主理论的摒弃,而这是一个社会问题,而不仅仅是一个行政管理问题。[①]民主是克服官僚制危机的根本途径,韦伯对此已经有了清醒的认识。只不过韦伯寄希望于代议制民主的控制,忽视了行政过程中公民直接参与的可能以及参与本身对于公民理性和德行的塑造意义——这正是组织人本主义的论点。总结起来,在西方政府体制当中,从公共组织建设的角度来看,公民参与的兴起是为了弥补官僚制理性主义的内在危机,也是因为不满于代议制下公民和行政组织的隔离。而在中国的语境中,在公共行政组织建设上,公民参与却面临着不同的使命。西方国家官僚制理性化程度是面临过高和扩大化的危险,而中国的官僚制则面临理性不足的问题,在官僚制理性不足的情况下,人格性、依附性和法治意识淡薄大量存在,因此,中国的官僚制还须解决理性不足的问题。中国公民参与承担的使命远比西方国家大。一方面,公民参与是促进官僚制理性化发展的重要途径,因为公民参与本质上就是一种行政组织的外部监督,可以克服行政组织的非理性行政;另一方面,公民参与是推动民主完善和发展的主要途径,这契合了人本主义的特征,因为公民参与本身具有目的性的意义,即通过在微观行政过程中吸纳民众的参与,可以锻炼民众的民主意识和民主能力,提高公民的责任和公共德行。总之,在中国语境中,公民参与面临整合理性主义和人本主义的双重使命。

(三)推动公民参与下决策有效性和回应性的协调

从政府决策的角度来看,公民参与价值的实现面临决策有效性和回应性的协调和区分问题。鲁尔克区分了政策研究的两大论题:一是有效性,强调政策所导致的决定"比其他的备选方案更有可能产生所追求的结果"

---

① 〔美〕珍妮特·V.登哈特、罗伯特·B.登哈特:《新公共服务》,丁煌译,中国人民大学出版社,2010,第5页。

的程度；二是回应性，即强调体系"促进官僚的决定与社区或者声称代表民众的官员偏好相一致"的程度。[①]传统公共行政重视的是前者，往往忽视了后者。新公共行政学则强调公共政策的研究必须重视协调二者，公民参与的实践则必须注意区分二者。决策有效性和回应性启示也即托马斯所区分的"政策质量的要求"和"政策可接受性要求"。对政策质量期望越高的公共问题，吸纳公民参与的需求程度就越小；对政策可接受性期望越高的公共问题，对吸纳公民参与的需求程度和分享决策权力的需求程度就越大。如果两种需要都很重要，就会存在要求增强公民参与或要求限制公民参与等不同观点之间的争议和平衡。[②]托马斯从政策质量性和政策可接受性维度进行的区分对推动公民参与政府决策的实践具有重要的操作意义。从中国的语境中来分析，公共决策的有效性和回应性的问题实质上契合了中国政府所推行的"决策的科学化和民主化"。科学化主要关注决策的有效性问题；民主化主要关注决策的可接受性和回应性问题。科学化和民主化的结合体现了中国政府决策对有效性和回应性的追求，也表明了中国决策模式的开放性趋势。中共十六届四中全会通过的《中共中央关于加强党的执政能力建设的决定》提出："改革和完善决策机制，推进决策的科学化、民主化。完善重大决策的规则和程序，通过多种渠道和形式广泛集中民智，使决策真正建立在科学、民主的基础之上。对涉及经济社会发展全局的重大事项，要广泛征询意见，充分进行协商和协调；对专业性、技术性较强的重大事项，要认真进行专家论证、技术咨询、决策评估；对同群众利益密切相关的重大事项，要实行公示、听证等制度，扩大人民群众的参与度。建立决策失误责任追究制度，健全纠错改正机制。有组织地广泛联系专家学者，建立多种形式的决策咨询机制和信

---

① 〔美〕勒妮·A. 欧文、约翰·斯坦伯里：《公民参与政府决策：劳有所获吗?》，转引自王巍、牛美丽编译《公民参与》，中国人民大学出版社，2009，第 19 页。

② 〔美〕约翰·克莱顿·托马斯：《公共决策中的公民参与：公共管理者的新技能与新策略》，孙柏瑛等译，中国人民大学出版社，2005，第 32 页。

息支持系统。"①党关于"决策的科学化、民主化"的论述事实上完整地体现了决策有效性和回应性的区分和协调，这对引导和扩大行政过程中公民参与的发展有着重要指导意义，需要我们在实践中继续深化。

---

① 《十六大以来重要文献选编》中，中央文献出版社，2006，第282页。

第十章
理论模型与实践样态：
基层协商民主中的公民参与模式[*]

任何民主模式要实现健康有效运行，都需要着力解决好公民有序参与的问题。在中国特色协商民主过程中，如何有效地扩大公民有序参与无疑是当前必须直面的重大问题。基层社会治理是协商民主参与的重要基础和重点场域。习近平指出："涉及人民群众利益的大量决策和工作，主要发生在基层。要按照协商于民、协商为民的要求，大力发展基层协商民主，重点在基层群众中开展协商。"[①] 2015 年 7 月，中共中央办公厅、国务院办公厅印发了《关于加强城乡社区协商的意见》，其中指出，"城乡社区协商是基层公民自治的生动体现，是社会主义协商民主建设的重要组成部分和有效实现形式，有利于解决公民的实际困难和问题，促进基层民主健康发展"。[②] 近年来，许多地方进行了基层协商民主参与的探索和实践，取得了一定的成效。为了更好地认识、理解和评估我国基层协商民主过程中公民参与的实践模式、基本类型、基本效度和内在特征，本章试图从公民参与权利和权力"两权耦合"的理论视角出发，形成相应的分析框架，对基层协商民主中的公民参与模式类型进行比较分析，以期在此基础上探究其内在的影响因素和优化方向。

一 协商民主中的公民参与：权利—权力的二维理论视角

有学者曾从公民政治权利和政治权力的视角对公民政治参与的一般理论

* 本部分曾公开发表，参见董石桃《基层协商民主中公民参与模式的理论模型与实践样态》，《探索》2019 年第 4 期。感谢桂雪琴为本章研究所做的贡献。

① 《习近平谈治国理政》第 2 卷，外文出版社，2017，第 297 页。
② 《关于加强城乡社区协商的意见》，《人民日报》2015 年 7 月 23 日。

进行总结,将公民参与的路径分为两个层面:一是在政权维度上,国家为了获得统治正当性而回应公民基于政治权利的参与诉求;二是在治权维度上,国家为实现治理有效性而发挥公民政治权力的作用。这就区分了政权与治权。① 这种区分对于勾画宏观层面我国扩大公民有序政治参与的历史轨迹,探索公民权利和权力的发展顺序特征、分析中国扩大公民有序政治参与的整体性方案具有重要启示意义。但是这种区分主要是基于国家主义视角的宏观层面分析,换句话说,这种分析视角仍然是自上而下的国家本位视角,而不是从"公民"本身出发的社会本位视角,因而对基层协商民主中的公民参与还缺少深入的理论关切和解释效力。相比而言,本章更侧重从"社会"本位视角出发,从微观民主的生活化实践中透视基层协商民主中的公民参与模式,进一步深化公民参与权利和权力二维理论分析视角,并将其整合拓展至基层协商民主公民参与模式类型的探究中。权利和权力是政治学的两个核心概念,综合研究相关文献,协商民主的公民参与研究主要包含两个层面。

(一)公民参与权利的分析视角

第一,公民权利外在的规则性机会层面,即某种制度或者规则赋予的公民利益保护或者实现的资格及身份,以及在此基础上公民参与的机会。协商民主理论认为,公民参与协商的核心是非强制地提出或接受合理的观点,所以它需要更为实质性的平等的政治影响机会。斯托克提出:"协商的平等还是'机会平等'的一种理解。那些可能被一项决策影响的人应该有一个平等的参与决策的机会。"② 公民参与本身源于其利益表达的需要,这种利益表达在一个有序社会中必须有其制度或规则的依据,"权利表示着一种社会关系,表示个人在社会中的地位"③,"权利自身不外是一个在法律上受保护

---

① 肖滨、方木欢:《扩大公民有序政治参与的双轨路径——基于中国改革开放以来实践经验的理论分析》,《政治学研究》2017年第4期。
② 杰弗里·斯多克:《协商民主和公民权利》,转引自陈剩勇、何包钢主编《协商民主的发展》,中国社会科学出版社,2006,第46页。
③ 夏勇主编《走向权利的时代》,中国政法大学出版社,2000,第31页。

的利益"①。同时，这种权利内容具有历史发展性，T. H.马歇尔等因此提出了关于公民身份的公民权利、政治权利、社会和经济权利的经典架构。② 正因如此，诺曼·H.尼、西德尼伏巴等将西方民主政治的演化概括为两种方式：一种方式是"政治参与之权利项目"的逐渐增加，例如选举权、请愿权、诉愿权以及结社权等权利逐一增加；另一种方式是分享"政治参与权利之人数"的逐渐增多，例如选举权的历史便是渐渐取消经济条件、受教育程度、种族及性别等限制，从而使享有选举权的人数逐步增多。③ 中国的公民参与权利发展同样随着计划经济向市场经济转变而呈现不同的发展轨迹④和历史性特征⑤，并随着改革开放的进一步推进，公民社会权利和政治权利的重要性将更加凸显⑥。权利强调平等性，对于公民而言，这种平等的权利主要是指机会的平等和法律主体资格的平等。⑦

　　第二，公民权利内在的能动性层面，即公民参与的意愿和能力层面，由公民的参与意志决定。权利意志论认为，权利的本质在于权利主体意志，权利就是意志的自由行使，并具体表现为个人意识的自由或个人意识的支配。⑧ "个人所享有的权力：一个他的意志所支配的——并且经由我们的认可而支配的——领域，我们称这种权力为该人的权利。"⑨ "政治参与既是政治制度的一个结果，也与个人思考直接相关"⑩，公民参与权利的实现仅有

---

① 〔德〕鲁道夫·冯·耶林：《为权利而斗争》，郑永流译，法律出版社，2007，第 21 页。
② 〔英〕T. H.马歇尔、安东尼·吉登斯等：《公民身份与社会阶级》，郭忠华、刘训练编，江苏人民出版社，2008，第 10~11 页。
③ 郭秋永：《当代三大民主理论》，新星出版社，2006，第 131~132 页。
④ 郭忠华：《公民身份的研究范式——理论把握与本土化解释》，《学海》2009 年第 3 期。
⑤ 肖滨：《改革开放以来中国公民权利成长的历史轨迹与结构形态》，《广东社会科学》2014 年第 1 期。
⑥ 杨光斌：《社会权利优先的中国政治发展选择》，《行政论坛》2012 年第 3 期。
⑦ 刘作翔：《权利平等的观念、制度与实现》，《中国社会科学》2015 年第 7 期。
⑧ 王泽鉴：《民法总则》，中国政法大学出版社，2001，第 60 页。
⑨ 〔德〕弗里德里希·卡尔·冯·萨维尼：《当代罗马法体系Ⅰ》，朱虎译，中国法制出版社，2010，第 10 页。
⑩ 王丽萍、方然：《参与还是不参与：中国公民政治参与的社会心理分析》，《政治学研究》2010 年第 2 期。

外在制度或者规则的赋予而缺少公民自主意志的提升和能力的达成也是空洞无效的。基于这种分析视角，公民参与权利的基础是公民参与主体的自主性和能动性，公民参与权利在主体性上包括公民参与意愿以及公民参与的能力。阿尔蒙德和维巴将公民定义为："能够参与管理他所在政治体系的人……虽然个人对自己的政治能力的感觉可能并未反映客观情况，但是这种认知与客观情况之间不可能毫无关系。如果一个人相信他有影响力，他就可能试图发挥这种影响力。"① 正因如此，协商民主的公民权利强调一种基于能力平等的权利。② 亨廷顿将公民政治参与分为动员参与和自动参与③，在深层逻辑上正与公民权利的内在和外在两个层面的属性有关。总体而言，公民参与权利的内在、外在要素包括公民资格和身份的明确性、参与者的代表性、参与公民的时间条件、公民的权利保障、平等参与权、公民参与能力和积极性等，这些构成了基层协商民主治理运行和目标达成的基础条件。④

（二）公民参与权力的分析视角

第一，国家视角下的公民参与权力。该种理论视角强调国家权力的合法性机制问题，这种合法性机制包括权力产生和运行两个方面。一方面，从国家权力的产生来讲，现代政府或统治者权力的获得不管是通过何种政治过程实现的，其合法性必须基于两个基本要素——授权来自人民和授权程序的完整。无论是霍布斯、洛克还是卢梭，都从社会契约论的角度论证了国家权力来自公民权力让渡的观念。民主的合理性从根本上来说就是它提供了现代政府最强有力的合法性原则——"人民的同意"——作为政治秩序的基础。⑤

---

① 〔美〕加布里埃尔·A. 阿尔蒙德、西德尼·维巴：《公民文化——五个国家的政治态度和民主制度》，张明澍译，商务印书馆，2014，第 210 页。

② 董石桃、何植民：《协商民主：公民资格理论的反思与发展》，《湖北社会科学》2014 年第 10 期。

③ 〔美〕塞缪尔·亨廷顿、琼·纳尔逊：《难以抉择：发展中国家的政治参与》，汪晓寿、吴志华、项继权译，华夏出版社，1989，第 144 页。

④ 王浦劬：《中国的协商治理与人权实现》，《北京大学学报》（哲学社会科学版）2012 年第 6 期。

⑤ 〔英〕戴维·赫尔德：《民主的模式》，燕继荣等译，中央编译出版社，1998，第 3 页。

公民参与是人民同意的根本表达方式，特别是就现代政治而言，政府合法性和正当性的前提是要承认公民在政治过程能够起到有效的作用，而公民参与是人民同意的根本表达方式。另一方面，从国家权力的运行来讲，要提升和保证国家权力的合法性，必须将吸纳公民参与作为一种常态机制，否则政府决策本身的合法性和执行度都会成为问题。亨廷顿指出，现代政治制度中权力总量的扩大和缩小与政治参与规模的大小密切相关，"财富的增长有赖于工业化，同样，权力的积累则有赖于吸收新的集团进入政治体制之中。……现代政体较之传统政体有更多的社会力量更深地卷入权力关系之中；前者参与政治的人数比后者要多"[1]。

第二，社会视角下的公民参与权力。这种视角从公民本身出发，认为"参与的本质是公民权力""参与是一个体现公民权力和赋权公民的过程",[2] 公民权力本质在于公民参与影响力的实现。维巴将公民政治参与定义为："平民或多或少以影响政府人员的选择以及（或者）他们采取的行动为直接目的而进行的活动。"[3] 由此观之，公民参与作为一种目的性活动最终是为了产生对公共性决策的影响力。正是在这个意义上，美国学者阿斯廷提出："公民参与是一种公民权力的运用，是一种权力的再分配，使目前在政治、经济等活动中无法掌握权力的民众，其意见在未来能有计划地被列入考虑。"[4] 阿伦特等人更是将权力理解为一个因社会交往互动而产生影响力的过程，"任何时候，当人整合一起共同行动时，权力就形成"[5]。这实际上凸显了社会权力视角下的公民政治参与，它更注重提升公民参与对于公民决策的实际影响力和有效性。哈佛大学阿肯·冯（Archon Fung）教

① 〔美〕塞缪尔·P. 亨廷顿：《变化社会中的政治秩序》，王冠华、刘为等译，上海人民出版社，2008，第120页。
② 贾西津主编《中国公民参与：案例与模式》，社会科学文献出版社，2008，第97页。
③ S. Verba and N. H. Nie, *Participation in America: Political Democracy and Social Equality*, Boston: Addison-Wesley Education Publishers, 1972, p. 2.
④ Sherry R. Arnstein, "A Ladder of Citizen Participation", *Journal of the American Institute of Planners*, Vol. 35, No. 4, 1969.
⑤ 〔德〕汉娜·阿伦特：《公民不服从》，何怀宏编《西方公民不服从的传统》，吉林人民出版社，2001，第142页。

授则从实践出发,专门探讨了公民参与的影响力问题,他提出需要从公民权力和政府权威双重角度考察参与者的言论与公共当局或参与者本身的行为有何关联。根据他的理论,公民参与的影响力和有效性从最低权重到最高权重依次为:个人利益、沟通影响、建议咨询、合作治理、直接权威。显然,公众若仅是出于自身利益参与,影响力是最小的,参与的有效性也是最弱的;但如果能从整体的利益出发参与,或者通过沟通咨询甚至是选择与其他参与者合作的方式参与,那么影响力会显著提升,政治参与的效果也会更好。①值得指出的是,公民权力的实现受到政府权力施行的影响,政府可以将权力下放和外移,赋权于民,"分权允许地方可以依据他们特定的需求或偏好制定解决方案,被授予权力的主体可以根据地方特点与地方需求创造出适合利益相关者的使命和愿景"②。因而,参与平台和参与过程中协商沟通与决策机制的规范程度是决定公民参与影响力大小的重要因素。

综上所述,公民参与的权利视角侧重于考察公民参与的主体性和能动性,公民参与的权力视角侧重于考察公民参与的过程性和影响力。前者偏重于内在能动性的考量,后者偏重于外在客观性、效果性的考量。整体而言,上述两种视角都存在一定的缺陷。第一,相对孤立和单一。公民参与权利的视角突出了参与的主体性和能动性,但是对其影响力和外在的规则性重视不够;公民参与的权力视角重视公民参与的影响力和规则性,但又相对忽视了参与的主体性和能动性。第二,上述两种视角都侧重于从宏观角度分析公民的政治参与,注重国家层面的制度构建和制度供给分析,对于基层民主中公民参与的实践形态缺少全面的探究。因此,我们试图整合上述两种视角,建构一种"两权耦合"的理论分析框架,对我国基层协商民主中的公民参与实践模式进行分析。

---

① A. Fung, "Varieties of Participation in Complex Governance", *Public Administration Review*, Vol. 66, No. 1, 2006.

② 郑晓华:《社区参与中的政府赋权逻辑——四种治理模式考察》,《经济社会体制比较》2014年第6期。

二 基层协商民主中的公民参与模式:"两权耦合" 整合性分析框架及分类模型

(一)"两权耦合"整合性分析框架

我们认为,深化基层协商民主过程中公民参与模式的理论分析,需要整合公民参与权利和参与权力的双重理论视角,这种整合性理论视角从协商民主运行的基层社会逻辑出发,总体上包括两个主要的问题:一是基层协商民主中公民参与权利维度,即参与主体的资格、意愿和能力所决定的主动性问题;二是基层协商民主中公民参与权力维度,即参与过程平台和规则所决定的协商性问题。前一个问题的基本性质在于实现参与的主动性,根本目标在于提升协商民主中公民参与权利的代表性和认同性问题;后一个问题的根本性质在于实现参与的协商性,根本目标在于提升协商民主中公民参与权力的影响力和实效性。整合性分析框架的逻辑关系如表 10-1 所示。

表 10-1 基层协商民主中公民参与模式的整合性分析框架

维度	问题	性质	要素	目标
公民参与权利	参与主体	参与的主动性	参与资格 参与意愿 参与能力	提升参与的代表性和认同性
公民参与权力	参与过程	参与的协商性	参与平台 参与规则	提升参与的影响力和实效性

资料来源:笔者自制。

1. 基层协商民主中公民参与权利的主动性问题

这个问题主要解决谁参与的问题,其根本性质在于实现公民参与的主动性和积极性,根本目标在于提升公民参与的代表性和认同性,基本要素包括外在的参与资格和机会及内在的参与意愿和能力两大方面。

一方面是外在的参与资格和机会，在基层协商民主中体现为协商代表到底如何选择。通常参与者的选择方式主要有三种：一是自愿参与，即公民能够自愿参与基层协商的过程，政府方面尊重公民参与的意愿和权利，不设置条件或资格来限制公民；二是政府邀请，即政府对哪些公民参与协商过程有决定的权力，政府邀请与决策事项利益相关的公民、人大代表、政协委员、利益群体、社会组织参加，必要时邀请专家团体参与指导协商过程；三是随机抽选，即从所有受决策影响的人中殖机抽取代表参与协商过程。公民参与主体的构成即公民参与的范围和公民代表的构成情况决定了在基层民主中公民参与是否具有代表性和普遍性。

另一方面是内在的参与意愿和能力。参与意愿的高低在很大程度上决定了公民是否参与、如何参与和对于参与认同性的高低。公民参与的意愿是影响公民是否参与协商过程的重要因素，决定了公民是否能主动参与、积极参与协商对话过程。参与能力则包括协商能力和审慎思考能力，具体来说是对基层协商民主政策的理解能力、对协商议题的理性思考能力、合理说服他人或转变自己偏好的能力等。

2. 基层协商民主中公民参与权力的协商性问题

这涉及公民参与权力实现的沟通和运行机制如何，本质属性在于实现公民参与的协商性，根本目标在于提升公民参与的影响力和实效性，基本要素包括两大方面。

一方面是参与平台。参与平台解决的是公民参政议政的渠道和组织问题，即由谁组织、在哪儿协商、公民能发挥怎样的作用问题，平台的搭建来自政府的主动作为，决定着在基层协商民主过程中是否有参与渠道或方式供公民选择。基于公民参与发起者和提供渠道方的不同，目前我国基层协商民主中的公民参与平台通常由人大、政协、政府、党组织、基层自治组织等不同主体构建，包括参与式预算、民主沟通会、民主评议会、"双述双评"、社区听证会、居民论坛等不同协商形式。公民参与平台的构建即具体的协商形式由谁领导、组织、协调，以及公民在协商平台上能发挥怎样的作用决定了公民参与的组织程度以及协商议题的可协调和沟通程度。

另一方面是参与规则。这涉及公民在协商民主中能参与哪些问题的讨论，即议题如何选择、参与形式如何确定。参与规则是基层协商民主具有协商性的重要保障，毕竟在协商对话的过程中会出现个人观点、价值取向、利益诉求等的差异和多元化，这些差异化是可以接受的，但主体间的交往行为必须有一个基本的交往准则，那就是主体间认可并且共同遵守的、合理的社会规范。此外，在公民参与政治协商的过程中，还需要法律法规来保障各主体遵守程序规则，进而使协商能按程序进行，最终实现共识性的公共决策。

（二）公民参与模式的分类模型

综合基层协商民主中公民参与的两个属性和相关假设，我们可以将所有基层协商民主中的公民参与模式分为四种类型。在不同的模式中，公民为了影响政策表现出不同的行动方式，表 10-2 中的两个维度分别代表参与者主动性的高低和参与协商性的高低，这两个变量都是连续的。

表 10-2　基层协商民主中公民参与模式的分类模型

		参与主体的主动性（权利维度）——提升代表性和认同性	
		高	低
参与效果的协商性（权力维度）——提升影响力和实效性	高	高主动、高协商（合作型参与）	低主动、高协商（决策型参与）
	低	高主动、低协商（介入型参与）	低主动、低协商（建议型参与）

资料来源：笔者自制。

其一，建议型参与模式：低主动、低协商型参与。在建议型参与模式中，公民在参与基层协商民主中的主动性和协商性都较低。在参与主动性方面，由于基层政府在协商过程中设定了参与门槛，限制了参与条件，比如只准许特定利益相关者参与或指定部分人员参与，这种限制条件使部分公民不能参与基层协商过程；又或者政府虽然没有限制参与者的条件，公民可以随机参与，但公民主动参与的意愿不强，导致参与主体范围狭窄。在协商过程中，政府从节约行政成本、提升行政效率的角度考虑，搭建的协商参与平台难以实现协商的理想效果,而且协商形式和过程都缺乏制度化的规定,这使得公民参与协商的水平较低。

其二,决策型参与模式:低主动、高协商型参与。在决策型参与模式中,公民参与的主动性较低,但一旦有机会参与协商过程,则能较好地发挥协商的作用。由于基层政府在协商过程中设定了参与门槛,限制了参与条件,比如只准许特定利益相关者参与或指定部分人员参与,这种限制条件使部分公民不能参与基层协商过程,公民的参与度低。但由于参与平台主要由政府等提供,决策基本由有关部门内部或指定专家代表参与,虽然公民事先参与积极性不高,但在具体协商过程中由于政府支持这种公民协商形式,协商形式较固定,之前对主体资格的限制也筛选出知识和协商能力都较高的公民,他们能发挥高质量协商水平,进而积极影响决策,实现共同治理和公民参与的价值。

其三,介入型参与模式:高主动、低协商型参与。在介入型参与模式中,公民参与的主动性较高,但协商水平还有待提升。在参与主动性方面,基层政府与组织对协商者的资格限制很小或者没有限制,这使相关公民能随时、随意参与;在协商议题方面,议题由公民提出,或投票选出与公民利益关联度大的问题进行协商讨论,这使公民参与基层协商民主的主动性较高。在协商过程中,虽然政府提供了协商平台供公民参与,但由于协商流程不合理,协商程序不健全,公民协商能力没有得到充分发挥,政府对协商结果不重视等,公民在协商中能发挥的主要作用是提出建议,此种参与模式的协商性较低。

其四,合作型参与模式:高主动、高协商型参与。在合作型参与模式中,公民参与的主动性和协商性都较高。由于政府设定了多种参与方式,协商议题与公民利益关联度大,协商内容对所涉及公民有较大的利益调整,而议题的执行又需要公民的积极配合,政府积极构建协商平台,在这个平台上,公民可以表达利益诉求,进行利益协调,保障自身权益,调处矛盾,公民协商参与水平较高。其决策也是经过审慎的协商后做出的,能较好地实现合作型公共治理。

三 基层协商民主中公民参与模式的
实践形态：案例呈现和检验

我们以前述基层协商民主过程中公民参与模式的类型为基础，选取具体案例来分析公民参与不同模式的运行特点和运行过程。选取的四个案例从所处的地理位置来分，两个位于我国西部，两个位于东部；从城乡属性来分，两个城市案例，一个乡村案例，一个城乡接合部案例（见表10-3）。在我国基层协商民主实践方面，这些案例具有较强的代表性。

表 10-3 四个案例的分类和比较

变量	东华路社区听证会	顺德区公共决策咨询委员会	周浦社区论坛	成都市村民议事会
区域隶属	西部城市	东部城乡接合部	东部城市	西部乡村
模式类型	建议型	决策型	介入型	合作型
维度:参与主动性	低	低	高	高
参与资格	遴选	政府指定	自愿	自愿
参与意愿	低	低	高	高
协商能力	低	高	低	高
维度:参与协商性	低	高	低	高
协商平台	听证会	咨询会或书面征询	网络论坛	村民议事会
协商规则	无	有	无	有

资料来源：笔者自制。

（一）东华路社区听证会：低主动、低协商的建议型参与模式

东华路社区是西部某中心城市建于 20 世纪 80 年代的一个老旧居民区，有近 5000 住户，居民 11000 余人，其中包括近 5000 名中低收入的高龄、孤寡、空巢和失能半失能的老年人。截至目前，东华路社区共召开 6 次社区听

证会，将 600 余名居民和公共单位代表纳入基层自治事务中，在历次社区听证会中，参与的居民就社区治理提出合理的建议 70 余条，在一定程度上改善了社区公共事务的决策。[①]

1. 低主动参与

一是参与主体以社区决定为主。东华路社区听证会代表由公民以推选方式产生，每个单位和片区选举一人，推选对象包括社区干部、涉及事项的社区单位和各楼组长以及普通居民。在听证会中，具体的参加人员包括党代表、人大代表、政协委员、社区综合党委书记、居委会主任、居民代表等，对于一些政策性较强的问题，还会邀请专家参与听证，每次参加会议的人数根据社区规模由社区党组织和社区居委会确定。

二是协商议题由党委制定。历次东华路社区听证会的协商议题包括噪音扰民、小区停车混乱、环境卫生脏乱差、建设平安楼院、有效利用小区公共资源等问题，这些议题能较大程度地激发公民的参与热情。在听证会的议题设置环节，在听证会召开之前先由社区党员大会审议协商议题和协商方案，方案通过之后再组织听证会，并确定听证会时间、地点和听证代表的名单。[②] 在听证前社区党委和居委会已经商议了需要听证的事项，听证会的召开以社区党委和居委会设定的议题以及解决方案为前提，居民在听证会中的主要作用是对党委提出的协商议题以及解决方案进行投票。

三是参与能力有待提升。由于协商议题早已定好，解决方案也已提出，听证会的主要目的是决策性通告或征求意见。普通公民受教育水平参差不齐，参与协商的能力有限，这些人的利益需要一定比例的代表来表达。公民参与基层协商的目的是表达利益诉求、关心公共事务，通过参与和协商的环节，寻求最大共识和凝聚力，如果公民参与主体的选择有局限性，将不利于提升公民协商的能力。

2. 低协商参与

一是参与平台以听证会为主。东华路社区听证会由居民委员会组织，

---

① 赵元刚：《东华路社区——议事制度议出幸福生活》，《云南日报》2017 年 2 月 28 日。
② 姚丹莘：《实施居民听证规则探索社区治理之路》，《昆明日报》2016 年 2 月 28 日。

听证会召开之后，社区居委会将听证结果整理成书面材料，并在居民代表大会上进行表决，形成决议，根据"两代表一委员"（党代表、人大代表、政协委员）、社区居民的意见和建议进行改进和完善，在项目实施过程中，"两代表一委员"、居民代表继续对项目进行全程监督。社区听证会是政府与民众之间的沟通协调机制，公民可以在与政府对话的过程中提出自己的意见及不同见解，在听证会上所达成的倾向性方案是听证代表的意见和建议凝聚的结果，为政府部门及其相关单位和社会组织及团体的决策提供了参考。

二是参与规则的制度化发展不足。东华路社区目前还没有确定的规则来规定听证会的流程、影响及意义，其约束和监督力十分脆弱，导致公民参与也存在碎片化和效力不稳定等问题，协商会召开的次数、公民参与协商的人员都取决于社区"一把手"的态度，公民能否参与、怎样参与等都具有"随领导人的改变而改变的随意性"[①]。由于缺乏必要的规则规定和保障，也缺乏全面系统且具有指导性、可操作性的评价监督制度，公民能否参与协商、效果如何往往取决于领导者和组织者的认识与态度，从而对公民参与的持续性效果产生影响。

（二）顺德区公共决策咨询委员会：低主动、高协商的决策型参与模式

2010 年，佛山市顺德区决策咨询委员会（简称"决咨委"）成立，它是辅助顺德区和下属乡镇公共决策的机构，也是专业的社情民意征集机构。目前，决咨委这一协商实践已在顺德区的龙江镇、杏坛镇等 10 条街道开展，并被评为"2015 年中国政府创新最佳实践"。[②]

1. 低主动参与

一是参与主体由政府邀请。决咨委的产生方式包括单位推荐、内部物

---

① 陈家刚主编《民主决策》，中央编译出版社，2013，第 52 页。
② 朱晨晨、许开轶：《协商民主的基层实践——对"决咨委"模式的探究》，《理论与改革》2015 年第 5 期。

色、公开征集等多种方式，委员名单由党委、政府部门最终决定。委员由本级政府聘任，任期为 2~3 年，委员可以连续聘任，没有次数限制。决咨委的委员来自教育、法律、文化、经济、医疗、社会工作等各个领域，委员构成具有多层次性。①

二是协商议题由政府设置。决咨委参与的议题由政府及相关部门指定，协商议题包括经济和社会发展规划、年度计划的制定和调整，以及环境保护、教育、劳动就业、医疗卫生、社会保障、城市管理等涉及社会民生的重要事项，这些议题专业性较强。决咨委委员的参与形式有全体委员大会、专题咨询、课题调研、参与政府部门决策会议等，这种专业化的参与形式在决策咨询过程中发挥了重要作用。

三是参与能力体现专业性。决咨委的构成更强调精英性、专业性和多层次性，以此深化决咨委的研究职能，提高协商的质量。在协商人员选择方面，决咨委将"具有独立性，具有较强的综合分析能力和政治参与能力，是行业精英和各界代表"作为选择标准，进而选取了具有较高协商能力的成员。而且，决咨委的成员在短期内是固定的，有利于增强委员对不同议题的关注和了解。协商人员多是行业精英，会议协商的结果也有更强的协商理性和可执行性。

2. 高协商参与

一是参与平台以决策咨询会或书面征询为主。决咨委一般一个季度举行一次专门探讨具体公共政策的会议，而乡镇或街道的公共决策咨询委员会，一般也是每个季度举行一次，即每年会召开四次会议集中讨论相关议题。同时，章程还规定了委员参与的渠道和方式（例行座谈会、直接访谈、书面征询意见、专门决策咨询会等），保证政府在进行公共决策时能够充分听取专家意见，并在网上开办"委员在线"栏目，供委员提意见、查阅资料。

---

① 《中共龙江镇委员会、龙江镇人民政府关于聘任龙江镇第二届公共决策咨询委员会委员的决定》，http://jzw.shunde.gov.cn/template/view/template.php? id=5935-7460024。

二是参与规则的制度化较高。顺德区决咨委在成立之初就有工作章程规范指导决咨委开展工作，根据章程的规定定期召开决策咨询会，咨询议题包括基层经济和社会发展规划、年度计划的制定和调整，以及环境保护、教育、劳动就业、医疗卫生、社会保障、城市管理等涉及社会民生的重要事项等。顺德区决咨委成立以来，向党委和政府提供的建议超过1000条，其中半数以上的建议得到采纳。为了保障决咨委委员的参与，顺德区还建立了专门的制度用来评价决咨委委员的行为，把决咨委委员的建言献策质量作为年度考察指标。

（三）上海市周浦社区论坛：高主动、低协商的介入型参与模式

上海周浦社区论坛是一个区域性网络民间论坛，成立于2006年，是周浦社区居民参与社区公共事务的重要渠道。截至2015年8月，周浦社区论坛注册户将近11万，占周浦实有人口（21万人）的一半左右，论坛日均点击量接近1.7万。

1. 高主动参与

一是参与主体以自愿参与为主。网络的技术便利性、匿名性极大地提高了公民的参与主动性。在周浦社区论坛，公民的网络参与行为都是匿名进行，每个网民的发言权力和发言状态是公开公平的，这就排除了参与者的身份地位、文化差异和财富多寡等限制性因素；同时匿名性更可能使参与公民享有平等的地位和权力，最大限度地体现协商民主的平等性价值内涵，也更能体现参与的自发性。

二是参与议题由公民提出。在周浦社区论坛，网民可以随时将协商议题及相关信息发布在论坛中，由论坛会员就协商议题自由发表意见，自由辩论。在居民贴吧，居民可以发帖投诉问题或提出建议，居委会的人员也会针对相关问题在论坛内进行回应，说明问题出现的原因和对策。网友可针对居委会的回复继续表明意见，有不少网友对居委会的回应表示理解，也有网友质疑居委会的做法，并提出投诉。

三是协商能力有待提升。在周浦社区论坛政民互动平台上，政府和公民

都可以主动地针对议题开展协商。由于网络平台的开放性，其他公民可以直观地看到他人和政府的互动过程，全面地了解事情的发展状况，并可通过论坛的回复功能表达自己的想法。但由于在网络平台上较容易出现个人意见表达的非理性情况，加之有时网络信息失真，对某领域知识缺乏鉴别能力或对议题信息掌握不充分的公民很容易受到错误信息的影响。

2. 低协商参与

一是协商平台以网络论坛为主。周浦社区论坛设立的目的是促进政民互动，其功能主要包括三个方面：第一，政府通过"周浦新闻"栏目向公民提供周浦社区最近的政策和社会热点等信息；第二，政府通过"政务互动"和"发展献计"栏目就政府实施项目进行意见征集，听取公民的意见和建议；第三，公民可以在论坛的贴吧、"焦点曝光"和"社区公告"两个界面主动发起与政府的互动，针对公民发表的投诉帖子，政府和社区管理人员的回复结果也会呈现在网页上。

二是协商规则化程度不高。周浦社区论坛的协商参与主体包括公民和政府工作人员、社区管理人员，但周浦社区论坛中有很大一部分人属于消极的参与者，论坛中"踩一脚"的人数远远多于实际回帖的人数。而且，在公民发起的话题互动中，政府有关人员参与协商的较少，或者没有对问题给出公民能接受的解释，解决的实际问题也少。政府和社区介入较少使公民的协商过程不完整，公民与公民、政府与公民之间很难达成共识，无法有效推动整个协商的进程。

（四）成都市村民议事会：高主动、高协商的合作型参与模式

成都市"村民议事会"诞生于邛崃市油榨乡马岩村，后来发展到双流、彭州等地，2010 年成都市出台规范村民议事会的配套规则，将村民议事会在四川省成都市下辖的 1957 个村推广。根据成都市委组织部对全市 2200 多个村党组织的民主测评，村民对村党组织总体的满意度达 95%，[①] 村民议事

---

① 李仁彬：《发挥协商民主机制优势　提高新时期密切联系群众的能力——以成都村民议事会为例》，《中共成都市委党校学报》2013 年第 5 期。

会这一协商民主机制在其中发挥了重要作用。

1. 高主动参与

一是参与主体是所有村民。《成都市村民议事会组织规则》规定，每个村的村民议事会成员由村民选出，不少于 21 人。在村民议事会成员的选择过程中，原则上先由村民根据"一户一表"的方式投票选择本小组的村小组议事会成员，每小组选 5 人（个别人数少的村小组选 3 人），依据得票数的高低排序选择议事会成员。村民议事会的成员由各个村民小组议事会成员按照结构制席位组成，这种规定保证了每个村民的参与权。而且，还规定村组干部在村民议事会中的比例不得超过 50%，防止议事会成为"干部会"。协商议题由村民提出。《成都市村民议事会组织规则》规定了议题的提出主体不仅限于村民议事会成员或村党组织成员、村民委员会委员，只要有本村10 名以上年满 18 周岁的村民进行联名，就可以向村民议事会提出议题。此外，村民议事会成员还须每月到村民家中收集议题，将通过审查的议题列入议事会讨论议程。

二是协商能力体现为自我管理。不仅村民议事会成员可以参与村民议事会会议，本村村民或与协商议题相关的外村人也可以参与会议，而且会议召开之前村民议事会需要提前将议题通知每个成员，便于参与人员就议题做协商准备。在协商程序方面，讨论程序分为"议题提出人对议题进行说明→议题联名人发言→议事会成员就议题依次发言→议事会成员就议题进行辩论"等环节；在发言规则方面，村党组织书记在召集主持村民议事会时，必须维持讨论秩序，并保证每个村民议事会成员充分发表意见，不得随意打断和干涉议事会成员的发言。

2. 高协商参与

一是协商平台为村民议事会。在村民议事会中，村民参与的目的已经不再局限于信息提供，而且作为"治理者"协同管理村级公共事务。村民议事会会议是村级事务讨论必经的一个过程，以村内公共服务资金的使用和管理为例，村民议事会会议要投票表决项目过程中的每个重要环节，具体包括村里要实施哪些公共项目、以什么顺序建设项目、每个项目相应的资金预算是多少、项目的招投标方案等问题；村民议事会会议投票达成共识后，需要将会议决议以预算表格的形式分发给每户村民，[①] 并在项目方案完成后审核项目中资金的使用情况，并将最后的决算表格分发给每户村民。

二是协商规则有效约束。首先，《成都市村民议事会组织规则》（简称《规则》）明确了议事会作为村内常设议事机构的地位，并赋予议事会决策权、监督权和议事权。其次，在议事程序方面，《规则》对村民议事会的召开、参与人数、发言和表决等环节进行了详细的规定，《规则》规定每个村的村民议事会会议每季度至少召开一次。最后，《规则》，规定到会的成员不得低于议事会总人数的 4/5。议事会会议发言时，议事会成员就议题依次发言，并设立单独的协商辩论环节，保障每个参与人员的意见都能被听到。在协商过程中，如果参与人员对某个议题有较大意见分歧，不能达成共识，需在征求到会 1/2 以上人员同意后，将议题搁置并交由下次会议审议表决。表决时一人一票，不记名投票，结果当场公开。此外，成都市还出台专门规定，要求每个村将"年度村级公共服务资金不超过 5%、年度社区公共服务资金不超过 10%"作为村民议事会运行专项资金。[②]

综上所述，我们从公民参与权利主体的主动性和公民参与权力实现过程的协商性两个维度着手，分析了基层协商民主中公民参与模式的实践样态。在东华路社区听证会中，由于协商议题与公民的利益相关性较低，公民参与的意愿较低，同时，由于政府提供的参与平台有限，对协商过程缺乏规则性约束，这是一种典型的低主动、低协商的建议型参与模式。在佛山市顺德区公共决策咨询委员会中，政府在参与人员方面有很大的决定权，专家参与成为其主要特征。由于专家知识水平及政府因素在协商过程中的作用，协商过程的互动性较高，这是一种低主动、高协商的决策型参与模式。在上海周浦社区论坛中，由于网络的草根性及低门槛特征，协商议题由网友自由选择，

---

① 徐勇、沈乾飞：《村民议事会：破解"形式有权，实际无权"的基层民主难题》，《探索》2015 年第 1 期。

② 余娜：《村民议事会——激发自治力》，http://dangjian.people.com.cn/n/2015/1207/c117092-27897477.html。

这提升了公民参与意愿，但这种协商民主还缺乏规则规范，协商过程的互动性还有很大的提升空间，是一种高主动、低协商的介入型参与模式。在成都市村民议事会中，相对较好地兼顾了公民参与权利的自主性和公民参与权力的影响力，公民参与治理与公共规则的引领有效结合，这不仅保障了公民参与的主动性，也提高了参与的协商性，是一种高主动、高协商的合作型参与模式。

四　结论与讨论：公民参与需要回归"公民"本身

如何选择并优化我国基层协商民主中的公民参与模式？我们认为，对于当下中国社会治理而言，基层协商民主中公民参与模式的选择和优化仍须回到"公民"本身。这一方面是社会主义协商民主实现"人民当家作主"的内在要义，正如习近平所指出的，人民是否当家作主"也要看人民在日常政治生活中是否有持续参与的权利"；① 另一方面是中国社会发展多元化背景下社会治理的客观要求。中国社会发展的多元化程度已经远远超出了政府组织机构试图统而管之的能力，政府的治理机制尤其是城市治理机制大多落后于社会的多元发展。周雪光据此指出："各地政府所面临的挑战首先不是如何'管理'社会，而是如何改变自身以便更好地'适应'社会。"② 何包钢则认为："公民通过社会协商和审议来对公共事务作出决策，使社会管理向民主化方向发展，这是中国民主发展的战略基础。"③ 不断拓展的公民参与机会能够保证政府的行动镶嵌于社会之中，而不是强加于社会和公民，这样就能更好地发挥和强化社会的作用。因此，对于基层协商民主发展来说，扩大公民有序参与需要超越国家本位的视角，凸显社会本位视角，回归"公民"本身，在实践中应致力于深化公民参与权利与参与权力"两权耦

---

① 《习近平谈治国理政》第 2 卷，外文出版社，2017，第 292 页。
② 周雪光：《社会建设之我见：趋势、挑战与契机》，《社会》2013 年第 3 期。
③ 何包钢：《协商民主和协商治理：建构一个理性且成熟的公民社会》，《开放时代》2012 年第 4 期。

合",增强社会参与的活力。具体而言,需要考虑如下两个方面的因素。

其一,回归公民本身内在的意愿和能力。这与公民参与权利内在的能动性有关。如前所述,基层协商民主过程中的公民参与必须平衡公民参与权利的代表性、认同性和公民参与权力的影响力、实效性关系。在深层次上,这仍然是探究如何实现社会治理的效率与民主平衡的问题。正如博克斯所言:"当代我们面对的挑战不是提高效率,而是要由居民选择和决定社区的愿景……从概念上讲,这意味着要重新界定公民的角色,即从政府服务的被动消费者变为社区治理的主动参与者。"[1] 在具体实践中,对基层协商民主中公民参与权利的代表性、认同性和公民参与权力的影响力、实效性双重问题平衡的探索必须结合公民参与的主体性本身来考虑,"保证公民不仅有资格而且有能力参与国家政治生活"。在前述的案例中,东华路社区公民参与的能力本身较低,这在很大程度上决定了其参与的低主动、低协商性。在广东省佛山市顺德公共决策咨询委员会案例中,由于基层政府是在较高层面吸引公民参与,专业性程度较高,作为公众中掌握专业知识较多的专家参与成为其主要特征。与此相应,由于专家知识水平及政府因素在协商过程中的作用,协商过程的互动性较高,这就决定了它是专业性的高协商参与。在上海市周浦社区论坛案例中,作为基层网络协商民主的典型代表,网络的草根性及低门槛特征使公民参与议题讨论时几乎不受约束,这也就提高了公民参与意愿,但作为一种新型的协商类型,其还缺乏规则规范,协商过程的有效性还有很大的提升空间。而在成都市村民议事会条例中,由于利益相关度较高,公民参与意愿也相对强烈,通过政府积极的制度保障,公民参与的主动性和协商性都相对较高。

其二,回归公民本身外在的性质和规模。这与前述公民参与权力实现的实效性有关。公民参与自主性和协商性的实现受到基层社会治理复杂性的较大约束,这些约束条件归纳起来主要有两大因素:公民异质性程度和人群规

---

① 〔美〕理查德·C. 博克斯:《公民治理:引领 21 世纪的美国社区》,孙柏瑛等译,中国人民大学出版社,2005,第 31 页。

模大小。这两方面因素会直接影响公民参与平台和规则的选择，从而影响公民参与权力维度影响力和实效性的高低。达尔研究发现"当单位是小规模和同质性的时候，与单位中占优势的其他大多数公民意见一致的公民效能感能够最大化。同质性政治能够最好地满足这样的公民"①，规模越大，公民的观点、利益和要求方面的差异就越大。在公民异质性程度更高和人群规模较大的城市社区中，公民参与权利和参与权力"两权耦合"的难度相对较大，比如在上海周浦社区中，社区居民的职业、身份、地位等都存在较大差异，很难简单地采用成都市村民议事会的模式来进行社区协商治理。在公民异质性程度较低和人群规模较小的乡村社会中，社会协商治理的公民参与主动性和协商性相对较好兼顾，这也是成都市村民议事会能够较好地兼顾参与的自主性和协商性的重要原因。因此，在基层协商过程中公民参与模式的比较和选择中，并不能简单地套用一种普遍模式，而是要根据具体的社会情境来选择相应合理的实践模式。在公民异质性程度较高和人群规模较大的城市基层社会治理中，并不存在一个可以完全统一的模式，这是因为公民异质性程度本身引致社会治理具有相当大的复杂性。正如托马斯所指出的："公民参与并没有好坏之分，它可能发展民主的价值，能够创造对社区管理有益的实践行动。"② 只要能够针对具体的"公民"主体特征，根据实际选择特定的参与方式，对社会治理有一定的参与协商效果，任何一种探索和实践都是值得肯定和鼓励的，这应是我们认识和评估基层协商民主中公民参与模式实践探索的基本原则和科学态度。

---

① 〔美〕罗伯特·A. 达尔、爱德华·R. 塔夫特：《规模与民主》，唐皇凤、刘晔译，上海人民出版社，2013，第129页。

② 〔美〕约翰·克莱顿·托马斯：《公共决策中的公民参与——公共管理者的新技能与新策略》，孙柏瑛等译，中国人民大学出版社，2005，第13页。

第十一章
中国特色协商民主发展模式：
嵌入性分析视角[*]

民主既是一种国家制度形态，又是一种社会治理机制。民主在不同社会背景下发展的内在逻辑和基本路径一直是政治理论关注的重大问题。在新时期，"发展协商民主是中国民主建设的重点"①，协商民主的进一步拓展、深化与创新是当前中国民主政治建设的重要主题。与西方协商民主补救式的功能不同，"社会主义协商民主，是中国社会主义民主政治的特有形式和独特优势"②，社会主义协商民主是顺应中国独特的社会形态发展出来的民主政治形式，是社会主义民主的本质特征和内在要素。但是，协商民主与中国社会发展的关系如何？协商民主在中国社会发展中得以实现的路径和逻辑何在？中国协商民主发展观照的是中国社会发展的全局，未来应该突出哪些战略重点？这些问题还需要进一步深入研究。从更宽广的历史视域分析，中国协商民主发展的根本使命在于为中国现代社会寻找并整合一个有效率的载体和形式，协商民主和中国社会发展存在一种"嵌入"关系。在国家建设和经济社会发展中，协商民主作为一种治理资源"嵌入"其中，形成多元主体的良性互动，从而型构当代国家、政府、市场和社会之间的协商结构，不断推动中国民主的内生性发展。本章在辨析协商民主发展路径建构性和演化性分析成果及其不足的基础上，试图从嵌入性视角对中国协商民主发展的路径和方向进行分析，以求教于学界同仁。

---

* 本章部分内容曾公开发表，参见董石桃《从建构、进化到嵌入：民主制度建设的认知模式及其发展》，《理论与改革》2017 年第 2 期；董石桃《嵌入性视角下的协商民主创新发展研究》，《人民论坛·学术前沿》2021 年第 5 期。
① 房宁：《发展协商民主是中国民主建设的重点》，《中国政协理论研究》2014 年第 1 期。
② 《习近平谈治国理政》第 2 卷，外文出版社，2017，第 291 页。

一 建构或演化：中国特色协商民主发展路径分析的传统视角及不足

（一）协商民主发展路径分析的建构性视角及其不足

建构性分析源于唯理主义的传统，"建构论"的主要基础是"建构理性主义"，其根本特征乃是相信人们理性的至上性以及社会建构的规划性。建构论者一般认为，人类社会的各种制度包括民主制度都是人类运用理性所创立的结果，人类社会政治发展须建基于完整周到的设计和规划，其基本含义是："既然人类自己创造了社会和文明的各种制度，那么，为了满足自己的欲望或者需求，肯定也能根据自己的意愿去改变它们。"①

在中国民主发展史上，建构论的影响一直较大，基于西方民主观念的引入，不管是维新民权观念的流布，还是兼具浪漫与审慎的民主知识库的建设，以及自由主义关于宪政、议会制度建设的构想，② 都包含建构论的特点。直至目前，在中国民主发展的理论阐释中建构论同样也是居于主导地位许多学者从意识、文化、制度、价值、社会资本等角度，以建构论为基础探讨中国民主建设的方向、战略和议程。③ 对于中国协商民主发展路径的研究，也有许多学者自觉或不自觉地从建构论的角度予以分析。如有论者指出，"政治协商制度是中国共产党在处理党际关系过程中的一种政治安排，属于经验层面的制度设计……为了消解由于社会结构性不平等对协商民主带

① 〔英〕弗里德里希·冯·哈耶克：《哈耶克文选》，冯克利译，江苏人民出版社，2007，第534页。

② 对于近代中国民主观念的历史演进和特点，闫小波教授有较系统的研究。参见闫小波《近代中国民主观念之生成与流变——一项观念史的考察》，江苏人民出版社，2011。

③ "建构"一词在中国民主发展研究文献中出现的频率非常高，近期比较有代表性的文献如林尚立：《建构民主——中国的理论、战略与议程》，复旦大学出版社，2012；周少来：《发展导向型参与民主：中国民主建构的路径分析》，《政治学研究》2014年第2期；赵晓宇：《中国式民主建构的三重维度》，《理论视野》2012年第5期；叶麒麟：《从民族国家建构到民主国家建构》，《学术探索》2006年第5期。

来的不利影响，我们必须从'控制'和'设计'两个维度进行实践展开"①；有学者提出中国特色协商民主的制度设计应当遵循五项基本原则②；有学者提出建构中国特色社会主义协商民主的"共识性基础"③；有学者主张"通过顶层政治构建重塑协商民主的制度基础"；等等④。

协商民主发展的建构性分析注重协商民主发展的主体自觉性，强调了政治主体的主观能动性和创造性对协商民主发展的重要作用，对推动中国协商民主的发展具有较强的合理性和现实意义。但是，对协商民主发展建构性分析视角的一些不足我们也应该有清醒的认识。

第一，可能导致协商民主建设的功利性。欧克肖特将政治建设的功利性称为"所感知的需要的政治"，即强调民主政治制度建设源于人们能够运用理性解决现实生活的需要、问题或危机。很显然，这种理性主义的政治是将理性作为纯粹工具使用的政治，它唯一的目的就是成功。应用到协商民主建设上，容易将协商民主建设工具化，忽视协商民主的目的性价值，在实践中造成协商民主建设的悖论性反动。近年来，协商民主的理论和实践在各个层面都得到了较大的重视，从国家到地方采取了许多措施积极推进协商民主的建设，并取得了相应的成效。但是，并非所有的协商民主实践都符合人民本位的原则，有些地方协商民主的实践或多或少有些"政治作秀"或者"制造政绩"的嫌疑。

第二，可能导致协商民主建设的符号化。民主建设的建构论比较强调技术理性，容易忽视传统的影响和历史的作用，将政治作为一种技术性的操作，突出政治的"技术工程"性。这种建构论往往混淆改革年代和革命年代"制度设计"的不同，但"政治制度的顶层设计往往产生于新旧制度更

---

①　陈怀平：《基于理论与价值本源的中国协商民主理路透析》，《社会主义研究》2014 年第 2 期。

②　高海虹：《论中国特色协商民主制度的设计原则》，《北京工业大学学报》（社会科学版）2013 年第 6 期。

③　丁长艳：《建构中国特色社会主义协商民主的"共识性基础"》，《联合时报》2014 年 6 月 17 日。

④　金太军、张振波：《论中国式协商民主的分层建构》，《江苏社会科学》2015 年第 2 期。

替的革命年代。而改革与革命不同……改革必须面对既有的制度、既定的格局等因素，束缚于客观的规定性之中，而不能完全按照主观行事"①。在协商民主建设的过程中，有些地方的推动者往往比较相信"顶层设计"的重要性，领导者或者专家首先在头脑中对协商民主的形式进行设计，但是对于实践过程中的方案调整和修正重视不够。也有的地方对协商民主理念的宣传做得很扎实，但在具体的执行过程中协商往往变成了"通告"，或"想起就协商，想不起就不协商"，协商民主成为一种宣传式的符号。

第三，可能导致协商民主建设的伦理原则性或普遍主义。建构论基于现代科学发展成一种信念伦理，这种宗教式救世的拯救精神和手段往往与客观世界的认识极端对立，表现为一种伦理原则性和普遍主义。在协商民主发展上，容易表现为一元化的倾向，将某种西方的民主模式普遍化，并以此为标准来评价甚至否定中国的协商民主建设成效，否定民主的多元性和多样性。普遍主义的建构论民主往往暗含着这样一个观点："民主是一套在理论上任何国家都可以通过最低限度的宪政建构来加以模仿的制度安排，例如制度化的选举等。"② 这种民主发展普遍主义的危害性往往容易被忽视。

（二）协商民主发展路径分析的演进性视角及其不足

民主发展路径的演进论强调人性本身是有缺陷的，人类制度是自然"进化"的，是渐进演变的，人为的制度控制和指导诉求非但不可能实现，而且会导致自由的丧失和文明的毁坏。在政治科学中，演进论一般也将政府形式视为"自然进化"的产物。如约翰·密尔认为："政府不能靠预先的设计来建立。它们不是'做成的，而是长成的'。"③ 民主发展的演进模式认为，"渐进式制度变迁可以被理解为一种进化过程"④。

---

① 房宁：《中国道路的民主经验》，《红旗文稿》2014 年第 6 期。
② 〔美〕霍华德·威亚尔达主编《民主与民主化比较研究》，榕远译，北京大学出版社，2004，第 6 页。
③ 〔英〕J. S. 密尔：《代议制政府》，汪瑄译，商务印书馆，1982，第 6 页。
④ 〔美〕奥赖恩·A. 路易斯、斯文·斯坦默、王丽娜、马得勇：《制度如何演进：进化论与制度变迁》，《甘肃行政学院学报》2014 年第 2 期。

及至中国，演进论经严复之手而传播，对中国近代以来的历史推进具有不可替代的影响。① 演进论为由中国古代哲学的变易史观向现代哲学的唯物史观转变提供了中介。② 演进论也锻造了衔接社会主义理想的环节。③ 改革开放以后，演进论在中国的影响由融于"理想主义"转向"渐进主义"方向，在对"文革""跃进"式的发展和非理性造成灾难的反思基础上，"摸着石头过河"的探索性演进式改革思路推动了人们对制度成长性特征的接纳和民主政治制度渐进式改革模式的确立。

应用到协商民主发展的路径分析，演进论的制度发展观对传统充满温情和敬意，如有学者强调中国传统文化中包含宝贵的民主基因，许多有利于促进协商民主的生成与发展，如"天下为公"的民本思想，"以和为贵，和而不同"的和合思想等。④ 有学者强调当代中国协商民主的历史底蕴，认为当代中国协商民主植根于中国优秀的传统文化。⑤ 有学者从演进论角度强调中国协商民主的"成长性"，"协商民主是在中国这块土地上生长起来的民主形式，绝不是舶来品"。⑥ 演进论认为理性的作用是有限的，人们应在妥协中寻求解决社会问题的规则机制，而不是通过推倒、抛弃一切旧传统来建构一套所谓全新的制度。有学者强调，协商民主本身"是一种自我实现的良秩民主形式，体现了现代社会和谐政治的特征"⑦。总之，演进论大多强调中国协商民主具有自发生长的历史和环境特征。

演进论强调中国协商民主发展的客观规律性，注重中国协商民主发展的内在必然性。演进论认为制度改进的有效方式应该是在改良中保守传统，在

---

① 伍本霞：《孙中山进化论思想再认识》，《湘潭大学学报》（哲学社会科学版）2015 年第 1 期。

② 王秋安：《自然进化论与达尔文的生物进化论探析》，《湖北社会科学》2012 年第 9 期。

③ "进化论"对中国近代以来政治思潮的影响，陈卫平有系统的论述，参见陈卫平《中国近代的进化论与政治思潮》，《华东师范大学学报》（哲学社会科学版）1995 年第 6 期。

④ 许奕锋：《协商民主的文化基因检视》，《中央社会主义学院学报》2014 年第 2 期。

⑤ 刘玲灵、徐成芳：《论当代中国协商民主的历史底蕴与创新》，《社会主义研究》2014 年第 3 期。

⑥ 齐卫平：《中国特色协商民主的内生源简论》，《中央社会主义学院学报》2008 年第 2 期。

⑦ 朱勤军：《中国特色社会主义协商民主的发展和创新》，《北京联合大学学报》（人文社会科学版）2009 年第 4 期。

移风易俗中开启心智,① 以最小的成本达致最大的制度改革效果。这些观点对中国协商民主的发展,尤其是克服中国民主建设"后来居上"的焦虑情绪,具有十分重要的理论意义和历史价值。但是,我们对于演进论视角的不足也应该有清醒的认识。

第一,容易忽视人的主观能动性在中国协商民主发展中的作用。人类政治制度的发展归根结底总是与人的活动有关的,它们的根源和全部存在均有赖于人的意志。人是一种主体性的存在,具有主观能动性,人的主观能动性与民主制度本身内在的客观规律性并不完全对立和冲突。民主制度本身的发展演进具有内在的逻辑,但是在特定历史阶段中,人们的主观能动性并非不能对制度的发展产生作用。正如密尔所言:"人们并不曾在一个夏天的清晨醒来发现它们(民主)已经长成了……在它们存在的每一阶段,它们存在都是人的意志力作用的结果。"② 事实上,中国协商民主并不是自生自发的,不是如自然规律一样被动演进的。恰恰相反,中国协商民主发展不能忽视"顶层设计"的重要引导作用,如果运筹得当,我们并不能完全排除中国协商民主建设实现"后发"优势的可能。此外,我们不能否认中国共产党的科学规划和战略部署对中国协商民主的发展产生了十分重要的作用。此外,很多地方的案例已经证明,地方政府创新的思维和行动同样在推动基层协商民主发展中意义重大。

第二,容易忽视协商民主运转过程中人们行动和参与的作用。很显然,国家政治机器运转与自然界生物的进化不同,民主制度是人类社会关系的一种调节机制,它的运转离不开人为的操作,人们的积极参与和行动对推动协商民主制度良好运转至关重要,协商民主制度不但在产生之初受人的意志影响,不是完全自发的产物,而且在协商民主制度产生之后,其运转好坏同样离不开人的积极行动和参与。中国协商民主的建设必须重视培育公民协商参与的积极性和主动性,一味强调自生自发的民主建设可能导致对社会民主治

---

① 高全喜:《哈耶克主义与中国语境》,《博览群书》2008 年第 2 期。
② 〔英〕J. S. 密尔:《代议制政府》,汪瑄译,商务印书馆,1982,第 7 页。

理的消极态度，忽视政党、政府、社会组织等政治主体推动民主发展主观能
动性的发挥。

二　嵌入性：中国特色协商民主发展的内在特征

（一）嵌入性的基本内涵与意义

从词义上说，"嵌入"是指一事物内生于或根植于他事物的一种现象，
是一事物与他事物的联系以及联系的程度。"嵌入性"（embeddedness）理
论是新经济社会学研究中的一个核心理论。波兰尼（Polanyi）在《大变革》
一书中首次提出嵌入性概念，并将此概念用于经济理论分析，[①] 格兰诺维特
（Granovetter）于 1985 年在《美国社会学杂志》上发表重要论文《经济行动
和社会结构：嵌入性问题》，[②] 对嵌入性概念进行了阐释，将网络分析应用
到经济社会学中。此后 Uzzi 等诸多学者对嵌入性理论进行了发展。[③] 目前嵌
入性概念主要应用于经济社会学、联盟的网络理论、组织与战略、社会资
本、网络与组织、市场渠道、创业、组织适应等领域中。嵌入性概念较少用
于政治学领域，国内一些学者也曾尝试将嵌入性概念应用到中国政党政治研
究中，也有研究从嵌入性角度研究了基层党建、社会治理、央地关系等方面

① Karl Polanyi, *The Great Transformation: The Political and Economic Origins of Our Time*, Boston: Beacon Press, 2001, p. 12.
② Mark Granovetter, "Economic Action and Social Structures: The Problem of Embeddedness", *American Journal of Sociology*, Vol. 91, No. 3, 1985.
③ 相关文献参见 Brian Uzzi, "The Sources and Consequences of Embeddedness for the Economic Performance of Organizations: The Network Effect", *American Sociological Review*, Vol. 61, No. 4, 1996; Wayne E. Baker and Robert R. Faulkner, "The Social Organization of Conspiracy: Illegal Networks in the Heavy Electrical Equipment Industry", *American Sociological Review*, Vol. 58, No. 6, 1993; Douglas R. White and Frank Harary, "The Cohesiveness of Blocks in Social Networks: Node Connectivity and Conditional Density", *Sociological Methodology*, Vol. 31, 2001; Per Hage and Frank Harary, *Island Networks: Communication, Kinship, and Classification Structure in Oceania*, New York: Cambridge University Press, 1996, p. 56。

的问题。①

按照刘世定的理解，关于嵌入性的讨论事实上涉及两个基本的层面：一个是社会科学中研究人的行动的视角，即以嵌入性挑战主流经济学和社会学中关于人的行动的基本假设；另一个是在嵌入的具体内容上，把人际关系网络作为要素，从而把社会学研究中的一个主要关注领域引进来。② 本章侧重于从第二个层面来界定嵌入性概念的内涵。民主作为一种社会管理体制是属于社会系统的组成部分，它不是也不能超越既定的社会系统而运作。如普特南所言："（民主）制度的实际绩效受到了它们运行于其中的社会背景的制约。"③ 民主意味着不同主体之间的行动和互动，民主制度是基于特定社会网络中行动者的关系而发展的。嵌入论不仅适用于分析经济行为，也适用于分析民主过程中的人类政治行为，嵌入论为分析民主制度发展提供了超越建构论和演进论的分析视角。"'嵌入论'没有对普世秩序或失序一锤定音，而是假设社会结构会决定那种结果。"④

中国协商民主发展的嵌入性分析关注的核心问题是：协商民主的理念共识和制度建设如何在中国社会发展的实践路径中得以实现，即协商如何嵌入社会发展的实践当中。嵌入性分析的基本内涵是：协商民主发展是政治主体主观能动性和政治社会的客观现实相互作用的结果，将中国的客观现实视为协商民主发展的前提和基础，但是并不忽视政治主体主观能动性、创造性的作用，并不忽视对人类社会以及西方先进民主思想和理念的吸收和借鉴。嵌

---

① 参见罗峰《嵌入、整合与政党权威的重塑——对中国执政党、国家和社会关系的考察》，上海人民出版社，2009；何艳玲《"嵌入式自治"：国家—地方互嵌关系下的地方治理》，《武汉大学学报》（哲学社会科学版）2009 年第 4 期；程熙《嵌入式治理：社会网络中的执政党领导力及其实现》，《中共浙江省委党校学报》2014 年第 1 期；陈家喜、黄卫平《把组织嵌入社会：对深圳市南山区社区党建的考察》，《马克思主义与现实》2007 年第 6 期；等等。

② 刘世定：《占有、认知与人际关系——对中国乡村制度变迁的经济社会学分析》，华夏出版社，2003，第 72 页。

③ 〔英〕罗伯特·D. 帕特南：《使民主运转起来：现代意大利的公民传统》，王列、赖海榕译，江西人民出版社，2001，第 8 页。

④ Mark Granovetter, "Economic Action and Social Structure: The Problem of Embeddedness", *American Journal of Sociology*, Vol. 91, No. 3, 1985.

入性分析的关键还在于其侧重从协商民主发展的社会条件和社会基础出发，从国家和社会互动的视角分析政治主体在社会网络中如何运用协商民主的机制以及其取得的具体成效。

任何民主制度的形式设计和绩效获得总是要通过嵌入特定的社会结构和社会关系网络中才能实现，民主制度建设的成效最终由社会结构和社会文化的特性所决定。① 从本质上来说，民主制度演化分析嵌入论视角的引入本质上是克服民主制度发展的国家视角和自然视角的不足。一般而言，民主制度发展的国家视角强调国家的自主性，以及国家对民主制度人为建构性的一面，在认识论谱系中偏向"过度社会化"的一端；而民主制度发展的自然视角，则强调社会历史发展的客观性和进步性，以及民主制度发展的自然进化的一面，在认识论谱系中偏向"低度社会化"的一端。民主制度发展的嵌入论则适度应用社会情境这一分析单元。一方面，嵌入论突出强调社会关系对民主制度发展的影响，民主制度作为一种政府形式和政府体制，它不是脱嵌于经济社会关系，而是需要嵌入社会关系网络中，脱离社会关系而运行的民主制度及其发展是不存在的；另一方面，嵌入论并不否定国家的自主性和历史社会发展本身的客观性，而是将国家自主性对民主制度发展的影响置于特定历史阶段的社会关系网络中进行考察，同时具体分析民主制度发展的特点和发展规律，因而嵌入论分析不是完全地否定建构论和进化论，而是基于协商民主发展的社会网络分析，是对建构论和演进论的超越和发展。

对于民主制度发展的分析，嵌入论认为，无论是建构论还是演进论，都必须加上具体的社会情境和关系网络分析，在特定的范围内讨论民主制度发展的特点和规律，从这个意义上来说，所谓"普遍性的民主理论"只是一个虚假命题。这一点也正是对马克思主义民主理论的有力印证。在马克思主义看来，民主是一种国家体制，同时更重要的在于民主也是一种社会治理体制，民主的主体是具有主观能动性的"现实的人"，"人的本质不是单个人

① 刘世定：《占有、认知与人际关系——对中国乡村制度变迁的经济社会学分析》，华夏出版社，2003，第72页。

所固有的抽象物，在其现实性上，它是一切社会关系的总和"①。因此从某种意义上来说，民主发展路径分析的嵌入论正是复兴和发展马克思主义从社会关系角度分析民主制度演化发展的一种理论建构。从根本上来说，嵌入论超越了所谓的"密尔命题"，即民主在多大程度上是一个选择问题，嵌入论更多关注民主制度在复杂的社会系统中如何运转的问题，同时考察这种运转的历史发展如何影响今天的现实和未来的走向。嵌入论提出新的问题：民主制度作为一种社会治理体制是如何嵌入经济社会体系中的？民主制度是如何受到更大的社会制度结构影响，又是如何重构这些更大的社会制度结构的？嵌入论的这种认知模式将给民主发展路径分析带来新的范式变革。

（二）中国特色协商民主发展的嵌入性特征

将嵌入性分析视角引入中国协商民主发展的逻辑和路径分析，还因为中国协商民主具有嵌入性发展的基本特征，嵌入性分析契合中国协商民主发展的客观现实。

第一，协商嵌入的社会结构性。嵌入性首先体现在主体相应的行为或制度模式是由特定的社会结构所决定的，并借助特定社会结构资源获得发展。一定的社会结构决定了一定的民主发展方式，中国协商民主的起源和发展都由中国特定的社会结构所决定。首先，从起源上来看，中国协商民主的发生是由中国特定的政治社会结构所决定的。中国曾是半殖民地半封建社会，社会结构多元化并分散，从辛亥革命以来，中国民主建设的根本使命是为中国整合多元化且一盘散沙的社会寻找一个有效率的载体和机制。20世纪上半叶，中国也曾试图从选举开始探索中国民主机制的发展，先后举行过四次国会选举，② 但是最终都无明显成效或以失败告终。原因在于中国的社会结构

---

① 《马克思恩格斯选集》第1卷，人民出版社，2012，第139页。
② 这四次国会选举分别是1909年清政府推动的咨议局选举，1913年民国第一届国会选举，1918年民国第二届国会选举，1947年国民党治下的国会选举。参见张朋园《中国民主政治的困境（1909~1949）：晚清以来历届议会选举述论》，吉林出版集团有限责任公司，2008，第210页。

多元、阶级成分复杂，"中国无产阶级、农民、知识分子和其他小资产阶级，乃是决定国家命运的基本势力"①，单纯的选举机制容易造成对抗和分裂，无法达到整合社会、达成共识、完成现代国家建设的使命。在国家建设的过程中，建立一个能够容纳社会各阶级阶层参与的机制是中国民主发展需要解决的重大问题。在此背景下，协商机制成为一种效率最高的机制，能够被社会各方所接受。中国共产党在与各民主党派和党外人士团结合作过程中正是通过统一战线和协商机制完成了国家整合的使命。中国的社会结构和阶级状况决定协商是中国建立以无产阶级为领导的多阶级联合民主共和国最有效率的机制。其次，从协商民主的发展历史来看，协商民主机制和形式契合了社会结构的性质，获得了社会网络的支持，因而嵌入性发展的程度越来越高。从"三三制"政权建设到"五一口号"和筹备新政协，协商民主机制得到了民主党派和无党派人士的欢迎和支持，他们积极行动，发动各种社会资源，推动民主建国，协商建政，使协商机制的发展获得了丰富的社会资源，从而使协商机制嵌入中国政治社会结构，且其内涵不断得到拓展，最终逐渐向制度化方向发展。

第二，协商嵌入的耦合拓展性。嵌入性实现的一个重要前提是嵌入的行为或制度能够实现与社会其他子系统的兼容和耦合，在不否定或打破原有系统的规范下，实现社会系统的整合、辅助或控制功能。嵌入主体在嵌入过程中并不是僵化不变的，而是不断修正（或改革）自己，同时在和社会系统耦合的前提下，向政治社会结构体系中嵌入拓展，嵌入性发展强调通过更新机制实现社会治理体系的共同发展和繁荣功能。首先，协商民主的嵌入实现了与政治社会结构的耦合。中国共产党领导的多党合作和政治协商制度作为一种党派协商民主形式，虽然不同于人民代表大会，但它是爱国主义统一战线的组织，由一批具有广泛代表性的公民组织和公民各界代表平等参与协商，与人民代表的选举民主并不排斥，而是形成互补，实现了协商民主在政治体系的嵌入性耦合。协商民主是党的群众路线在政治制度上的重要体现，协商

---

① 《毛泽东选集》第2卷，人民出版社，1991，674页。

民主的发展可以扩大公民有序的政治参与，可以促进党的群众路线创新，因而协商民主耦合了政党和社会的良性互动机制。其次，中国协商民主的嵌入还具有创新拓展性。协商民主本身不是一成不变的，而是随着社会关系的发展不断改革创新的。人民政协从 1949 年以来就经历了两次性质和任务的转型。1954 年全国人民代表大会召开以后，人民政协不再代行人民代表大会职权，但还要继续在中国的民主政治建设中发挥作用，人民政协的性质和任务发生了重大转型。1978 年，党的十一届三中全会以后，人民政协由不同阶级联盟性质的人民民主统一战线组织转变为最广泛的爱国统一战线组织，开始了新的历史转型。人民政协作为协商民主的重要渠道，其本身的历史转型源于社会改革的需要，耦合了社会系统的变革和调整，实现了协商民主的嵌入性发展。最后，我国的协商民主在统一战线和人民政协的实践中发展起来，但随着社会关系的发展，协商民主应用范围已经大大超越了统一战线和人民政协，体现在国家治理体系的诸多方面，"协商民主深深嵌入了中国社会主义民主政治全过程"[1]。在党的决策环节，在立法机构、行政机构、居民（村民）自治的基层社区（村）、人民团体和社会组织等，协商民主的机制都获得了较大的发展，取得了社会网络的支持，集聚了可持续发展的社会资源。"从人民政协的协商民主拓宽到国家政权机关、政协组织、党派团体、基层组织、社会组织都要建立协商民主制度，这就是政治体制改革"[2]，中国政治体制改革的新途径就是通过协商民主嵌入的耦合拓展性实现的。

（三）中国特色协商民主发展的嵌入性分析框架

协商民主发展的嵌入论则突出民主建设的主体间性，从人的社会性本质出发，重视社会关系网络和社会关系互动性对于民主制度发展的重要影响。嵌入论更为全面地强调，即使民主制度是建构或进化的，这种建构或进化也是在特定的社会关系网络中进行的。因而从本质上来说，嵌入论提出的是一

---

① 《习近平谈治国理政》第 2 卷，外文出版社，2017，第 294 页。
② 李君如：《协商民主在中国》，外文出版社，2014，第 26 页。

种"制度的社会构建"命题。嵌入性框架是关于社会结构如何影响中国协商民主制度绩效的一种解释,协商民主发展的嵌入性分析框架应包括如下几个方面。

第一,主体嵌入性分析。嵌入论首先要分析协商民主发展的行动主体,这个主体包括行动的"现实的人"以及政治社会组织。制度尽管建构人的认知和行动,但正如韦伯所言:"制度和延续不仅是因为它们发展出了结构惯性,而且是因为它们对于人们有意义。"[1] 正是追寻"意义"的个人和组织主体以及他们的行动推动了制度的嵌入和演化。嵌入论既肯定行动主体受到环境的制约,也强调主体行动过程中的自主性。民主发展的行动者应该包括政治家、政党、社会团体以及利益集团等。不同主体的利益资源和主观能动性构成相应的利益需求,利益需求驱动的行动推动了不同民主制度形态的形成,因此嵌入的主体性分析就要考察政治主体需求的行动特点,这些分析须体现制度嵌入性分析的整体性以及混合性特点。

第二,关系嵌入性分析。关系嵌入性属于嵌入性分析的经典内容,主要分析社会网络关系中不同主体在协商民主发展中的关系特征。关系嵌入性分析通常重视民主发展的社会资本研究,重视社会网络中基于互惠预期而发生的双向关系。关系性嵌入的测度指标主要包括关系的内容、方向、延续性和强度等。格兰诺维特提出以互动频率、亲密程度、关系持续时间以及相互服务的内容四个指标来衡量关系的联系强弱。[2] 关系嵌入性可以影响不同社会组织间的合作、资源的交换和组合、共享性知识的开发等,不同社会行为主体间的紧密程度、信任、合作规范、对未来价值的预期,以及通过资源交换、组合参与等,这些因素都会影响社会资本的发展和存量,从而影响中国协商民主的建设和发展。

第三,结构嵌入性分析。帕森斯把社会体系看成一个有机系统,其中包括行为有机体系统、人格系统、社会系统以及文化系统等。协商民主制度和

---

① 〔美〕弗兰克·道宾主编《新经济社会学读本》,左晔等译,上海人民出版社,2013,第10页。

② Mark Granovetter, "The Strength of Weak Ties", *American Journal of Sociology*, Vol. 78, No. 6, 1973.

市场经济制度一样，并不是独立的社会因素，而是嵌入社会体系中的，并受到来自社会结构的文化、价值因素的影响。任何制度的发展和改革都需要社会成本，如果制度与社会系统之间的结构能够整合，"没有排异反应"①，便能良性发展，形成制度的持续性和稳定性。嵌入的结构性分析就必须分析特定的协商民主机制和这些子系统的结构关系，它一方面强调社会体系的整体功能和结构；另一方面关注不同主体和相关制度作为网络节点在社会体系中的结构位置。

三 嵌入性视角下中国特色协商民主
发展的基本逻辑

从历史和逻辑相统一的角度出发，"嵌入性发展"的概念也许更能表达中国协商民主建设的逻辑和路径。应用嵌入论框架进行分析，我们可以发现，中国协商民主原则、行为和机制作为嵌入性的内容存在，协商的原则和机制是以中国共产党为主导，结合中国自身民主政治发展的独特实践，被不断嵌入多重社会关系和社会结构之中，中国协商民主嵌入式发展的路径主要体现在如下几个方面。

（一）中国特色协商民主发展的主体嵌入性

在现代社会政治关系中政党是诸多政治主体中最活跃、最具影响力的要素，是公共权力运转的轴心，是政治关系的黏合剂，② 协商民主作为嵌入内容得以存在和发展，主要得益于政党这一主体的存在和运行。"党建国家"的模式，决定了政党是中国政治生活的枢纽，是国家建设的主体。政党通过

---

① 李汉林等指出，结构嵌入性具有正反两个方面的社会功能："当一种制度真正嵌入到了它所赖以生存的社会结构与社会环境之中时，这种制度同时也就深深地打上了这种社会环境、社会结构乃至社会文化的烙印，形成一种互依互存的状况。"参见李汉林、渠敬东、夏传玲、陈华珊《组织和制度变迁的社会过程——一种拟议的综合分析》，《中国社会科学》2005年第1期。
② 唐晓等：《当代西方政治制度》，世界知识出版社，2005，第119页。

自身的行动将协商机制嵌入社会关系中，在中国具有独特的意义和内涵。

首先是协商民主认知嵌入性要素。从一开始中国共产党的目标就是要建立新国家、新政权，这种理想目标立基于对中国社会阶级和基本国情的客观认识。中国共产党较早认识到任何政党要支撑起中国革命和现代化的发展都必须广泛联合各种积极的社会力量和政治力量，建立起广泛的同盟。早在20世纪20年代，中国共产党在思考和酝酿第一次国共合作时期，就倡导构建广泛的民主联合战线、实现多党合作、进行党派社团协商共事的思想，并明确提出了党派协商的概念。① 此后，经过抗日民族统一战线的发展，抗日根据地"三三制"的实践探索，在新民主主义革命时期，中国共产党人根据当时的国情与环境，提出了"几个革命阶级联合专政"的主张和长期与党外人士民主合作的理念，这蕴含着协商民主的基本精神。② 到新中国成立，通过"协商建国"，在多党合作和政治协商制度探索实践中，中国共产党的领导人系统地阐述了协商民主的思想，明确"中国的民主制度，采用协商方式，是很大的特点"③。考察中国协商民主的发展历史，我们可以发现，中国共产党关于人民民主国家的协商认知以及相关行动，对中国协商民主的发展起着根本的引领作用，可以说，正是由于中国共产党将基于科学客观分析形成的协商合作重要性的认知嵌入中国现代化革命和国家建设的过程中，才最后形成了中国特色的协商民主实践和制度。

其次是协商民主的文化嵌入性要素。"文化嵌入"广义上可以理解为个体对区域文化整体的融入和适应。文化是制度的内在要素，它是制度演化的精神支柱、推动力量和合法性基础。一种制度的形成和演化也是一个文化嵌入的过程。政党作为中国协商民主嵌入的主体性要素，它对协商民主内涵和机制的价值认知在长期的历史积淀中慢慢形成一定的协商民主文化。这种协商民主文化的积淀形成是政党的协商价值嵌入中国特定的整体文化而产生的

---

① 黄国华等：《中国社会主义协商民主思想史稿》，西南交通大学出版社，2013，第6页。
② 莫岳云、张青红：《中国共产党协商民主思想的历史演进》，《马克思主义研究》2012年第7期。
③ 《董必武选集》，人民出版社，1985，第306页。

结果。中国传统的"和""合"思想，以及近代中国独具特色的追求"共和"的文化，为中国式的协商民主建设提供了丰富的精神资源。上述历史和独特时代的交织形成了客观存在的中国民主政治文化，这种政治文化追求"民主共和"，但并不将选举竞争作为民主的唯一内容和模式。中国共产党在长期的民主发展实践中，将协商合作的价值和思想嵌入中国近现代以来形成的独特的政治文化中，慢慢获得广大民众和其他民主政党的认同和支持。可以说，中国协商民主的发展是马克思主义中国化"文化嵌入"一个重要的积极成果，是一个政党主体性彰显的文化性嵌入过程。

（二）中国特色协商民主发展的关系嵌入性

首先，协商民主在党际关系中的嵌入。"政党是整体的部分。"[1] 政党关系由社会结构所决定。"政党即社会中一定阶级或阶层的活动分子，为了实现某种目标面有计划地组织起来的一种政治组织。"[2] 封建王朝崩溃后，中国社会高度分化、多党并存，这需要建立现代政党关系的协调机制。西方国家因为政党在议会中的作用，主要将竞争的原则和精神嵌入政党关系中。而20世纪初的中国需要通过政党来完成社会秩序重建、国家主权独立的双重使命。在中国社会分散、社会没有力量的情况下，"党建国家"只能是多党合作建设新国家，而不能是多党竞争建设新国家，也不能由一党单独来建设新国家，因为没有哪一个政党具有单独建设国家的政治力量。因此，中国政党要完成国家建设的使命，只有将协商合作的原则和精神嵌入并贯穿于中国的政党关系中，才能顺应中国现代民主国家建设的历史使命。历史发展表明，国民党忽视将协商合作原则及精神嵌入政党关系中，走向了社会的反面，即一党专政和个人独裁，最终被社会和人民所否定。而中国共产党在坚持以一党为中心建构国家主权的同时强调，"共产党员只有对党外人士实行民主合作的义务，而无排斥别人垄断一切的权利"[3]。注重吸纳多元社会势

---

[1]〔意〕G. 萨托利：《政党与政党体制》，王明进译，商务印书馆，2006，第52页。
[2] 杨光斌主编《政治学导论》，中国人民大学出版社，2011，第175页。
[3]《毛泽东选集》第3卷，人民出版社，1991，第809页。

力，坚持与民主党派开展广泛的协商与合作，将协商的原则和精神嵌入政党关系之中，建构了"合作—协商"的政党关系结构，并依靠这个协商嵌入式的政党关系结构完成了建立新中国的历史重任，并在新中国成立后持续地将协商原则嵌入中国的政党关系中，党际协商得以广泛开展，逐渐形成了制度化的政党协商关系。

其次，协商民主在政党和人民关系中的嵌入。从社会的角度来说，政党是整体的部分，政党须服务普遍的公共利益，政党是"为全部而不是为自己执政"①；从人民的角度来说，政党是表达的工具和渠道，"政党是执行表达功能的表达工具"②；从引导功能上，政党"把混乱的公共意志组织起来了"③；而表达功能是权力的双向流动，既包含来自民众的信息（要求），也包含来自上面的信息（命令或权威性的分配）。西方政党主要凸显"获取选票"的功能，而中国革命型政党则更彰显政党和人民协商功能的丰富内涵。这一点在中国共产党的群众路线中得到充分体现。群众路线是政党和人民关系在中国政治实践中的科学性彰显，包含政党表达、引导、交流的丰富功能内涵，蕴含协商民主的精神。群众路线通过实现政党和人民之间的直接对话、沟通、交流，将协商嵌入政党的利益代表关系网络中，有效突破阶层固化的藩篱。④ 正是通过群众路线这一具体可操作的联系政党和人民的科学工作方法和工作路线，中国共产党将协商民主的丰富内涵和精神嵌入政党和人民的社会关系网络之中，实现多伊奇所概括的，政党"为一个政治实体汇集政治交流，即涉及对价值的权威性分配的交流"⑤。通过"从群众中来，到群众中去"，中国共产党将协商对话充分运用起来，协调各种对社会公共事务的不同偏好，促进党群良性互动，增强社会和民众对执政党的政治

---

① 〔意〕G. 萨托利：《政党与政党体制》，王明进译，商务印书馆，2006，第 56 页。
② 〔意〕G. 萨托利：《政党与政党体制》，王明进译，商务印书馆，2006，第 57 页。
③ Sigmund Neumann ed., *Modern Political Parties*, Chicago: The University Of Chicago Press, 1956, p. 397.
④ 马一德：《论协商民主在宪法体制与法治中国建设中的作用》，《中国社会科学》2014 年第 11 期。
⑤ 〔意〕G. 萨托利：《政党与政党体制》，王明进译，商务印书馆，2006，第 82~83 页。

认同。

最后，协商民主在政党和国家关系中的嵌入。贯穿和连接政党和国家的关系是民主政体的核心问题，在具体的运作过程中，二者的关系通常体现在"政党—政府"关系中，"政府是必须'管理'国家的，而政党主要对最一般的政策和最个人化的政策感兴趣，政府和政党之间是相互独立，还是相互依赖，这可能不只是根据政府活动的领域而有所不同，还可能根据政府活动的种类而显著不同"①。中国处理政党和国家关系采用的是政体贯通的原则和方式，即用政体意义上的民主集中原则来贯通政党和政府的运作。毛泽东对中国国体和政体给出了简洁定位："国体——各革命阶级联合专政。政体——民主集中制。"② 这说明，一方面，民主集中制是中国共产党的组织和运行原则；另一方面，民主集中制被作为政体的组织和运行原则来把握。因而民主集中制原则一方面凸显了中国共产党作为革命型的党领导中国民主共和国建设的逻辑；另一方面则彰显协商合作、多元并存的民主精神。正是将协商机制嵌入中国政治体系中，中国灵活地贯通了政党、政府的关系运作，协商贯穿了民主集中制中政党协调和达成共识并使之进入国家程序的过程。③ 有了协商这个机制，民主就有了更为切实有效的形式，同时，集中也就有了更为实实在在的基础。④ 正如李侃如所总结的："中国的'民主集中制'模式，'民主'的要素就是指磋商。其理念是：一个议题决定之前，应该与所有相关的人士进行磋商。在这个阶段，个人可以对该议题自由地表达观点，以便决策者获得必要的信息。在决策过程中的这个阶段，任何人都不会因为表达的观点而遭难。然而。一旦作出决定，集中制便生效了，这意味

---

① 〔法〕让·布隆代尔、〔意〕毛里齐奥·科塔主编《政党与政府——自由民主国家的政府与支持性政党关系探析》，史志钦、高静宇等译，北京大学出版社，2006，第 15 页。

② 《毛泽东选集》第 2 卷，人民出版社，1991，第 677 页。

③ 马一德：《论协商民主在宪法体制与法治中国建设中的作用》，《中国社会科学》2014 年第 11 期。

④ 林尚立：《协商政治：中国特色民主政治的基本形态》，《毛泽东邓小平理论研究》2007 年第 9 期。

着人们不论是否同意，都必须执行。"① 伴随民主集中制在中国政治组织和政治生活的广泛运行，中国共产党将协商原则和精神嵌入党和国家的政治关系体制中。

（三）中国特色协商民主发展的结构嵌入性

1. 协商民主在国家运行结构中的嵌入

其一，协商民主在中国共产党决策运行结构中的嵌入。中国共产党是中国的执政党，中国共产党决策的运行原则即民主集中制，在实际的运行过程中，民主集中制中的"民主"更多包含协商的内涵，即居于决策层面的领导者通过平等协商做出重大的决策并推动决策的有效执行。中国政党内部运行的民主集中制原则核心要素有赖于领导层的有效协商，即使是党的"一把手"或"第一书记"都必须遵循民主协商决策的原则。因此，民主集中制原则的协商嵌入既是民主运行的内在要求，也是中国共产党执政决策的必然选择。历史表明，协商在民主集中制中体现较好的时候，党的决策往往较少失误，反之，则失误较多，甚至会给党和人民带来灾难。党的历史上，做出重大的科学有效领导决策时，往往是协商原则在党的决策过程中嵌入到位的时候，不论是在"七千人大会"还是在党的十一届三中全会上，协商原则的嵌入都成为党做出科学决策的关键要素。当前，党务公开的普遍推行、常委平等协商决策程序化等制度化举措对于推动协商在中国共产党执政决策结构的嵌入意义重大。

其二，协商民主在人大运行结构中的嵌入。全国人大是中国的最高权力机关，也是最大的民意机关。中国的人大不同于西方的议会，西方议会是党团博弈和利益集团博弈的场所，遵循的是决策偏好的选择而不是偏好的转变。中国人大制度运行的原则是基于民意代表利益的协调和共识的达成，基于协商原则的沟通是决策的重要前提。近年来，通过人大立法听证、人大代

---

① 〔美〕李侃如：《治理中国——从革命到改革》，胡国成等译，中国社会科学出版社，2010，第 195 页。

表提名协商、人大代表沟通民意，协商原则在人大运行结构中的嵌入日益明显。在中国，人大逐渐成为协商民主实践的重要的制度平台。在人大体系中的协商民主实践实际上很多是由地方人大首先创设的，这也为不同地区、不同层级的人大逐步推进协商民主实践奠定了基础，即制度本身具有一定的示范作用，内含扩张机理。①

其三，协商民主在政协运行结构中的嵌入。人民政协是中国协商民主运行的主要渠道和专门的协商机构，是中国统一战线的重要组织。协商民主在中国民主政治建设中的嵌入正是通过人民政协这一实体性的机构予以运行和发展的。就现实而言，中国协商民主发展主要通过人民政协的创新发展予以实现。人大制度在中国主要承担着民意代表的功能，而人民政协主要承担着民意表达和民意发挥的功能。人民政协既是党派团体合作协商的载体，也是社会各界别表达意见的平台，每一个界别都是一条民主渠道。协商原则的不断嵌入对于政协的功能发挥和发展具有根本价值，因此，协商精神在人民政协的嵌入和创新是中国民主政治建设的重要着力点。

其四，协商民主在政府运行结构中的嵌入。协商在政府运行结构的嵌入根本在于行政决策的协商化。协商在政府运行结构中的嵌入意味着"行政过程"不再是政府面向公众的单一的自上而下的政策推行，而是政府和公众在决策执行中的双向互动。"加强政府协商，就是在政策部署出台前，更好地倾听不同方面群众的诉求，更好地兼顾不同阶层群众的利益，让政府工作的惠及面更广、更大，有助于避免决策失误和减少政策执行的阻力，促进社会和谐稳定。"② 协商在政府运行结构中的嵌入，体现了各级政府在落实中央决策意图的过程中充分尊重行政相对人的参与权和话语权，努力将政府单方面行使权力的过程调整为与社会协同共治的过程。近年来，协商在中国政府运行结构的嵌入甚至形成了直接互动型、体制中介型和社会

---

① 曹沛霖、陈明明、唐亚林主编《比较政治制度》，高等教育出版社，2005，第231~236页。
② 杜家毫：《积极探索扎实推进政府协商》，《求是》2015年第11期。

中介型等不同的模式,[①] 从而使协商原则在政府运行结构中的嵌入日益显著。

2. 协商民主在社会治理结构中的嵌入

其一,协商民主在乡村治理结构中的嵌入。乡村是中国农村治理的基层单元,是国家治理的根基。党和国家将乡村治理的作用放在较为突出的位置,重视基层群众自治,注重维护基层民众的知情权、参与权和监督权等民主权利,这些都为协商原则在乡村社会治理结构中的嵌入奠定了良好的基础。基层民主围绕乡村治理的具体事务进行了大量的创新,如浙江省温岭的"民主恳谈"、河南邓州推行的"四议两公开"工作法、四川雅安的民主评议会、吉林辉南县的党群议事会、山东东平县的民主听证会等,这些贴近中国乡村社会治理实际的民主创新推动了协商原则在中国乡村治理结构中的不断嵌入,并提高了中国乡村治理的绩效。

其二,协商民主在城市社区治理结构中的嵌入。社区作为一个空间聚集形成的社会共同体,利益的协调和整合机制至关重要,仅仅沿用增强政府控制能力,实行直接管理的传统方法难以奏效。将协商机制嵌入社区治理结构中对于提升中国社区治理绩效意义重大。近年来,中国社区治理结构中协商要素的嵌入不断加强。社区协商民主的"三会"制度——听证会、协调会和评议会——以居民群众为主体处理社区事务,为协商原则在社会治理结构中的嵌入搭建了制度化的平台,通过评议、协调、听证等"三会"的制度化建设,对群众关心的热点、难点和关心点进行公开、公平、公正的探讨,奠定了社区协商民主的制度基础,[②]《城市居民委员会组织法》等为协商民主在城市社区治理结构中的嵌入提供了法律基础。

其三,协商民主在单位治理结构中的嵌入。一般认为,单位制是计划经济时期中国实现现代化而在城市构建的基本工具。[③] 一些学者认为,由于改

---

① 张翔、吴晓林:《中国行政机构协商民主的运作模式、逻辑与建议》,《经济社会体制比较》2014 年第 4 期。

② 林宏丹:《以制度建设推进社区的协商民主》,《福建省社会主义学院学报》2013 年第 6 期。

③ 刘天宝、柴彦威:《中国城市单位制研究进展》,《地域研究与开发》2013 年第 5 期。

革后单位的政治和其他社会职能弱化，以及单位对职工控制的放松，单位在社会治理中的作用不断衰弱。[1] 但是事实上，研究证实自改革以来单位制的影响并未随着社会转型而减弱，[2] 作为国家控制的核心机构之一，工作单位在社会转型期仍然对中国城市分层有着重要的影响，职工对工作单位依然有着很强的依附性。[3] 更为重要的是，正如佩特曼所主张的，人们在工作场所即"单位"中的积极参与是民主建设的重点内容，"对公民政治效能感的发展起着关键意义的是一个人在工作场所中参与决策活动的机会"[4]。协商民主在中国单位治理的嵌入主要通过职工代表大会、党的支部活动、企业集体协商机制等来实现。职工代表大会是企事业单位实行民主管理的基本形式，企事业单位职工通过对单位重大事项的参与协商，正确处理国家、企业、职工三者的利益关系，实现对单位的民主治理。

四 嵌入性视角下中国特色协商民主发展的路径展望

中国协商民主是通过嵌入国家建设和社会结构之中，以一种与我国社会主义制度相适应、与经济社会发展水平相适应、与人民政治参与积极性不断提高相适应的路径实现中国民主的内生性发展。[5] 可以预见的是，这种路径将在中国协商民主的发展中得以延续。我们认为，推动中国协商民主的拓展和深化，未来发展路径须突出以下重点内容。

（一）突出社会阶层整合的协商嵌入

当前，中国的社会阶层构成发生了重大变化，由于单位的所有制不同、分配方式不同、经济待遇不同以及人员流动不断加大、收入差距扩大，工人

---

① 郑路：《改革的阶段性效应与跨体制职业流动》，《社会学研究》1999 年第 6 期。
② 余红、刘欣：《单位与代际地位流动：单位制在衰落吗?》，《社会学研究》2004 年第 6 期。
③ Yanjie Bian and John R. Logan, "Market Transition and the Persistence of Power: The Changing Stratification System in Urban China", *American Sociological Review*, Vol. 61, No. 5, 1996.
④ 〔美〕卡罗尔·佩特曼：《参与和民主理论》，陈尧译，上海人民出版社，2006，第 53 页。
⑤ 房宁、王炳权：《中国特色社会主义民主政治具有强大生命力》，《求是》2011 年第 20 期。

阶级内部结构和阶层分化日益明显。农民阶级发生了新的分化和组合，除了部分人仍在农村从事家庭承包农业，还形成了新的庞大的农民工群体，他们在城市从事建筑、采掘、纺织等行业，成为"流动工人"。而且，随着时间的推移，农民工群体新的代际已经发生，即"90 后"新生代农民工处于"难以在城市待下去，又回不去农村"的两难境遇，农民工权益的维护状况直接关乎社会的稳定和发展。此外，中国还形成了另外一种"新社会阶层"，包括高收入的企业主阶层和高管阶层、民营科技企业的创业人员和技术人员、外资企业的管理技术人员、口介组织的从业人员、自由职业者等，"他们作为中国特色社会主义事业的建设者，构成国家政权的社会基础"[1]。新兴社会阶层具有利益诉求多样化、价值观念多元化的特点，同时由于占有的资源不均，政治参与能力与水平也存在较大差别。很显然，在社会阶层分化加大、利益分化较为显著的历史阶段，扩大并推进选举式竞争型民主可能会使社会分裂严重，造成社会动荡、经济停滞；而单纯自上而下地引领和控制式整合，在利益分化的社会阶层中容易遭遇抵触而效率低下。嵌入式的协商整合强调平等沟通、双向互动、互相妥协，无疑在实现阶层的多元利益整合方面拥有较大的优势。密集但是彼此分离的垂直网络维持了每一集团内部的合作，协商民主可以扩大公民有序参与的领域，[2] 公民通过网络参与协商则跨越了社会的分层，滋养了更为广阔的合作。协商民主过程中的公民参与动员和选举民主的利益集团动员不同，从宏观上来说，公民参与协商是多阶层互动的，因而"在工业化阶段重点发展协商民主有利于减少社会矛盾，扩大社会共识"[3]。毕竟，任何民主形式必须可以"化解矛盾才能让国家达到动态平衡、延续生命"[4]。

将协商民主嵌入社会阶层的网络，实现中国超大社会中的多元阶层利益整合，超越传统的控制式整合，消化吸纳社会阶层间的矛盾和冲突，无疑是

---

① 房宁：《发展协商民主是中国民主建设的重点》，《中国政协理论研究》2014 年第 1 期。
② 董石桃、何值民：《协商民主和公民参与领域的扩展》，《理论与改革》2014 年第 1 期。
③ 房宁：《中国道路的民主经验》，《红旗文稿》2014 年第 6 期。
④ 房宁：《中国民主政治建设和政治体制改革的八个观点》，《红旗文稿》2009 年第 21 期。

中国未来协商民主嵌入性发展的重点内容。一是在政党制度发展方面，要不断创新政党协商的形式，提升政党协商的成效，发挥各民主党派反映自己所代表的社会阶层、社会群体利益的作用，通过协商的途径，将所有社会阶层的利益汇聚到国家产出的公共政策之中；二是在政协协商层面，可以通过调整人民政协的界别设置，适当增加新阶层中的自由职业者、行业协会、异地商会、农民工、律师、金融从业人员等界别或委员的数量，实现新社会阶层有序表达利益诉求和实现参与愿望的全覆盖。

（二）加强基层社会治理的协商嵌入

民主的本意是人民主权和人民的自我统治。人民民主是社会主义的生命，它更加强调人民的自我统治、自我管理、自我教育和广泛参与政治事务。我国的民主政治建设和西方不同，我国并没有走向简单的选举民主之路，而是在人民民主的道路上积极探索人民意志的实现途径和方式，这方面的机制就是我国的基层群众自治制度。改革开放以后，国家进一步放权让利，社会从国家分离出来逐渐成长为独立于家庭和国家的市民社会，并在社会中形成了强大的社会权力，一方面社会权力结构越来越复杂化，另一方面政党等治理的触角尚未能深入这些市民社会领域，由此形成治理的真空。加强基层社会治理的协商嵌入必须从以下两个方面着手。

第一，协商机制必须嵌入基层社会治理结构、嵌入社会事务的日常治理，努力使协商成为公民和社区一种结构化的习惯，对分散的基层社会起到黏合作用。在基层社区、社会组织、新经济组织中，协商民主的嵌入可以发挥好群众自我管理、自我统治和自我教育的功能，对构建良好的社会关系、培育社会资本、优化社会治理至关重要。协商和社会信任可以互相支持、互相强化，协商在社会治理的嵌入可以提升信任水平，而社会信任度的增强反过来可以提升协商的效率。有效的协商需要人际沟通技巧和信任，这些技巧和信任本身也是由组织性合作所灌输和强化的。当前我国协商民主在基层社会治理嵌入的重点是建设社会信任，在此基础上形成良好的协商文化，"在一个共同体中，信任水平越高，合作可能越大"①，基层社会治理中"厚信任"（thicktrust）规范的建设是协商开展的基础。格兰诺维特认为嵌入性概念所强调的是信任而非信息。社会结构就是人们社会生活中的社会网络，信任则是嵌入网络的机制。"不是什么制度安排或普遍道德使人们相互间产生有效率的社会互动，而是由于人们被置于特定的网络之中，并由此产生了相互之间的信任，在这个基础上，我们才可能产生有效率的互动。"②

第二，从国家协商制度建设来看，须将政党协商制度和人民政协制度、协商决策制度嵌入基层社会治理过程，并由此嵌入整个社会中，这也是基层社会治理对中国协商制度发出的时代呼唤。各级人民政协代表应该深入干群冲突、劳动关系冲突、社会群体冲突、企事业机构冲突和社会冲突之中，通过发挥和履行政治参与的职能，广泛收集民意、反映人民群众的呼声，发挥好自身联系面广、团结面大的优势，把冲突各方集合到体制中来进行协商，最终通过人民政协制度和政治协商制度来协调关系、化解矛盾，以制度化的渠道来化解社会冲突，防止社会出现暴力化、极端化倾向。

（三）提升协商民主嵌入的制度化水平

协商民主制度化发展主要包括制度创新和制度绩效的提升。

第一，从协商民主的制度创新来看，未来需要我们重视协商民主的嵌入式发展和中国历史、现实社会环境与制度资源的契合性。协商民主的嵌入式制度发展，从宏观上来看，必须尊重中国协商民主制度发展的历史，对中国民主制度树立制度自信。"制度为历史所构建。不论其他因素会怎样影响其形式，制度是有惰性和'韧性'的。它们因此体现了历史进程及其转折点。"③因此，在国家制度层面，协商民主的制度创新必须在中国历

---

① 〔英〕罗伯特·D. 帕特南：《使民主运转起来：现代意大利的公民传统》，王列、赖海榕译，江西人民出版社，2001，第 200 页。

② Mark Granovetter，"The Strength of Weak Ties"，*American Journal of Sociology*，Vol. 78，No. 6，1973.

③ 〔英〕罗伯特·D. 帕特南：《使民主运转起来：现代意大利的公民传统》，王列、赖海榕译，江西人民出版社，2001，第 7 页。

史和基本国情设定的客观因素下进行，要在充分利用和发挥社会主义协商民主制度本身优势的前提下进行，而不是推倒重来式的创新。在人民政协协商民主制度建设上，要进一步完善会议制、提案制、反映社情民意制、委员视察制等已经长期推行并已被证明卓有成效的协商制度，在此前提下，进一步推进集中办案协商制度、专题协商制度、对口协商制度以及网络远程协商、协商于决策之前和决策之中制度方面的创新。从微观上来看，基层协商民主的制度创新必须尊重地方特定的社会结构和社会文化。"制度设计得再合理，若不能成功地嵌入这个社会的结构之中，或者说，倘若制度创新在现存的社会结构中遭遇强烈的'排异反应'，那么，这种制度的创新与变迁则最终不可能带来效益，也不可能为这个社会带来长久的稳定和发展。"① 在中国，一些由村民自主创新形成的民主恳谈会、听证会、参与式预算等协商民主的模式之所以取得了较好的成效，就在于这些协商民主制度创新和地方社会结构具有较强的适应性，协商能够很好地嵌入地方社会结构之中。因此，未来中国协商民主的嵌入式发展，必须尊重基层民众的民主要求，鼓励民众结合地方治理的现实需要，大胆地进行协商民主形式创新，并鼓励不同地方相互借鉴一些具有推广意义和现实价值的地方协商民主形式，并以规章和法规将一些已被反复证明有效的基层协商民主形式程序化和制度化。②

第二，从提升协商民主的制度绩效来看，未来需要从问题出发，将制度绩效作为中国协商民主嵌入式发展的重点内容。制度绩效即"制度的有效性"③。"制度是达成目标的工具，而不仅仅是达成共识的工具。我们希望政府做事，而不仅仅是做决定——教育孩子、付养老金、制止犯罪、创造工作机会、保持物价稳定、鼓励家庭价值，如此等等。"④ 协商民主制度本身并不能证明自身的有效性，需要通过服务经济社会发展的绩效来证明它是否科

---

① 李汉林、渠敬东、夏传玲、陈华珊：《组织和制度变迁的社会过程——一种拟议的综合分析》，《中国社会科学》2005 年第 1 期。

② 董石桃：《推进社会主义协商民主法治化》，《光明日报》2015 年 2 月 14 日。

③ 王炳权：《中国特色社会主义政治发展道路的制度框架》，《前线》2013 年第 4 期。

④ 〔英〕罗伯特·D. 帕特南：《使民主运转起来：现代意大利的公民传统》，王列、赖海榕译，江西人民出版社，2001，第 8 页。

学、合理、有效。一个高效的民主制度应该既是回应性的又是有效率的。"民主不是装饰品，不是用来做摆设的，而是要用来解决人民要解决的问题的。"① 协商民主能否嵌入社会结构之中，能否成为民众的观念和习惯并成为民众的一种生活方式，还取决于协商民主制度本身解决中国社会经济现实问题的有效程度。为此，我们可以尝试从协商民主制度的"输出"方面建立一套协商民主制度绩效评价体系，基本层面应该包括政策的稳定性、预算的及时性、服务的有效性、立法的全面性和创造性等。如此，中国协商民主的嵌入式发展不仅仅是一种形而上学的民主形式，而且作为一种嵌入式的资源，服务经济社会发展、国家治理和政府政策供给等，成为社会发展的动力和载体。近年来，杭州等地"以民主促民生，以民主促发展"，使民主和民生相互促进的实践就为我们提供了较好的经验和启示。

五　结语

尽管中国协商民主发展的建构论和演进论分析为我们提供了较多的研究成果，但是我们还须清醒地认识到其中的不足。嵌入性视角将社会关系网络分析和社会情境变量引入中国协商民主发展的分析，凸显制度变迁的主体间性和关系互动性。嵌入性视角突出强调社会结构对协商民主发展的影响，但不否定国家的自主性和历史社会发展本身的客观性，而是将国家自主性对民主制度演化的影响置于特定历史阶段的社会关系网络中进行考察，同时具体分析中国协商民主发展的特点和发展规律，因而嵌入性视角不是否定建构论和演化论，而是基于中国协商民主发展的社会结构分析对建构论和演化论的一种超越和发展。作为一种主体间的交往结构，"协商"本质上是一种嵌入性的治理资源。在中国的场域中，协商的原则和机制是以中国共产党为主导，结合中国自身民主政治发展的独特实践和自主创新，不断地被嵌入多重

① 《习近平谈治国理政》第2卷，外文出版社，2017，第296页。

社会关系和社会结构中。嵌入性分析明确了由基层党组织和公民或社会组织发起的公共协商也是一种值得肯定的创新行为。未来中国协商民主发展的重点仍然是通过中国共产党的积极引导，鼓励协商民主更广泛、多层次、制度化的自主创新，重视中国的国民性及其相互间作用关系所构成的社会结构问题，凸显微观社会关系网络的作用，提升协商民主的制度创新和制度绩效，使协商原则和机制更好地嵌入国家建设和社会发展，努力使协商成为国家治理和公民参与的一种结构和习惯。

参考文献

一　经典文献与重要著作

1. 《马克思恩格斯选集》第 1~4 卷，人民出版社，1995。

2. 《马克思恩格斯全集》第 1 卷，人民出版社，1956。

3. 《马克思恩格斯全集》第 42 卷，人民出版社，1979。

4. 《马克思恩格斯全集》第 46 卷，人民出版社，1979。

5. 《列宁选集》第 1~4 卷，人民出版社，1995。

6. 《毛泽东选集》第 1~4 卷，人民出版社，1991。

7. 《毛泽东文集》第 1~8 卷，人民出版社，1999。

8. 《邓小平文选》第 1~3 卷，人民出版社，1993。

9. 《习近平谈治国理政》第 1 卷，外文出版社，2014。

10. 《习近平谈治国理政》第 2 卷，外文出版社，2017。

11. 《习近平谈治国理政》第 3 卷，外文出版社，2020。

12. 《习近平谈治国理政》第 4 卷，外文出版社，2022。

13. 习近平：《在庆祝中国人民政治协商会议成立 65 周年大会上的讲话》，人民出版社，2014。

14. 《董必武选集》，人民出版社，1985。

15. 《李先念传》编写组编《李先念传（1949~1992）》，中央文献出版社，2009。

16. 朱镕基：《朱镕基讲话实录》，人民出版社，2011。

二　著作

1. 〔德〕哈贝马斯：《在事实与规范之间：关于法律和民主法治国的商谈理论》，童世骏译，三联书店，2003。

2. 〔德〕伊丽莎白·诺尔 诺依曼：《沉默的螺旋：舆论——我们的社会皮肤》，董璐译，北京大学出版社，2013。

3. 〔法〕让·布隆代尔、〔意〕毛里齐奥·科塔主编《政党与政府——自由民主国家的政府与支持性政党关系探析》，史志钦、高静宇等译，北京大学出版社，2006。

4. 〔美〕阿伦·利普哈特：《民主的模式：36 个国家的政府形式和政府绩效》，陈崎译，北京大学出版社，2006。

5. 〔美〕安德鲁·里奇：《智库、公共政策和专家治策的政治学》，潘羽辉等译，上海社会科学院出版社，2010。

6. 〔美〕本杰明·巴伯：《强势民主》，彭斌等译，吉林人民出版社，2006。

7. 〔美〕布鲁斯·史密斯：《科学顾问：政策过程中的科学家》，温珂等译，上海交通大学出版社，2010。

8. 〔美〕戴维·伊斯顿：《政治体系——政治学状况研究》，马清槐译，商务印书馆，1993。

9. 〔美〕杜维明：《道·学·政——论儒家知识分子》，钱文忠等译，上海人民出版社，2000。

10. 〔美〕费正清编《中国的思想与制度》，郭晓兵等译，世界知识出版社，2008。

11. 〔美〕弗兰克·道宾主编《新经济社会学读本》，左晗等译，上海人民出版社，2013。

12. 〔美〕K.E. 福尔索姆：《朋友·客人·同事：晚清的幕府制度》，刘悦斌等译，中国社会科学出版社，2002。

13. 〔美〕盖依·彼得斯：《美国的公共政策——承诺与执行》，顾丽梅等译，复旦大学出版社，2008。

14. 〔美〕汉娜·阿伦特：《人的境况》，王寅丽译，上海人民出版
    社，2009。

15. 〔美〕汉娜·费尼刃尔·皮特金：《代表的概念》，唐海华译，吉林出版
    集团有限责任公司，2014。

16. 〔美〕霍华德·威亚尔达主编《民主与民主化比较研究》，榕远译，北
    京大学出版社，2004。

17. 〔美〕卡罗尔·佩特曼：《参与和民主理论》，陈尧译，上海人民出版
    社，2006。

18. 〔美〕凯斯·桑斯坦：《网络共和国：网络社会中的民主问题》，黄维明
    译，上海人民出版社，2003。

19. 〔美〕科恩：《论民主》，聂崇信、朱秀贤译，商务印书馆，2007。

20. 〔美〕拉雷·N. 格斯顿：《公共政策的制定：程序和原理》，朱子文译，
    重庆出版社，2001。

21. 〔美〕莱斯利·里普森：《政治学的重大问题——政治学导论》，刘晓等
    译，华夏出版社，2001。

22. 〔美〕李侃如：《治理中国——从革命到改革》，胡国成等译，中国社会
    科学出版社，2010。

23. 〔美〕理查德·霍夫施塔特：《美国政治传统及其缔造者》，崔永禄等
    译，商务印书馆，2010。

24. 〔英〕罗伯特·D. 帕特南：《使民主运转起来》，王列、赖海榕译，江
    西人民出版社，2001。

25. 〔美〕马克斯韦尔·麦库姆斯：《议程设置：大众媒介与舆论》，郭镇之
    等译，北京大学出版社，2018。

26. 〔美〕曼瑟尔·奥尔森：《集体行动的逻辑》，陈郁等译，上海三联书
    店、上海人民出版社，1995。

27. 〔美〕斯蒂芬·李特约翰：《人类传播理论》，史安斌译，清华大学出版
    社，2009。

28. 〔美〕西摩、马丁·李普塞特：《政治人》，张绍宗译，上海人民出版社，2011。

29. 〔美〕小罗杰·皮尔克：《诚实的代理人：科学在政策与政治中的意义》，李正风等译，上海交通大学出版社，2010。

30. 〔美〕约翰·克莱顿·托马斯：《公共决策中的公民参与》，孙柏瑛等译，中国人民大学出版社，2005。

31. 〔美〕约翰·罗尔斯：《政治自由主义》，万俊人译，译林出版社，2000。

32. 〔美〕约瑟夫·熊彼特：《资本主义、社会主义与民主》，吴良健译，商务印书馆，1999。

33. 〔美〕詹姆斯·麦根、安娜·威登、吉莉恩·拉弗蒂主编《智库的力量：公共政策研究机构如何促进社会发展》，王晓毅等译，社会科学文献出版社，2016。

34. 〔日〕猪口孝等编《变动中的民主》，林猛等译，吉林人民出版社，1999。

35. 〔新〕郑永年：《技术赋权：中国的互联网、国家与社会》，邱道隆译，东方出版社，2014。

36. 〔新〕郑永年：《中国的"行为联邦制"——中央—地方关系的变革与动力》，邱道隆译，东方出版社，2013。

37. 〔新〕郑永年、吴国光：《论中央—地方关系：中国制度转型中的一个轴心问题》，牛津大学出版社，1995。

38. 〔意〕萨托利：《政党与政党体制》，王明进译，商务印书馆，2006。

39. 〔英〕弗里德里希·冯·哈耶克：《哈耶克文选》，冯克利译，江苏人民出版社，2007。

40. 〔英〕霍布斯：《利维坦》，黎思复等译，商务印书馆，1985。

41. 〔英〕罗纳德·哈里·科斯、王宁：《变革中国——市场经济的中国之路》，徐尧、李哲民译，中信出版社，2013。

42. 〔英〕J.S.密尔：《代议制政府》，汪瑄译，商务印书馆，1982。

43. 曹沛霖、陈明明、唐亚林主编《比较政治制度》，高等教育出版社，2005。

44. 陈家刚：《协商民主与当代中国政治》，中国人民大学出版社，2009。

45. 陈家刚主编《民主决策》，中央编译出版社，2013。

46. 陈俊凤主编、中共广东省委党史研究室编《广东改革开放决策者访谈录》，广东人民出版社，2008。

47. 陈堂发：《新闻媒体与微观政治——传媒在政府政策过程中的作用研究》，复旦大学出版社，2008。

48. 陈振明、〔加〕安德鲁·桑克顿主编《地方治理中的公民参与：中国与加拿大比较研究视角》，中国人民大学出版社，2016。

49. 程彬：《基层民主协商制度研究》，上海人民出版社，2015。

50. 褚鸣：《美欧智库比较研究》，中国社会科学出版社，2013。

51. 戴锦华：《隐形书写：90年代中国文化研究》，江苏人民出版社，1999。

52. 董石桃：《公民参与和民主发展——当代西方参与式民主研究》，人民出版社，2017。

53. 谷志军：《政府决策问责：理论与现实》，浙江大学出版社，2016。

54. 胡鞍钢：《中国集体领导体制》，中国人民大学出版社，2013。

55. 胡适：《个人自由与社会进步》，北京大学出版社，2013。

56. 胡伟：《制度变迁中的县级政府行为》，中国社会科学出版社，2007。

57. 黄国华等：《中国社会主义协商民主思想史稿》，西南交通大学出版社，2013。

58. 金太军、赵晖等：《中央与地方政府关系建构与调谐》，广东人民出版社，2005。

59. 瞿同祖：《清代地方政府》，法律出版社，2003。

60. 冷溶主编，中共中央文献研究室、中央档案馆党的文献编辑部编《共和国重大决策和事件述实》，人民出版社，2005。

61. 李君如：《协商民主在中国》，外文出版社，2014。

62. 林尚立：《国内政府间关系》，浙江人民出版社，1998。

63. 林尚立：《建构民主——中国的理论、战略与议程》，复旦大学出版社，2012。

64. 刘建飞、刘启云、朱艳圣编著《英国议会》，华夏出版社，2002。

65. 刘世定：《占有、认知与人际关系——对中国乡村制度变迁的经济社会学分析》，华夏出版社，2003。

66. 闾小波：《近代中国民主观念之生成与流变：一项观念史的考察》，江苏人民出版社，2012。

67. 罗峰：《嵌入、整合与政党权威的重塑——对中国执政党国家和社会关系的考察》，上海人民出版社，2009。

68. 钱穆：《中国历代政治得失》，三联书店，2001。

69. 邵道生：《现代化的精神陷阱：嬗变中的国民心态》，知识产权出版社，2001。

70. 沈立人：《地方政府的经济职能与经济行为》，上海远东出版社，1998。

71. 汤应武：《改革开放30年重大决策纪实（下）》，中共中央党校出版社，2008。

72. 唐晓等：《当代西方国家政治制度》，世界知识出版社，2005。

73. （汉）王充著、张宗祥校注、郑绍昌标点《论衡校注》，上海古籍出版社，2010。

74. 王嘉：《网络意见领袖研究——基于思想政治教育视域》，中国文史出版社，2014。

75. 韦伟：《中国经济发展中的区域差异与区域协调》，安徽人民出版社，1995。

76. 许纪霖等：《近代中国知识分子的公共交往》，上海人民出版社，2008。

77. 杨光斌：《中国政治发展的战略选择》，中国人民大学出版社，2011。

78. 杨光斌主编《政治学导论》，中国人民大学出版社，2011。

79. 余英时：《中国知识人之史的考察》，广西师范大学出版社，2004。

80. 张可云：《区域大战与区域经济关系》，民主与建设出版社，2001。

81. 张朋园：《中国民主政治的困境（1909~1949）——晚晴以来历届议会选举述论》，吉林出版集团有限责任公司，2008。

82. 郑楚宣、伍俊斌主编《协商民主与当代中国政治建设》，人民出版社，2015。

83. 郑谦主编，陈述：《中华人民共和国史（1992~2002）》，人民出版社，2010。

84. 中共中央文献研究室编：《邓小平年谱（1975~1997）》（下），中央文献出版社，2004。

85. 中共中央文献研究室科研管理部编《中国共产党 90 年研究文集（中）》，中央文献出版社，2011。

86. 中国经济体制改革研究会编《与改革同行——体改战线亲历者回忆》，社会科学文献出版社，2013。

87. 钟忠编著《中国互联网治理问题研究》，金城出版社，2010。

三　中文论文

1. 〔美〕奥赖恩·A. 路易斯、斯文·斯坦默、王丽娜、马得勇：《制度如何演进：进化论与制度变迁》，《甘肃行政学院学报》2014 年第 2 期。

2. 白朝阳：《滴滴专车，是黑车还是智能交通?》，《中国经济周刊》2014 年第 47 期。

3. 白旭霞、杨猛等：《社会组织培育和监管的制度研究——以宁波老三区为例》，《法制与社会》2011 年第 11 期。

4. 包心鉴：《大国治理的政治智慧——新时代协商民主推进国家治理功能新境界》，《济南大学学报》（社会科学版）2018 年第 3 期。

5. 〔美〕伯纳德·曼宁、陈家刚：《论合法性与政治协商》，《国家行政学院学报》2007 年第 3 期。

6. 蔡赤萌：《粤港澳大湾区城市群建设的战略意义和现实挑战》，《广东社会科学》2017 年第 4 期。

7. 蔡文之：《国外网络社会研究的新突破——观点评述及对中国的借鉴》，《社会科学》2007 年第 11 期。

8. 蔡文之：《网络传播的社会文化效应》，《毛泽东邓小平理论研究》2006 年第 2 期。

9. 蔡永飞：《论参政党的代表性》，《天津市社会主义学院学报》2010 年第 4 期。

10. 蔡志强：《党的建设制度改革与政党现代化》，《思想理论教育》2015 年第 8 期。

11. 常彦：《论高校办学自主权的实施及其监督和约束机制》，《电子科技大学学报》（社科版）2010 年第 6 期。

12. 陈怀平：《基于理论与价值本源的中国协商民主理路透析——兼与李景治先生商榷》，《社会主义研究》2014 年第 2 期。

13. 陈家刚：《城乡社区协商民主重在制度实践》，《国家治理》2015 年第 34 期。

14. 陈家刚：《多元主义、公民社会与理性：协商民主要素分析》，《天津行政学院学报》2008 年第 4 期。

15. 陈家刚：《协商民主中的协商、共识与合法性》，《清华法治论衡》2009 年第 1 期。

16. 陈家喜、黄卫平：《把组织嵌入社会：对深圳市南山区社区党建的考察》，《马克思主义与现实》2007 年第 6 期。

17. 陈姣娥、王国华：《网络时代政策议程设置机制研究》，《中国行政管理》2013 年第 1 期。

18. 陈静、陈晓辉、高洪贵：《习近平政治建设思想的科学体系及其基本内涵》，《学习与探索》2018 年第 2 期。

19. 陈开敏：《中国智库国际化转型的困境与出路》，《现代国际关系》2014 年第 3 期。

20. 陈勤奋：《哈贝马斯的"公共领域"理论及其特点》，《厦门大学学报》（哲学社会科学版）2009 年第 1 期。

21. 陈瑞莲：《论区域公共管理研究的缘起与发展》，《政治学研究》2003 年第 4 期。

22. 陈瑞莲、刘亚平：《泛珠三角区域政府的合作与创新》，《学术研究》2007 年第 1 期。

23. 陈瑞莲、杨爱平：《从区域公共管理到区域治理研究：历史的转型》，《南开学报》（哲学社会科学版）2012 年第 2 期。

24. 陈瑞莲、杨爱平：《论回归前后的粤港澳政府间关系——从集团理论的视角分析》，《中山大学学报》（社会科学版）2004 年第 1 期。

25. 陈瑞莲、张紧跟：《试论我国的区域行政研究》，《广州大学学报》（社会科学版）2002 年第 4 期。

26. 陈天祥、高锋：《中国国家治理结构演进路径解析》，《华南师范大学学报》（社会科学版）2014 年第 4 期。

27. 陈卫平：《中国近代的进化论与政治思潮》，《华东师范大学学报》（哲学社会科学版）1995 年第 6 期。

28. 陈伟：《公共领域的交往结构——以哈贝马斯的政治哲学为视角》，《上海行政学院学报》2011 年第 4 期。

29. 陈伟：《汉娜·阿伦特的"政治"概念剖析》，《南京社会科学》2005 年第 9 期。

30. 陈武明：《没有人民民主就没有中华民族的伟大复兴——学习习近平总书记关于发展社会主义民主政治的重要论述》，《毛泽东研究》2018 年第 1 期。

31. 陈奕婷：《对行政决策中公众参与的民主反思》，《法制与社会》2013 年第 34 期。

32. 陈兆旺：《将人大制度建设成协商民主实践平台：必要性及途径》，《理论与改革》2014 年第 4 期。

33. 程熙：《嵌入式治理：社会网络中的执政党领导力及其实现》，《中共浙江省委党校学报》2014 年第 1 期。

34. 程絮森、朱润格、傅诗轩：《中国情境下互联网约租车发展模式探究》，《中国软科学》2015 年第 10 期。

35. 《充分发挥人民政协协商民主的重要作用——学习贯彻习近平总书记关于人民政协协商民主建设的重要思想》，《中国政协理论研究》2018 年第 2 期。

36. 崔寒玉：《协商：走出议会制民主现实化的困境——以 1832 年至 1867 年英国议会改革为例》，《学术界》2017 年第 12 期。

37. 崔珏：《美国的智库及其对公共政策的影响》，《探求》2009 年第 5 期。

38. 戴辉礼：《中共常委会体制与执政架构的制度运作》，《理论与改革》2012 年第 1 期。

39. 戴激涛：《协商民主的理论及其实践：对人权保障的贡献——以协商民主的权力制约功能为分析视角》，《时代法学》2008 年第 2 期。

40. 戴激涛：《协商民主对宪政主义的贡献：理论及实践》，《太平洋学报》2008 年第 6 期。

41. 戴激涛：《中国特色的协商民主：政协制度的成长及完善——以协商民主范式为分析框架》，《中共天津市委党校学报》2011 年第 6 期。

42. 邓丽兰：《20 世纪中美两国"专家政治"的缘起与演变——科学介入政治的一个历史比较》，《史学月刊》2002 年第 7 期。

43. 邓喆、孟庆国：《自媒体的议程设置：公共政策形成的新路径》，《公共管理学报》2016 年第 2 期。

44. 董石桃：《从建构、进化到嵌入：民主制度建设的认知模式及其发展》，《理论与改革》2017 年第 2 期。

45. 董石桃：《从认知模式评析协商民主建设》，《中国社会科学报》2016 年 5 月 18 日。

46. 董石桃：《大部制视域中的高等教育行政体制改革》，《中国高教研究》2010 年第 7 期。

47. 董石桃：《当代西方参与式民主理论的发展及对我国的启示》，《学术界》2010 年第 6 期。

48. 董石桃：《当代西方地方治理中公民参与的实践发展及其启示》，《行政论坛》2015 年第 2 期。

49. 董石桃：《工业领域中参与的可欲与可能——基于佩特曼民主理论的阐释》，《广东行政学院学报》2016 年第 5 期。

50. 董石桃：《公民参与的价值认知及其发展——基于西方行政思想的考察》，《中国行政管理》2013 年第 7 期。

51. 董石桃：《公民参与和民主发展——当代西方参与式民主理论的兴起及其启示》，《探索》2010 年第 4 期。

52. 董石桃：《公民参与和民主发展——自由民主和参与式民主的比较及其启示》，《黑龙江社会科学》2010 年第 3 期。

53. 董石桃：《公民参与和民主发展的内在关联——一项思想史的考察》，《南京政治学院学报》2015 年第 1 期。

54. 董石桃：《公民政治参与权和政治发展——一种参与式民主的反思与构建》，《青海社会科学》2016 年第 5 期。

55. 董石桃：《论当代西方公民参与运动的系统性起源》，《青海社会科学》2014 年第 5 期。

56. 董石桃、万斌：《论人权"社会性"的内在逻辑和科学发展》，《湘潭大学学报》（哲学社会科学版）2015 年第 2 期。

57. 董石桃：《论应有人权的内在规定和建构逻辑》，《理论与改革》2015 年第 1 期。

58. 董石桃：《马克思主义人权哲学何以可能?》，《观察与思考》2016 年第 9 期。

59. 董石桃：《欧洲参与式预算的目标与模式——基于法、德、西、意四国的总体考察》，《党政研究》2016 年第 5 期。

60. 董石桃：《社会转型陷阱规避的政府责任——一个战略性分析框架》，《理论探讨》2012 年第 6 期。

61. 董石桃：《推进社会主义协商民主法治化》，《光明日报》2015 年 2 月 14 日。

62. 董石桃：《西方民主视域中的财产权：项观念史的考察》，《湖北社会科学》2016 年第 7 期。

63. 董石桃：《寻求民主发展与公民参与的统一——一种参与式民主的进路》，《科学社会主义》2010 年第 3 期。

64. 董石桃：《寻求专业性与政治性的互动及平衡——中美专家参与决策的价值取向》，《政治学研究》2017 年第 4 期。

65. 董石桃：《中国农民政治参与研究：视域和方向》，《理论与改革》2010 年第 3 期。

66. 董石桃、桂雪琴：《从命令到协商：中国城管执法模式的转变与构建》，《城市学刊》2016 年第 5 期。

67. 董石桃、何植民：《协商民主：公民资格理论的反思与发展》，《湖北社会科学》2014 年第 10 期。

68. 董石桃、何值民：《协商民主和公民参与领域的扩展》，《理论与改革》2014 年第 1 期。

69. 董石桃、蒋鸽：《微信协商：中国协商民主建设的新途径和新策略》，《理论与改革》2016 年第 2 期。

70. 董石桃、刘勇：《美国高校智库国际化发展及其启示——基于普林斯顿大学威尔逊公共与国际事务学院的考察》，《比较教育研究》2016 年第 3 期。

71. 董树彬：《人民政协创建进程中协商民主的历史嬗变》，《哈尔滨工业大学学报》（社会科学版）2018 年第 2 期。

72. 董树彬、刘秀玲：《社会主义协商民主从发展优势到话语优势的转变》，《理论探讨》2018 年第 2 期。

73. 董艳春：《构建城管执法的协商治理模式》，《北京航空航天大学学报》（社会科学版）2013 年第 6 期。

74. 杜家毫：《积极探索扎实推进政府协商》，《求是》2015 年第 11 期。

75. 杜维明、钱文忠、盛勤：《中国古代儒学知识分子的结构与功能》，《开放时代》2000 年第 3 期。

76. 段葳、刘权：《地方立法民主化的界定、标准及功能》，《云南行政学院学报》2015 年第 4 期。

77. 范雨薇、冯小宁：《网络新闻媒体环境下的意识形态窥探——以对"东航备降遭拒"新闻报道的话语分析为例》，《东南传播》2015 年第 5 期。

78. 房剑森：《习近平社会主义协商民主思想研究》，《上海市社会主义学院学报》2016 年第 5 期。

79. 房宁：《发展协商民主是中国民主建设的重点》，《中国政协理论研究》2014 年第 1 期。

80. 房宁：《中国道路的民主经验》，《红旗文稿》2014 年第 6 期。

81. 房宁：《中国民主政治建设和政治体制改革的八个观点》，《红旗文稿》2009 年第 21 期。

82. 房宁、王炳权：《中国特色社会主义民主政治具有强大生命力》，《求是》2011 年第 20 期。

83. 冯伟：《信息流动与产业集聚：来自江苏的例证》，《中国矿业大学学报》（社会科学版）2010 年第 1 期。

84. 冯兴元：《论辖区政府间的制度竞争》，《国家行政学院学报》2001 年第 6 期。

85. 冯永昌：《社会分层与社会流动及其对统一战线的影响》，《湖北省社会主义学院学报》2010 年第 4 期。

86. 高海虹：《论中国特色协商民主制度的设计原则》，《北京工业大学学报》（社会科学版）2013 年第 6 期。

87. 杲沈洁等：《协商民主中的公民参与——以"民主恳谈"为视角》，《法制与社会》2014 年第 21 期。

88. 耿相魁：《政协委员主体作用发挥的有效途径》，《天水行政学院学报》2014 年第 5 期。

89. 龚雪：《"外压模式"下政策议程设置的触发机制分析——一种对公共事件催生解决机制的解读》，《中共南京市委党校学报》2011 年第 4 期。

90. 关振国、朱哲：《协商民主的监督问题探讨》，《理论探索》2015 年第 3 期。

91. 郭光华：《论网络舆论主体的"群体极化"倾向》，《湖南师范大学社会科学学报》2004 年第 6 期。

92. 郭桂彬：《公域治理转向：公共治理模式的兴起》，《行政与法》2013 年第 3 期。

93. 郭细琴：《提高公民民主能力推进民主政治建设》，《四川行政学院学报》2006 年第 2 期。

94. 韩振峰：《习近平新时代中国特色社会主义思想的几个重大问题初探》，

《北京交通大学学报》（社会科学版）2018 年第 1 期。

95. 韩志明：《街头官僚的空间阐释——基于工作界面的比较分析》，《武汉大学学报》（哲学社会科学版）2010 年第 4 期。

96. 何艳玲：《"嵌入式自治"：国家—地方互嵌关系下的地方治理》，《武汉大学学报》（哲学社会科学版）2009 年第 4 期。

97. 贺善侃：《新时代统一战线功能的新拓展》，《上海市社会主义学院学报》2018 年第 1 期。

98. 后梦婷：《信任与社会资本关系的多维解读》，《重庆社会科学》2012 年第 6 期。

99. 胡鞍钢、杨竺松：《中国特色社会主义民主政治观》，《红旗文稿》2014 年第 24 期。

100. 胡平仁、杨夏女：《以交涉为核心的纠纷解决过程——基于法律接受的法社会学分析》，《湘潭大学学报》（哲学社会科学版）2010 年第 1 期。

101. 胡伟：《民主与参与：走出貌合神离的困境？——评卡罗尔·帕特曼的参与民主理论》，《政治学研究》2007 年第 1 期。

102. 胡筱秀：《从形式代表到实质代表：中国民主党派代表性问题探讨》，《毛泽东邓小平理论研究》2016 年第 6 期。

103. 黄爱军：《民主党派代表性问题研究》，《福建省社会主义学院学报》2010 年第 1 期。

104. 黄杰：《单位制度的社会"嵌入"——兼论传统家族文化对单位制度的影响》，《江苏行政学院学报》2013 年第 6 期。

105. 黄晓军：《论公共政策制定和实施中的利益均衡》，《江西行政学院学报》2002 年第 3 期。

106. 霍懿媛：《从"公共领域"到"交往行动理论"——理解哈贝马斯的一条内在线索》，《中共宁波市委党校学报》2013 年第 3 期。

107. 贾凌昌、张成林：《社会主义核心价值观的大众传播——以嵌入生活世界为角度》，《思想政治教育研究》2016 年第 5 期。

108. 姜建成：《人民立场：习近平新时代中国特色社会主义思想的价值根

基》，《苏州大学学报》（哲学社会科学版）2017 年第 6 期。

109. 金超：《劳动关系视角下的网约用工纠纷研究》，《中国劳动关系学院学报》2018 年第 2 期。

110. 金生、张大志、任红：《新媒体融合对专业学术期刊持续创新发展的促进作用》，《传播力研究》2017 年第 11 期。

111. 金太军、张振波：《论中国式协商民主的分层建构》，《江苏社会科学》2015 年第 2 期。

112. 柯联民：《试论协商民主和法治视域下的社会管理》，《国家行政学院学报》2012 年第 3 期。

113. 寇鸿顺：《试论利普哈特"共识民主"对"多数裁定原则"的反思与超越》，《郑州大学学报》（哲学社会科学版）2011 年第 1 期。

114. 邝艳华、叶林、张俊：《政策议程与媒体议程关系研究——基于 1982 至 2006 年农业政策和媒体报道的实证分析》，《公共管理学报》2015 年第 4 期。

115. 兰甲云、曾思怡：《微信公共领域里的失范行为及其法治规范建设》，《湖南大学学报》（社会科学版）2016 年第 2 期。

116. 李春霞：《重新认识作为分析工具的"嵌入性"》，《河北师范大学学报》（哲学社会科学版）2010 年第 2 期。

117. 李发戈：《农村基本公共服务供给中的民主机制研究——以成都市"民生民主双向互动模式"为例》，《四川行政学院学报》2015 年第 2 期。

118. 李汉林等：《组织和制度变迁的社会过程——一种拟议的综合分析》，《中国社会科学》2005 年第 1 期。

119. 李汉林、魏钦恭：《嵌入过程中的主体与结构：对政企关系变迁的社会分析》，《社会科学管理与评论》2013 年第 4 期。

120. 李捷：《理论创新与实践创新的良性互动和新时代新思想的创立》，《红旗文稿》2017 年第 23 期。

121. 李君如：《人民政协两次转型的历史记录》，《中国政协理论研究》2009 年第 3 期。

122. 李玲：《论网络民主的现实与超现实》，《求索》2012 年第 1 期。

123. 李鹏：《关于增强党外代表人士代表性的路径探析》，《山西社会主义学院学报》2013 年第 4 期。

124. 李鹏：《强势民主理论及其对当代中国民主实践的启示》，《燕山大学学报》（哲学社会科学版）2010 年第 2 期。

125. 李仁彬：《发挥协商民主机制优势 提高新时期密切联系群众的能力——以成都村民议事会为例》，《中共成都市委党校学报》2013 年第 5 期。

126. 李炜永：《价值、制度、角色：人民政协利益表达功能的结构分析》，《中共福建省委党校学报》2016 年第 5 期。

127. 李小佳：《从嵌入的观点反思市场转型理论》，《社会科学家》2004 年第 1 期。

128. 李正风、尹雪慧：《科学家应该如何参与决策?》，《科学与社会》2012 年第 1 期。

129. 梁立新：《社会组织介入协商民主的价值体现及实现路径》，《学术交流》2016 年第 2 期。

130. 梁丽芝、董石桃：《中美政府人事管理价值的历史演进与比较分析》，《中国行政管理》2008 年第 11 期。

131. 林芳：《论政协委员的利益代表性》，《中共福建省委党校学报》2009 年第 10 期。

132. 林尚立：《协商政治：中国特色民主政治的基本形态》，《毛泽东邓小平理论研究》2007 年第 9 期。

133. 刘诚、陈诚：《论中国特色社会主义政党制度包容性的生成和发展》，《毛泽东邓小平理论研究》2018 年第 2 期。

134. 刘峰：《新时期区域公共管理创新》，《中国行政管理》2002 年第 5 期。

135. 刘舸：《试论霍布斯国家理论最后逻辑环节的缺陷》，《河北大学学报》（哲学社会科学版）2007 年第 4 期。

136. 刘玲灵、徐成芳：《论当代中国协商民主的历史底蕴与创新》，《社会主义研究》2014 年第 3 期。

137. 刘倩：《自媒体对政策议程设置的影响研究——基于多源流理论的视角》，《电子政务》2013 年第 9 期。

138. 刘世定：《嵌入性与关系合同》，《社会学研究》1999 年第 4 期。

139. 刘文科：《论大众媒体的政治影响力》，《政治学研究》2012 年第 2 期。

140. 刘晓华：《党外代表人士及代表性问题研究》，《四川省社会主义学院学报》2016 年第 2 期。

141. 刘晓洲：《列奥·施特劳斯论政治的本质、价值及限度》，《江南大学学报》（人文社会科学版）2018 年第 1 期。

142. 刘学军：《人民政协理论对马克思列宁主义民主政治理论的继承和发展》，《中国政协理论研究》2011 年第 4 期。

143. 刘学军：《习近平社会主义协商民主思想的时代价值》，《理论视野》2018 年第 3 期。

144. 卢剑锋：《试论协商性行政执法》，《政治与法律》2010 年第 4 期。

145. 陆海燕：《李普塞特的政治保守主义论析》，《江苏科技大学学报》（社会科学版）2010 年第 4 期。

146. 陆仁权：《"这里是立规矩的地方"——学习习近平 2013 年 7 月在西柏坡座谈时的新判断》，《河北学刊》2015 年第 2 期。

147. 吕松涛：《隐蔽的压制——国际政治中的排除型议程设置探析》，《社会主义研究》2015 年第 5 期。

148. 罗程：《网约车的行政规制研究》，《中国集体经济》2018 年第 16 期。

149. 罗微：《把党的群众路线贯彻到治国理政全部活动之中》，《当代中国史研究》2018 年第 1 期。

150. 罗章：《人民政协与国家治理的契合性研究》，《中国政协》2018 年第 3 期。

151. 马怀德、车克欣：《北京市城管综合行政执法的发展困境及解决思路》，《行政法学研究》2008 年第 2 期。

152. 马慧吉、胡清惠：《论党员参与权》，《理论探索》2011 年第 1 期。

153. 马晓星：《论权力之善与权力合法性的内在契合》，《理论月刊》2018年第 4 期。

154. 马一德：《论协商民主在宪法体制与法治中国建设中的作用》，《中国社会科学》2014 年第 11 期。

155. 莫纪宏：《人民代表大会制度是我国的根本政治制度》，《公民与法》（法学版）2009 年第 4 期。

156. 莫岳云、张青红：《中国共产党协商民主思想的历史演进》，《马克思主义政治学研究》2012 年第 2 辑。

157. 穆随心、王昭：《共享经济背景下网约车司机劳动关系认定探析》，《河南财经政法大学学报》2018 年第 1 期。

158. 欧巧云：《我国事业单位民主管理的逻辑基础》，《社会科学家》2011年第 6 期。

159. 潘立刚：《民主集中制是推进党内民主的制度基础》，《学习月刊》2010 年第 4 期。

160. 彭海红：《论人民当家作主的制度体系》，《广西社会科学》2018 年第1 期。

161. 彭新武：《论循吏与时代精神》，《政治学研究》2015 年第 5 期。

162. 彭彦：《社会管理创新视域下的政府决策模式转变分析》，《福建师范大学学报》（哲学社会科学版）2013 年第 4 期。

163. 齐卫平：《中国特色协商民主的内生源简论》，《中央社会主义学院学报》2008 年第 2 期。

164. 齐卫平、陈朋：《现代国家治理与协商民主的耦合及其共进发展》，《华东师范大学学报》（哲学社会科学版）2014 年第 4 期。

165. 齐卫平、吴晨飞：《论新时代我国社会主要矛盾转化与社会主义协商民主建设》，《行政论坛》2018 年第 3 期。

166. 钱振明：《跨国行政：全球化时代行政学研究的新课题》，《中国行政管理》2001 年第 10 期。

167. 邱雨：《制度自信与深化改革：比较视野下的中俄政党制度》，《大连干部学刊》2017 年第 12 期。

168. 桑学成：《新形势下坚持和健全民主集中制的几个问题》，《江苏大学学报》（社会科学版）2011 年第 5 期。

169. 上海交通大学舆情研究实验室：《2014 年微信发展状况年度报告》，《新媒体与社会》2015 年第 12 期。

170. 邵晖：《中国当下网络公共舆论对民主进程的影响》，《理论界》2010 年第 4 期。

171. 申学锋：《1949 年以来国家治理模式与政府间财政关系演进概述》，《财政科学》2017 年第 12 期。

172. 盛馨莲：《网络环境下公民参与政策过程的问题与对策》，《东南学术》2007 年第 4 期。

173. 石勇：《党内改革的突破口》，《南风窗》2013 年第 14 期。

174. 苏利阳、王毅：《中国"央地互动型"决策过程研究——基于节能政策制定过程的分析》，《公共管理学报》2016 年第 3 期。

175. 苏蓉：《论社会主义民主的优势》，《内蒙古师范大学学报》（哲学社会科学版）2018 年第 1 期。

176. 隋斌斌：《有限政治市场下的多赢治理——中国人大协商民主的发生、运作逻辑与政策建议》，《经济社会体制比较》2014 年第 4 期。

177. 孙瑞华：《人民政协的广泛代表性与其利益表达》，《中国政协理论研究》2012 年第 3 期。

178. 谈火生、于晓虹：《中国协商民主的制度化：议题与挑战》，《华中师范大学学报》（人文社会科学版）2017 年第 6 期。

179. 谭安奎：《公共理性与公共领域理念的扩展》，《哲学分析》2010 年第 1 期。

180. 谭爽、胡象明：《论我国公共治理中公民角色的多元并存与转化》，《南京社会科学》2010 年第 5 期。

181. 唐海华：《秩序与规范：汉娜·皮特金的代表理论》，《国外理论动态》2015 年第 12 期。

182. 唐鑛、胡夏枫：《网约工的劳动权益保护》，《社会科学辑刊》2018 年第 2 期。

183. 唐山清：《论公共利益与个人利益的辩证关系》，《社会科学家》2011 年第 2 期。

184. 唐秀玲：《坚持党的集体领导原则　强化对"一把手"的权力制约》，《桂海论丛》2001 年第 6 期。

185. 田子珩：《党政联席会制度实现途径思考》，《中国领导科学》2017 年第 12 期。

186. 佟静、任铁缨：《改革开放 30 年党风廉政建设的理论进展和策略转变》，《中国青年政治学院学报》2009 年第 1 期。

187. 汪守军：《中国民主党派代表性有关问题的探讨》，《重庆社会主义学院学报》2010 年第 2 期。

188. 王炳权：《中国特色社会主义政治发展道路的制度框架》，《前线》2013 年第 4 期。

189. 王春玺：《邓小平对建立中央集体领导体制框架的贡献》，《党的文献》2008 年第 5 期。

190. 王春玺、任婵：《改革开放以来党中央集体领导机制的创新及其特点》，《行政论坛》2016 年第 2 期。

191. 王光华：《中国共产党 90 年与我国的三大历史性转变》，《中共四川省委党校学报》2011 年第 1 期。

192. 王桂芬：《多元文化时代价值观变迁与社会核心价值观共识》，《南京政治学院学报》2010 年第 6 期。

193. 王国龙：《论邓小平依规治党思想：地位、内容、价值》，《毛泽东思想研究》2018 年第 1 期。

194. 王沪宁、陈明明：《调整中的中央与地方关系：政治资源的开发与维护——王沪宁教授访谈录》，《探索与争鸣》1995 年第 3 期。

195. 王辉耀：《中国智库国际化的实践与思考》，《中国行政管理》2014 年第 5 期。

196. 王慧：《西方政党执政合法性理论研究与启示》，《探索》2012 年第 5 期。

197. 王建源：《司法能力建设的困境与突破——从司法合法性的角度切入》，《司法改革论评》2008 年第 2 期。

198. 王雷：《为权利而斗争：民法的"精神教育"》，《北京科技大学学报》（社会科学版）2012 年第 3 期。

199. 王连伟：《网络治理的体系、困境和中国化分析》，《汕头大学学报》（人文社会科学版）2011 年第 4 期。

200. 王琳、杨永志：《利益诉求是价值观引导的实践指向》，《天津师范大学学报》（社会科学版）2017 年第 4 期。

201. 王眉：《智库国际传播与对外话语体系构建》，《新疆师范大学学报》（哲学社会科学版）2015 年第 6 期。

202. 王敏：《中美智库发展的特点比较研究》，《岭南学刊》2016 年第 4 期。

203. 王琦：《地方立法民主化和科学化研究》，《河南省政法管理干部学院学报》2008 年第 5 期。

204. 王绍光：《中国公共政策议程设置的模式》，《中国社会科学》2006 年第 5 期。

205. 王锡锌：《公众参与：参与式民主的理论想象及制度实践》，《政治与法律》2008 年第 6 期。

206. 王晓娜：《乡村治理秩序：历史梳理与现代构建》，《中共福建省委党校学报》2017 年第 12 期。

207. 王晓升：《哈贝马斯商议民主理论的现实意义》，《黑龙江社会科学》2013 年第 2 期。

208. 王勇、李怀苍：《国内微信的本体功能及其应用研究综述》，《昆明理工大学学报》（社会科学版）2014 年第 2 期。

209. 王玉龙：《网络民粹主义的喧嚣——"8·12"天津港爆炸网络传播的个案分析》，《重庆交通大学学报》（社会科学版）2016 年第 1 期。

210. 王正中、邓刚宏：《论协商民主与农民现代化的政治条件》，《湖北社会科学》2007 年第 12 期。

211. 魏建克、张月清：《中国共产党网络意识形态话语建构与传播》，《华北水利水电大学学报》（社会科学版）2018 年第 2 期。

212. 魏淑艳、孙峰：《"多源流理论"视阈下网络社会政策议程设置现代化——以出租车改革为例》，《公共管理学报》2016 年第 2 期。

213. 魏晓文、郭一宁：《毛泽东协商民主思想及其当代价值》，《理论学刊》2013 年第 12 期。

214. 翁士洪、叶笑云：《网络参与下地方政府决策回应的逻辑分析——以宁波 PX 事件为例》，《公共管理学报》2013 年第 4 期。

215. 吴先宁：《协商民主观念在当代中国的演进》，《中央社会主义学院学报》2018 年第 2 期。

216. 吴晓霞：《论基层协商民主的"嵌入式发展"——基于国家与社会关系范式的本土分析框架》，《社会科学家》2018 年第 2 期。

217. 吴兴智：《理性、权威与制度变迁——中国协商民主发展逻辑再思考》，《南京社会科学》2011 年第 2 期。

218. 吴玉敏：《化解社会矛盾视角下的中国社会结构建设探析》，《青海社会科学》2012 年第 6 期。

219. 夏保国、常亚平：《政务微信的沟通机制研究——基于技术接受模型的视角》，《国家行政学院学报》2014 年第 3 期。

220. 夏春海、王力：《中美智库的外部环境因素对比研究》，《前沿》2013 年第 1 期。

221. 夏金莱：《论行政决策公开——从公众参与行政决策的视角》，《河南财经政法大学学报》2014 年第 4 期。

222. 肖存良：《统一战线的科学发展与科学化问题研究》，《上海市社会主义学院学报》2011 年第 2 期。

223. 肖显静：《核电站决策中的科技专家：技治主义还是诚实代理人？》，《山东科技大学学报》（社会科学版）2011 年第 4 期。

224. 肖竹：《网约车劳动关系的认定：基于不同用工模式的调研》，《财经法学》2018 年第 2 期。

225. 熊必军：《制度设计理论对完善与发展中国特色政党制度的启示》，《天津市社会主义学院学报》2012年第1期。

226. 徐锋：《社会主义协商民主：人类民主政治探索的中国方案》，《中央社会主义学院学报》2017年第6期。

227. 徐敏宁、陈安国、冯治：《走出利益博弈误区的基层协商民主》，《中共中央党校学报》2013年第4期。

228. 徐文锦：《网络群体事件的生成逻辑探析——基于诸种理论的解释》，《四川行政学院学报》2012年第4期。

229. 徐勇、沈乾飞：《村民议事会：破解"形式有权，实际无权"的基层民主难题》，《探索》2015年第1期。

230. 许敏：《网络群体性事件的协商治理探讨》，《理论探索》2018年第1期。

231. 许婷：《政协的人民性：科学内涵、历史脉络及现实探索》，《江苏省社会主义学院学报》2012年第2期。

232. 许耀桐：《当代中国国家治理问题论析》，《理论探讨》2018年第2期。

233. 许耀桐：《发展社会主义民主政治的深刻内涵》，《行政管理改革》2017年第11期。

234. 宣晓伟：《中央地方关系的调整与区域协同发展的推进》，《区域经济评论》2017年第6期。

235. 薛桂波：《"诚实的代理人"：科学家在环境决策中的角色定位》，《宁夏社会科学》2013年第2期。

236. 薛桂波：《从"后常规科学"看环境风险治理的技治主义误区》，《吉首大学学报》（社会科学版）2014年第1期。

237. 闫翠翠：《中央与地方财政关系法治化再审视——法律主体之维的分析》，《东岳论丛》2018年第4期。

238. 闫帅：《公共决策机制中的"央地共治"——兼论当代中国央地关系发展的三个阶段》，《华中科技大学学报》（社会科学版）2012年第4期。

239. 阎耀军：《城市网格化管理的特点及启示》，《城市问题》2006年第2期。

240. 杨爱平：《论区域一体化下的区域间政府合作——动因、模式及展望》，

《政治学研究》2007 年第 3 期。

241. 杨炳超：《协商民主之内涵》，《中共天津市委党校学报》2007 年第 4 期。

242. 杨春福：《新时代中国特色人权保障的行动纲领》，《法治现代化研究》2017 年第 6 期。

243. 杨丹娜、黄伟：《协商民主是社会主义民主的新开拓》，《广东省社会主义学院学报》2014 年第 1 期。

244. 杨华：《唯物史观视域下的党内政治生活》，《探索》2018 年第 3 期。

245. 杨连强：《利益差别与政策博弈：中央与地方关系的另类解读》，《重庆社会科学》2006 年第 7 期。

246. 杨卫敏：《关于社会组织协商的探索研究》，《重庆社会主义学院学报》2015 年第 4 期。

247. 杨小云：《近期中国中央与地方关系研究的若干理论问题》，《湖南师范大学社会科学学报》2002 年第 1 期。

248. 杨艳：《嵌入视角下的创业研究》，《情报杂志》2010 年第 12 期。

249. 姚钦颖：《加强和改进高校党的基层组织建设》，《合肥工业大学学报》（社会科学版）2003 年第 5 期。

250. 姚中秋：《自由主义、宪政主义与立宪政治》，《中国政法大学学报》2008 年第 5 期。

251. 叶麒麟：《从民族国家建构到民主国家建构——近代以来中国政治发展主题的嬗变透析》，《学术探索》2006 年第 5 期。

252. 叶小文：《创造更高更切实的民主》，《人民论坛》2011 年第 7 期。

253. 殷啸虎：《发挥政协界别作为扩大社会各界有序政治参与的重要渠道作用研究》，《上海市社会主义学院学报》2012 年第 3 期。

254. 殷啸虎：《政治协商制度法治化的路径分析》，《社会科学》2011 年第 2 期。

255. 尹雪慧、李正风：《科学家在决策中的角色选择——兼评〈诚实的代理人〉》，《自然辩证法通讯》2012 年第 4 期。

256. 余红、刘欣：《单位与代际地位流动：单位制在衰落吗?》，《社会学研究》2004 年第 6 期。

257. 虞崇胜：《论人民政协民主监督的性质、特点和优势》，《毛泽东邓小平理论研究》2008 年第 1 期。

258. 袁方成、罗家为：《十八大以来城乡基层治理的新方向、新格局与新路径》，《社会主义研究》2016 年第 1 期。

259. 袁明圣：《宪法架构下的地方政府》，《行政法学研究》2011 年第 1 期。

260. 曾毅：《中国决策过程中的政府领导体制透视——基于〈朱镕基讲话实录〉为主要线索的理解》，《中共天津市委党校学报》2013 年第 1 期。

261. 张超：《基于政府互向模式分析网络突发事件及对策研究》，《现代情报》2015 年第 4 期。

262. 张光辉：《参与式民主与我国民主制度结构的耦合——一种内在价值与逻辑的学理解析》，《东南学术》2010 年第 4 期。

263. 张继兰：《民主党派民主监督的价值基础、实践难题及其多维创新》，《广西社会主义学院学报》2017 年第 5 期。

264. 张紧跟：《当代中国地方政府间关系：研究与反思》，《武汉大学学报》（哲学社会科学版）2009 年第 4 期。

265. 张紧跟：《纵向政府间关系调整：地方政府机构改革的新视野》，《中山大学学报》（社会科学版）2006 年第 2 期。

266. 张玲：《新时代中国特色社会主义民主政治充满无限生机和内在活力》，《天津市社会主义学院学报》2017 年第 4 期。

267. 张平、贾晨阳、赵晶：《城市社区协商议事的推进难题分析——基于 35 名社区书记的深度访谈调查》，《东北大学学报》（社会科学版）2018 年第 2 期。

268. 张瑞琨：《民主党派代表性问题研究》，《广州社会主义学院学报》2007 年第 4 期。

269. 张文显：《新时代全面依法治国的思想、方略和实践》，《中国法学》2017 年第 6 期。

270. 张翔、吴晓林：《中国行政机构协商民主的运作模式、逻辑与建议》，《经济社会体制比较》2014 年第 4 期。

271. 张彦华:《风险社会中传媒协助治理群体性事件的思考——基于相对剥夺理论的视角》,《宁夏大学学报》(人文社会科学版) 2013 年第 1 期。

272. 张志宇、张凤奎:《超大社会:中央与地方关系研究的新视角》,《长江论坛》2006 年第 1 期。

273. 章招坤:《无党派代表人士代表性问题思考》,《长春理工大学学报》(社会科学版) 2014 年第 3 期。

274. 赵海立:《人民政协属性定位的思考》,《中国政协理论研究》2012 年第 3 期。

275. 赵连稳:《新时代人民政协性质定位新探》,《北京行政学院学报》2018 年第 1 期。

276. 赵晓宇:《中国式民主建构的三重维度》,《理论视野》2012 年第 5 期。

277. 郑路:《改革的阶段性效应与跨体制职业流动》,《社会学研究》1999 年第 6 期。

278. 郑言惠:《学习宪法和政协章程对人民政协性质定位的体会》,《中国政协理论研究》2018 年第 2 期。

279. 郑裕璋:《国外协商民主理论与我国人民政协实践——以"梳理与比较"为切入点》,中国民主化进程学术研讨会论文集,2013。

280. 中共上海市委党校课题组、程竹汝:《多党合作和政治协商制度基本理论研究》,《中国政协理论研究》2011 年第 2 期。

281. 周珂、史一舒:《环境行政决策程序建构中的公众参与》,《上海大学学报》(社会科学版) 2016 年第 2 期。

282. 周其仁:《信息成本与制度变革——读〈杜润生自述:中国农村体制变革重大决策纪实〉》,《经济研究》2005 年第 12 期。

283. 周清:《试论社会发展视角下人民政协职能的拓展》,《新视野》2013 年第 1 期。

284. 周少来:《发展导向型参与民主:中国民主建构的路径分析》,《政治学研究》2014 年第 2 期。

285. 周淑真:《论政治文明与政党制度建设的关系》,《云南行政学院学报》

2004 年第 1 期。

286. 周玥：《嵌入社会网络社会资本——基于新经济社会学视角的社会领域统战问题研究》，《湖北省社会主义学院学报》2012 年第 3 期。

287. 朱晨晨、许开轶：《协商民主的基层实践——对"决咨委"模式的探究》，《理论与改革》2015 年第 5 期。

288. 朱明仕、杨鑫：《基于公共利益的行政发展生态结构》，《哈尔滨师范大学社会科学学报》2012 年第 4 期。

289. 朱勤军：《协商民主与和谐政治》，《上海市社会主义学院学报》2006 年第 6 期。

290. 朱勤军：《中国特色社会主义协商民主的发展和创新》，《北京联合大学学报》（人文社会科学版）2009 年第 4 期。

291. 朱世海：《协助代表人民利益——关于民主党派代表性问题的实证研究》，《探索》2009 年第 4 期。

292. 朱昔群：《新型政党制度的优越性及其发展完善》，《人民论坛·学术前沿》2018 年第 7 期。

293. 朱旭峰：《"司长策国论"：中国政策决策过程的科层结构与政策专家参与》，《公共管理评论》2008 年第 1 期。

四　外文文献

1. Hannah Arendt, *On Revolution*, London: Penguin Classics, 2006.

2. Hannah Arendt, *The Human Condition*, Chicago: The University of Chicago Press, 2019.

3. Sherry R. Arnstein, "A Ladder of Citizen Participation", *Journal of the American Institute of Planners*, Vol. 35, No. 4, 1969.

4. Yanjie Bian and John R. Logan, "Market Transition and the Persistence of Power: The Changing Stratification System in Urban China", *American Sociological Review*, Vol. 61, No. 5, 1996.

5. Simone Chambers, "Deliberative Democratic Theory", *Annual Review of Political Science*, Vol. 6, No. 1, 2003.

6. Fay Lomax Cook and Tom R. Tyler, et al., "Media and Agenda Setting: Effects on the Public, Interest Group Leaders, Policy Makers, and Policy", *Public Opinion Quarterly*, Vol. 47, No. 1, 1983.

7. Philip Cooke, Nick Clifton and Mercedes Oleaga, "Social Capital, Firm Embeddedness and Regional Development", *Regional Studies*, Vol. 39, No. 8, 2005.

8. Yaron Ezrahi, *The Descent of Icarus: Science and the Transformation of Contemporary Democracy*, Cambridge: Harvard University Press, 1990.

9. James D. Fearon, "Bargaining, Enforcement, and International Cooperation", *International Organization*, Vol. 52, No. 2, 1998.

10. David Flitner Jr., *The Politics of Presidential Commissions: A Public Policy Perspective*, New York: Transnational Pub. Inc., 1986.

11. Mark S. Granovetter, "The Strength of Weak Ties", *American Journal of Sociology*, Vol. 78, No. 6, 1973.

12. Mark S. Granovetter, *Getting a Job: A Study of Contacts and Careers*, Chicago: The University of Chicago Press, 1995.

13. He Baogang and Mark E. Warren, "Authoritarian Deliberation: The Deliberative Turn in Chinese Political Development", *Perspectives on Politics*, Vol. 9, No. 2, 2011.

14. Thomas J. Johnson, Wayne Wanta, John T. Byrd and Cindy Lee, "Exploring FDR'S Relationship with the Press: A Historical Agenda - Setting Study", *Political Communication*, Vol. 12, No. 2, 1995.

15. Calestous Juma and Yee - Cheong Lee, *Innovation: Applying Knowledge in Development*, London: Earthscan Publications Ltd., 2005.

16. Soonhee Kim, "Participative Management and Job Satisfaction: Lessons for Management Leadership", *Public Administration Review*, Vol. 62, No.

2, 2002.

17. G. B. Kochetkov and V. B. Supyan. "Think Tanks in the USA: Science as an Instrument of Public Policy", *Studies on Russian Economic Development*, Vol. 21, No. 5, 2010.

18. Orion A. Lewis and Sven Steinmo, "How Institutions Evolve: Evolutionary Theory and Institutional Change", *Polity*, Vol. 44, No. 3, 2012.

19. Crawford Brough Macpherson, *The Real World of Democracy*, London: Oxford University Press, 1966.

20. Thomas Medvetz, " 'Public Policy is Like Having a Vaudeville Act': Languages of Duty and Difference among Think Tank – Affiliated Policy Experts", *Qualitative Sociology*, Vol. 33, No. 4, 2010.

21. Barbara A. Misztal, "Public Intellectuals and Think Tanks: A Free Market in Ideas?", *International Journal of Politics*, *Culture and Society*, Vol. 25, No. 4, 2012.

22. Carole Pateman, *Participation and Democratic Theory*, Cambridge: Cambridge University Press, 1970.

23. Hartwig Pautz, *Think–Tanks*, *Social Democracy and Social Policy*, London: Palgrave Macmillan, 2012.

24. Diane Stone, *Knowledge Actors and Transnational Governance: The Private–Public Policy Nexus in the Global Agora*, London: Palgrave Macmillan, 2013.

25. Tom R. Tyler, "What is Procedural Justice?: Criteria used by Citizens to Assess the Fairness of Legal Procedures", *Law & Society Review*, Vol. 22, No. 1, 1988.

26. Tom R. Tyler and Steven L. Blader, *Cooperation in Groups: Procedural Justice*, *Social Identity*, *and Behavioral Engagement*, London: Psychology Press, 2000.

27. Sidney Verba and Norman H. Nie, *Participation in America: Political Democracy and Social Equality*, Boston: Addison – Wesley Educational

Publishers, 1972.

28. Voltaire, *Philosophical Letters*, Indianapolis: Hackett Pub. Co. Inc. , 2007.

29. Kaiping Zhang and Tianguang Meng , "Political Elites in Deliberative Democracy: Beliefs and Behaviors of Chinese Officials", *Japanese Journal of Political Science*, Vol. 19, No. 4, 2018.

后　记

　　本书是我关于公民参与研究"三部曲"中的"第二部曲",也是我主持的第二项国家社科基金项目"中国特色协商民主过程中的公民有序参与研究"(15BKS043)的结题成果,感谢国家社科基金项目的资助。本书同时得到广州廉政建设研究中心专项支持,专此致谢。

　　从读博时候开始,我聚焦民主发展的核心问题"公民参与",并对此进行研究。转眼十载有余,其间,我主持了5个国家社科基金项目(含重大1项、重点1项),其中有3个项目是围绕"公民参与"进行研究的,初步形成了公民参与研究的"三部曲"。

　　公民参与研究的"第一部曲"聚焦"当代西方参与式民主的理论和实践",致力于从民主理论史角度,厘清公民参与和民主发展之间的关系。2010年,该课题获批国家社科基金青年项目(10CKS016)。在此基础上修改而成的专著《公民参与和民主发展——当代西方参与式民主研究》于2017年由人民出版社出版。

　　博士毕业以后,我对公民参与的研究逐渐从基础理论转向实践形态。我们发现在协商民主过程中,如何有效扩大公民有序参与无疑是必须直面的重大问题;2015年,以此为主题获批了第二个国家社科基金项目"中国特色协商民主过程中的公民有序参与研究",本书正是该项目研究的主要成果。

　　2019年,我加盟广州大学,由于学科建设需要,开始转向廉政治理研究。我们发现,一个国家或地区要取得反腐败斗争的彻底胜利,同样离不开人民监督和公众参与。由此,我们开启了公民参与研究的"第三部曲"——廉政治理的公民参与研究。2019年以此为主题获批国家社科基金项目"网络时代中国特色廉政建设中的公民有序参与研究"(19BKS043),

该项目以"免于鉴定"的形式顺利结项，最终成果还在进一步修改之中。

以上是关于公民参与研究"三部曲"的简要历程，在某种意义上也是对我前期学术探索的一种简要回顾。总体而言，这"三部曲"是从公民参与的基础理论研究逐渐发展到对公民参与实践形态的解释性研究。我们希望以此为基点，来观照民主政治和国家建设的理论基础，同时对中国民主政治和国家建设的实践形态做出相应解释，本质上是对夯实民主发展和国家治理现代化社会基础的一种探索，基本研究旨趣是对国家治理现代化"社会中心主义"和"公民行动主义"的一种坚守。

本书是团队完成的成果，李强、桂雪琴、蒋鸽、范少帅、刘洋、龙贤晓等参与了本书部分章节的研究和撰写，各章具体研究参与情况在书中都做了标注。他们中有的是青年新锐学者，有的是我指导的研究生，感谢他们对本书的参与和贡献。研究过程中虽时而陷入几乎"山穷水尽"的困境，大家共同琢磨探讨后却总能迎来"柳暗花明"之欣喜；尽管辛苦和不易，却也充盈着乐趣和欢欣。

感谢中国人民大学陈家刚教授，他不仅无私地为我们的研究提供了其主持国家重大项目"健全社会主义协商民主制度研究"时课题组实施的"完善和发展社会主义协商民主问卷调查"的相关数据，而且欣然为本书作序。陈家刚教授对学术的赤诚追求、对后学的提携支持，令人非常感动。

本书的部分内容相继在学术刊物上发表过，其中在《政治学研究》上发表1篇，在《中国行政管理》上发表2篇，此外部分内容在《教学与研究》《探索》等刊物上发表，并在发表后相继被《新华文摘》《中国社会科学文摘》，以及人大复印报刊资料《中国政治》《公共行政》等转载或摘编。感谢编辑老师们的辛勤付出，感谢盲审专家的认可和宝贵意见，这些对我们完善研究提供了很大帮助，让我们感受到学术共同体的支持和力量。

感谢我的博士生指导老师万斌教授，我认为继续思考恩师留下的思想也许是对恩师最好的一种怀念，本书延续了读博期间的研究主题，在某种意义上也是对恩师民主思想研究的一种回应。感谢在浙江大学读博期间为我传道、授业、解惑的毛丹、陈剩勇、高力克、郁建兴、陈国权、余逊达、郎友兴、蓝志勇、曹正汉、冯钢、蔡宁、应奇等老师。在浙江大学读书期间，我喜欢骑一辆自行车，在玉泉和西溪校区穿行，跨学科旁听了很多老师的课包括学术讲座，西湖美景和学术美餐相互映照的那段时光是我最美好的人生记忆。

感谢湘潭大学李佑新、颜佳华、黄显中、季水河等领导和老师对本研究的支持和关心。我在湘潭大学学习和工作二十年，南山南，北山北，秀山秀……那里留下了我最珍贵最难忘的人生印记。

感谢广州大学提供良好的研究条件。感谢陈潭院长的关心帮助和学术启发，感谢广州大学公共管理学院各位领导和同仁的支持和帮助，这是一个温暖、团结、和谐、民主的大家庭。

研究生刘婧、范赛果、王熙杰、朱小丽参与了本书的部分校对工作。感谢社会科学文献出版社祝得彬、张苏琴、王小艳等耐心细致的编校。

感谢妻子唐丽伟。为了照顾家庭和适应新的工作环境，她付出了很多的辛劳和牺牲。感谢两个女儿，让我见证了不一样的成长。

此书断断续续地进行了多次修改，终因学力所限，其中定然存在很多的缺陷和不足，敬请学界同仁批评指正。

董石桃

2023 年 12 月于广州大学榕轩教师公寓

图书在版编目（CIP）数据

协商参与的逻辑 / 董石桃等著 . --北京：社会科
学文献出版社，2023.12
ISBN 978-7-5228-2527-4

Ⅰ.①协⋯　Ⅱ.①董⋯　Ⅲ.①社会主义民主-民主协
商-研究-中国　Ⅳ.①D621

中国国家版本馆 CIP 数据核字（2023）第 184226 号

协商参与的逻辑

著　　者 / 董石桃 等

出 版 人 / 冀祥德
责任编辑 / 王小艳　张苏琴
责任印制 / 王京美

出　　版 / 社会科学文献出版社·马克思主义出版分社（010）59367004
　　　　　　地址：北京市北三环中路甲 29 号院华龙大厦　邮编：100029
　　　　　　网址：www.ssap.com.cn
发　　行 / 社会科学文献出版社（010）59367028
印　　装 / 三河市龙林印务有限公司

规　　格 / 开　本：787mm×1092mm　1/16
　　　　　　印　张：18.25　字　数：280 千字
版　　次 / 2023 年 12 月第 1 版　2023 年 12 月第 1 次印刷
书　　号 / ISBN 978-7-5228-2527-4
定　　价 / 98.00 元

读者服务电话：4008918866